普通高等院校"十三五"规划教材
21 世纪会计技能教学系列教材

GAOJI KUAIJI DIANSUANHUA SHIWU CAOZUO JIAOCHENG

高级会计电算化实务操作教程

（畅捷通 T+）

费金华　蒋建俊
张　燕　胡群英　　著

U0753931

立信会计出版社
LIXIN ACCOUNTING PUBLISHING HOUSE

图书在版编目(CIP)数据

高级会计电算化实务操作教程:畅捷通 T＋/费金华
等著. —上海:立信会计出版社,2018.7
普通高等院校"十三五"规划教材 21 世纪会计技能
教学系列教材
ISBN 978-7-5429-5906-5

Ⅰ.①高… Ⅱ.①费… Ⅲ.①会计电算化—应用
软件—高等学校—教材 Ⅳ.①F232

中国版本图书馆 CIP 数据核字(2018)第 181451 号

策划编辑　　陈　旻
责任编辑　　陈　旻

高级会计电算化实务操作教程(畅捷通 T十)

出版发行	立信会计出版社			
地　　址	上海市中山西路 2230 号	邮政编码	200235	
电　　话	(021)64411389	传　　真	(021)64411325	
网　　址	www.lixinaph.com	电子邮箱	lxaph@sh163.net	
网上书店	www.shlx.net	电　　话	(021)64411071	
经　　销	各地新华书店			
印　　刷	常熟市梅李印刷有限公司			
开　　本	787 毫米×1092 毫米		1/16	
印　　张	13			
字　　数	279 千字			
版　　次	2018 年 7 月第 1 版			
印　　次	2018 年 7 月第 1 次			
印　　数	1—3100			
书　　号	ISBN 978-7-5429-5906-5/F			
定　　价	42.00 元			

如有印订差错,请与本社联系调换

前　言

　　会计电算化实务操作是目前我国会计实务工作的主要内容,也是会计专业技能教学的核心内容。但是我国会计学专业的会计电算化教学目前还停留在以功能模块为主导的内容体系上,一般设置"会计电算化"和"财务软件应用"两门课程,这种电算化教学的内容体系存在着明显的缺陷:一是忽视了各种不同经济业务在电算化软件系统中的具体操作流程和操作技巧;二是不能完全满足会计实际工作的需要。目前,我国会计实际工作现状是会计电算化已经普及,手工账务处理基本消失,学校以功能模块为主导的电算化教学内容过于粗糙,导致学生学得没有深度和精度,踏上工作岗位后必然满足不了实际工作的需要。为此,我们认为应重新构建以功能模块为基础、经济业务为导向的会计电算化课程体系,具体可设置五门课程,即"会计电算化基础""初级会计电算化实务操作教程""中级会计电算化实务操作教程""高级会计电算化实务操作教程"和"会计电算化综合模拟实验"。

　　《高级会计电算化实务操作教程》是会计电算化系列教材之一,它主要依托畅捷通 T+云平台,在《初级会计电算化实务操作教程》和《中级会计电算化实务操作教程》的基础上,重点讲企业特殊经济业务的电算化处理。教材内容具有以下几个特点:一是以经济业务为导向,详细讲解了每一笔经济业务在系统中的具体操作流程和操作技巧;二是内容完全符合实际,全书以某企业一个月的经济业务为例,涉及的会计工作环境、会计操作流程较完整、真实,基本经济业务较系统全面。

　　本教材由江苏理工学院商学院费金华、蒋建俊、张燕和胡群英同志撰写完成,在撰写过程中得到了陈国平、卿笃炼等老师的大力支持,在此表示衷心的感谢! 由于编者水平有限,书中难免有疏漏之处,恳请广大读者和专家批评指正。

作　者

目 录

第一章 企业基本信息会计电算化处理

本教材以南京大唐股份有限公司为例,对其基本信息的会计电算化处理进行操作。

一、公司基本信息

南京大唐股份有限公司成立于 2017 年 1 月 5 日,是由南京仁心股份有限公司和南京明佳股份有限公司分别出资 2 600 万元和 400 万元投资组建而成的,是一家融 LG01、MS02 产品的开发、生产、销售服务为一体的公司。公司位于江苏省南京市国家高新区内,园区为吸引投资,给予入驻公司免 3 年房屋租金的优惠政策。

公司基本信息如下:

公司税务号:913201981927430131

公司住所:江苏省南京市国家高新区大同路 980 号

公司法定代表人:闵小雯

联系电话、传真:025-80981888

邮编:210000

公司账户:

中国建设银行南京市建邺区支行　基本结算人民账户 23636442090

美元户 65230981712

二、公司组织结构

公司下设五个部门,各个部门职责和员工情况如下所述。

(一) 办公室

办公室共有员工 4 名,办公室负责公司的行政管理和日常事务,当好领导的参谋,协助领导做好各部门之间的综合协调,加强对各项工作的督促和检查,建立并完善各项规章制度,促进公司各项工作的规范化管理;负责公司的公文、资料、信息和宣传报道工作,沟通内外联系,保证上情下达和下情上报;负责公司来往文电的处理和文书档案的管理工作;负责对会议、文件决定的事项进行催办、查办和落实;负责加强对外联络,拓展公关业务,促进公司与社会各界的广泛合作和友好往来,树立良好的企业形象;负责全公司组织系统及单位工作职责、编制人数的规划、研讨、修订;负责对各项管理制度的建议、推行与修订;负责公司的印章、营业执照、合同和法律事务;负责物资出库和入库工作,并使物资储存、供应、销售各环节平衡衔接,及时如实地登记仓库实物账,经常清查、盘点库存物资,做到账、卡、物相符,做好仓库安全保卫工作,确保仓库和物资的安全;负责完成领导交办的其他工作。

(二) 财务部

财务部共有员工 4 名,财务部是企业财务工作的管理、核算、监督指导部门,负责贯彻执行《会计法》及国家有关各项法规和规章制度,严格执行国家的《企业会计准则》、财会〔2016〕22 号文和财会〔2017〕30 号文;负责制定企业财务管理的各项规章制度并监督执行;负责配合协助企业年度目标任务的制定与分解,编制并下达企业的财务计划,编制并上报企业年度财务预算;负责企业的财务管理、资金筹集、调拨和融通,制定资金使用管理办法,合理控制使用资金;负责成本核算管理工作,建立成本核算管理体系,制定成本管理和考核办法,负责企业网上银行的安全与正常运营;负责企业的资产管理、债权债务的管理工作,参与企业的各项投资管理;负责企业年度财务决算工作,审核、编制有关财务报表,并进行综合分析;负责企业的会计电算化管理工作,制定相关规章制度,保证会计信息真实、准确和完整;负责企业的纳税管理,运用税收政策,依法纳税;负责财务会计凭证、账簿、报表等财务档案的分类、整理和移交档案。财务部门各员姓名及权限等,如表1-2-1所示(密码均为空)。

表 1-2-1　　　　　　　　　　用户权限设置一览表

编号	姓名	组别	部门	权　限
805101	李玉	账套主管组	财务部	拥有软件操作和管理的所有权限,主要进行建账、账套基础设置、初始设置、审核凭证、记账、结账和编制报表
805102	周晓明	资产会计组	财务部	拥有系统管理、基础设置、总账(除出纳签字外)、资产管理的全部权限及往来现金中收款单、付款单、收入单和费用单的权限
805103	陈明真	出纳组	财务部	拥有系统管理、基础设置、现金往来及出纳管理的全部权限及总账中出纳签字权限,主要工作是在现金往来中进行收付款及录入工作并对凭证进行出纳签字
805104	于玉明	存货会计组	财务部	拥有系统管理、基础设置、总账(除出纳签字)、生产管理、采购管理、销售管理、库存核算及现金往来的全部权限,主要工作是进行购销存业务的流程处理

(三) 采购部

采购部共有员工 2 名,采购部负责贯彻执行公司制定的各项战略、方针、规划、政策及综合性计划；负责公司采购业务方面的管理，完成采购指标及业务目标；负责建立完整、严密的采购管理制度，规范采购工作流程、工作规范及各项采购业务标准，并监督检查执行情况；负责协助公司制定本部门的阶段工作计划及各个专项工作计划并组织实施；负责年度采购指标的分解并组织实施日常采购工作；负责组织配置本部门的各类资源，在优化商品结构的基础上，开发并统筹采购适销对路商品；负责监督各个商品的进、销、存工作，加强存货的监控调配，降低公司营运成本；负责与供应商的日常事务联络及相关问题的处理；负责定期召开部门例会，检查督促各岗位工作职责的执行情况及工作计划的完成情况，最大限度地减少、避免因滞销、过期商品造成的经济损失；负责定期评估考核本部门人员业绩及业务素质，定期安排有关采购业务及采购管理技能等方面的培训；负责公司各项采购成本及本部门办公费用的控制；负责进行本部门各项业务数据及相关资料的统计分析及维护，定期向相关部门及人员提供统计分析结果；负责各类采购协议、合同及供应商资料等采购业务方面档案管理。

(四) 销售部

销售部共有员工 2 名，负责制定销售管理制度，拟定销售管理办法、产品及物资管理制度、明确销售工作标准、建立销售管理网络，协调、指导、调度、检查、考核；负责编制年、季、月度产品销售计划，并按时交计划生产、财务部门，便于统一平衡、合理下达计划、组织生产作业、及时回拢资金，随时关注生产计划完成进度和监督产品质量问题；负责产品入库出库核对工作，进出库产品必须手续完整齐全，验收及时，标明型号、规格、数量等，出入库单据妥善保管，严格执行公司物资管理制度，认真办理产品出入库手续；负责编制销售统计报表，做好销售统计核算基础管理工作，建立健全各种原始记录、统计台账，及时汇总填报年、季、月度销售统计报表；负责及时汇总编制产品需求量计划，合理地平衡产品供货计划，组织产品的运输、调配，完善发运过程的交接手续；负责积极开展市场调查、分析和预测，做好市场信息的收集、整理和反馈，掌握市场动态，积极适时、合理有效地开辟新的经销网点，努力拓宽业务渠道，不断扩大公司产品的市场占有率；负责对本部门人、财、物和业务工作管理、监督、协调、考核等工作；负责做好产品的售后服务工作，经常走访用户，及时处理好用户投诉，保证客户满意，提高企业信誉；负责拟定本部门工作目标，抓好本部门人员的考核、考评与管理教育工作；负责做好广告宣传，正确编制年度销售费用及广告费用计划。截至 2018 年 12 月 31 日有余额客户详细情况，如表 1-2-2 所示。

表 1-2-2　　　　　　　　2018 年 12 月 31 日客户余额一览表

发生日期	往来单位	科目方向	应收账款科目	业务员	账龄（个月内）	备注
2018 年 11 月 15 日	南京玉山股份有限公司	借	120 000.00	黄晓琴	2	库存商品销售商
2018 年 12 月 27 日	徐州旺佳股份有限公司	借	200 000.00	黄晓琴	1	

（续表）

发生日期	往来单位	科目方向	应收账款科目	业务员	账龄（个月内）	备注
2018 年 09 月 02 日	苏州明风股份有限公司	借	60 000.00	李震	4	
2018 年 10 月 12 日	南京振兴股份有限公司	借	95 000.00	李震	3	
2018 年 08 月 30 日	常州大光明股份有限公司	借	120 000.00	黄晓琴	5	
2018 年 04 月 26 日	扬州大明股份有限公司	借	80 000.00	李震	9	

（五）生产车间

生产车间共有员工 11 名，车间主任 1 名，其他生产工人 10 名，生产 LG01 和 MS02 两种产品。生产车间负责生产计划管理，在公司领导下，编制并实施年度、月度生产物料需求计划、年度月度生产计划、每天车间生产作业计划；负责建立和完善车间组织架构，明确岗位职责，工序合理分工，不断开展员工企业理念、宗旨、目标、精神、企业文化和不断开展员工技能培训，加强员工思想教育，增强车间团队的凝聚力；负责贯彻执行公司方针政策、规章制度，制定和实施车间生产安全管理制度，车间定额管理制度；负责保证物料生产供给，合理安排员工每天的生产任务，车间作业现场的整顿，生产设备工装夹具的维护与管理，确保正常生产；负责产品质量和技术工艺标准的监督，加强原材料检验，加强生产过程工序、质控点的巡查、互检工作，严格控制不合格品的产生；负责编制并执行公司生产工艺流程、工艺技术标准、工艺文件，严肃车间工艺纪律，认真开展工艺纪律检查，坚持"按标准、按工艺、按图纸"组织生产，做好新技术、新产品、新工艺的引进，提高工艺创新能力，提高生产效率；负责严格贯彻执行国家有关安全生产和劳动保护的方针政策，遵守公司安全生产规章制度和设备操作流程，做好员工安全教育，杜绝安全事故；负责车间生产成本统计分析，加强对车间生产产量、质量、员工工时工资、效率进度、产品合格率、材料损耗率等生产成本，统计分析并形成报表；负责车间班组工序、员工年月日工作业绩、考核奖惩，开展"比、学、赶、帮、超"员工技能竞赛，激发员工工作的积极性和创造性；负责做好车间生产设备，检测设备，工装夹具的日常维护和保养，指导员工正确使用设备器具，确保安全生产操作和正常生产。部门及职工一览表，如表 1-2-3 所示。

表 1-2-3　　　　　　　　　　部门及职工一览表

工号	员工姓名	所属部门	职务	是否业务员
101001	闵小雯	办公室	总经理/法定代表人	否
101002	姜　敏	办公室	主任	否
101003	黄成林	办公室	办事员	否

（续表）

工号	员工姓名	所属部门	职务	是否业务员
101004	邹明珠	办公室	仓库保管员	否
102001	李 玉	财务部	经理	否
102002	周晓明	财务部	资产会计	否
102003	陈明真	财务部	出纳	否
102004	于玉明	财务部	存货会计	否
103001	杨 琳	采购部	经理	是
103002	于林敏	采购部	采购员	是
104001	黄晓琴	销售部	经理	是
104002	李 震	销售部	销售员	是
301001	赵红德	生产车间	经理	否
301002	季 虹	生产车间	生产人员	否
301003	吴程宇	生产车间	生产人员	否
301004	刘雅静	生产车间	生产人员	否
301005	吴晓波	生产车间	生产人员	否
301006	大 明	生产车间	生产人员	否
301007	李长顺	生产车间	生产人员	否
301008	周贵昌	生产车间	生产人员	否
301009	蒋洪明	生产车间	生产人员	否
301010	周 洁	生产车间	生产人员	否
301011	陈林立	生产车间	生产人员	否

三、公司的资产

1. 公司存货

本公司主要生产和销售 LG01、MS02 和 L012 三种产品，生产时耗用 HJ 材料、S11 材料和 JK091 材料，以上库存存货均在综合库进行管理。截至 2018 年 12 月 31 日公司存货情况，如表 1-3-1 所示。

表 1-3-1 　　　　　　　　　　2018 年 12 月 31 日库存结存表

仓库	存货	数量	金额
综合库	HJ 材料	1 300	182 100
	S11 材料	900	115 540
	JK091 材料		
	LG01 产品	300	90 156
	MS02 产品	100	71 936
	L012 产品		

2. 需计提折旧或摊销的长期资产

公司固定资产中,设备有机器设备 T 3 台,TP 设备 4 台,N 设备 2 台,P 设备、Q 设备、K 设备、X 设备、L 设备、VB 设备各 1 台;卡车 1 辆,公司的电子设备有空调 T 2 台,电脑 E 2 台。

公司无形资产,均由办公室统一管理,包括专利权、专有技术等。

截至 2018 年 12 月 31 日公司需计提折旧或摊销的长期资产具体情况,如表 1-3-2 所示。

表 1-3-2 　　　　　　　　　　2018 年 12 月 31 日长期资产信息一览表

资产编码	资产名称	资产分类	数量	计量单位	使用状况	使用部门	增加方式	入账日期	原值	累计折旧
01-02-0001	机器设备 T	生产设备	1	台	在用	车间	购入	2013 年 2 月 3 日	40 000.00	22 400.00
01-02-0002	机器设备 T	生产设备	1	台	在用	车间	购入	2013 年 2 月 3 日	40 000.00	22 400.00
01-02-0003	机器设备 T	生产设备	1	台	在用	车间	购入	2013 年 2 月 3 日	40 000.00	22 400.00
01-02-0004	机器设备 P	生产设备	1	台	在用	车间	购入	2013 年 2 月 3 日	80 000.00	44 800.00
01-02-0005	机器设备 Q	生产设备	1	台	在用	车间	购入	2013 年 2 月 3 日	75 000.00	42 000.00
01-02-0006	机器设备 K	生产设备	1	台	在用	车间	购入	2013 年 2 月 3 日	200 000.00	112 000.00
01-02-0007	机器设备 X	生产设备	1	台	在用	车间	购入	2015 年 4 月 5 日	40 000.00	14 080.00
01-02-0008	机器设备 TP	生产设备	1	台	在用	车间	购入	2015 年 4 月 5 日	90 000.00	31 680.00
01-02-0009	机器设备 TP	生产设备	1	台	在用	车间	购入	2015 年 4 月 5 日	90 000.00	31 680.00
01-02-0010	机器设备 TP	生产设备	1	台	在用	车间	购入	2015 年 3 月 5 日	90 000.00	32 400.00
01-02-0011	机器设备 TP	生产设备	1	台	在用	车间	购入	2015 年 4 月 5 日	90 000.00	31 680.00
01-02-0012	机器设备 N	生产设备	1	台	在用	车间	购入	2015 年 4 月 5 日	60 000.00	21 120.00
01-02-0013	机器设备 N	生产设备	1	台	在用	车间	购入	2015 年 4 月 5 日	60 000.00	21 120.00

（续表）

资产编码	资产名称	资产分类	数量	计量单位	使用状况	使用部门	增加方式	入账日期	原值	累计折旧
01-04-0001	卡车	运输工具	1	辆	在用	销售部	购入	2015 年 12 月 10 日	180 000.00	129 600.00
01-05-0001	空调 T	电子设备	1	台	在用	办公室	购入	2016 年 10 月 10 日	8 000.00	5 546.84
01-05-0002	电脑 E	电子设备	1	台	在用	办公室	购入	2016 年 10 月 10 日	4 000.00	2 773.42
01-05-0003	空调 T	电子设备	1	台	在用	销售部	购入	2016 年 10 月 10 日	8 000.00	5 546.84
01-02-0014	设备 VB	生产设备	1	台	在用	采购部	购入	2014 年 12 月 10 日	80 000.00	30 720.00
01-05-0004	电脑 E	电子设备	1	台	在用	销售部	购入	2016 年 10 月 10 日	4 000.00	2 773.42
03-31-0001	专利 T	专利	1	件	在用	办公室	购入	2017 年 02 月 12 日	480 000.00	92 000.00
03-31-0002	专利 K	专利	1	件	在用	办公室	购入	2015 年 06 月 15 日	120 000.00	43 000.00

四、公司的会计政策说明

（一）主要会计政策

1. 会计期间

本公司的会计期间分为年度和中期，会计年度自公历 1 月 1 日起至 12 月 31 日止，中期包括月度、季度和年度。

2. 记账本位币

本公司以人民币为记账本位币。

3. 会计核算

以权责发生制为记账基础。除某些金融资产外，均以历史成本为计价原则。如果资产发生减值，则按照相关规定计提相应的减值准备。

4. 应收款项

（1）坏账确认标准。债务人破产或死亡，以其破产财产或者遗产清偿后无法收回，或债务人逾期未履行偿债义务超过 3 年而且具有明显特征表明无法收回的应收账款，确认为坏账。

（2）坏账损失采用备抵法核算。对单项金额重大的应收款项（包括应收账款和其他应收款，本公司单项金额定额 500 万元，其他应收款 50 万元），进项单独减值测试，按该应收款项未来现金流量现值低于账面价值的差额计提坏账准备；单项金额重大的应收款项未发生减值的应收款项并入剔除单项金额重大应收款项后的应收款项。按期末余额的账龄分析计提。公司根据债务单位的实际财务状况、现金流量情况等确定按账龄计提的坏账准备并计入当期损益。

(3)应收款项各账龄段坏账准备计提的比例,如表 1-4-1 所示。

表 1-4-1　　　　　　　　　　　账龄及坏账计提率一览表

账龄	计提比例	账龄	计提比例
1 年以内	5%	3~4 年	30%
1~2 年	10%	4~5 年	60%
2~3 年	20%	5 年以上	100%

5. 存货

(1)存货分类。公司存货分为原材料、包装物、低值易耗品、在产品和库存商品等。

(2)存货成本计算。存货按实际成本核算,其中:①材料采购发生的共同采购费用按照材料重量比例进行分配,材料发出采用月末一次加权平均法;保留 2 位小数。②完工产品成本的计算采用品种法,设置直接材料、直接人工、制造费用三个成本项目;生产费用在完工产品与在产品之间的分配采用约当产量法(材料在生产开始时一次投入),分配率保留 2 位小数,如有尾差计入月末在产品成本。③工资、五险一金承担和计提比例,按工时比例在各产品之间分配,分配率保留 6 位小数,尾差计入 MS02 产品;企业承担部分为:养老保险金 20%,医疗保险金 9%,失业保险金 1%,工伤保险金 0.5%,生育保险金 0.5%,住房公积金 10%;个人承担部分为:养老保险金 8%,医疗保险金 2%及大病救助金每人每月 10 元,失业保险金 0.5%,住房公积金 10%。④制造费用按照生产工时比例在各产品之间进行分配,分配率保留 6 位小数,如有尾差计入 MS02 产品成本。

(3)存货可变现净值的确定依据及存货跌价准备的计提方法。期末存货成本与可变现净值孰低原则计价。期末,对存货进行全面盘点的基础上,对存货因遭受毁损、全部或部分陈旧过时销售价格低于成本等原因,预计其成本不可收回的部分,提取存货跌价准备。存货跌价准备按单个存货项目的成本低于可变现净值的差额提取。库存商品和用于出售的材料等直接用于出售的存货,其可变现净值按该等存货估计售价减去估计的销售费用和相关税费后的金额确定;用于生产而持有的材料等存货,其可变现净值按所生产的产成品的估计售价减去至完工将要发生的成本、估计的销售费用和相关税费后的金额确定;为执行销售合同或者劳务合同而持有的存货,其可变现净值以合同价格为基础计算;公司持有存货的数量多于销售合同订购数量,超出部分的存货可变现净值以一般销售价格为基础计算。

(4)存货的盘存制度。存货的盘存采用永续盘存制。

6. 固定资产

(1)固定资产确认条件。固定资产是指为生产商品、提供劳务、出租或经营管理而持有的,使用寿命超过一个会计年度,单位价值较高的有形资产。固定资产同时满足下列条件的,才能予以确认:与该固定资产有关的经济利益很可能流入企业;该固定资产的成本能够可靠地计量。固定资产以取得时的实际成本入账,并从达到预定可使用状态的次月起,采用年限平均法计提折旧。

（2）各类固定资产的折旧年限和残值率，如表1-4-2所示（计算折旧时月折旧率保留6位小数）。

表1-4-2　　　　　　固定资产类别、折旧年限、残值率及年折旧率一览表

固定资产类别	折旧年限	残值率	年折旧率
房屋及建筑物	20	4％	4.8％
机器设备	10	4％	9.6％
运输工具	4	4％	24％
电子设备	3	4％	32％

（3）固定资产的减值测试方法、减值计提方法。企业应当于期末对固定资产进行检查，如发现存在下列情况，应当计算固定资产的可收回金额，以确定资产是否已经发生减值。对可收回金额（指资产的销售净价，与预期从该资产的持续使用和使用寿命结束时的处置中形成的预计未来现金流量的现值进行比较，两者之间较高者）低于账面价值的固定资产，按该资产可收回金额低于其账面价值的差额计提固定资产减值准备。计提时按单项资产计提，难以对单项资产的可收回金额进项估计的，按该资产所属的资产组为基础计提。减值准备一经计提，在资产存续期内转回。①资产的市价当期大幅度下跌，其跌幅明显高于因时间的推移或者正常使用而预计的下跌。②企业经营所处的经济、技术或者法律等环境以及资产所处的市场在当期或者将在近期发生重大变化，从而对企业产生不利影响。③市场利率或者其他市场投资报酬率在当期已经提高，从而影响企业计算资产预计未来现金流量现值的折现率，导致资产可收回金额大幅度降低。④有证据表明资产已经陈旧过时或者其实体已经损坏。⑤资产已经或者将被闲置、终止使用或者计划提前处置。⑥企业内部报告的证据表明资产的经济绩效已经低于或者将低于预期，如资产所创造的净现金流量或者实现的营业利润（或者亏损）远远低于（或者高于）预计金额等。⑦其他表明资产可能已经发生减值的迹象。

7. 收入

公司收入包括销售商品收入、提供劳务收入和让渡资产使用权收入。

（1）销售商品收入的确认原则。销售商品收入同时满足下列条件的，才能予以确认：①企业已将商品所有权上的主要风险和报酬转移给购货方。②企业既没有保留通常与所有权相联系的继续管理权，也没有对已售出的商品实施有效控制。③收入的金额能够可靠地计量。④相关的经济利益很可能流入企业。⑤相关的已发生或将发生的成本能够可靠地计量。

（2）提供劳务收入的确认原则。企业在资产负债表日提供劳务交易的结果能够可靠估计的，应当采用完工百分比法确认提供劳务收入。完工百分比法是指按照提供劳务交易的完工进度确认收入与费用的方法。提供劳务的交易结果能否可靠估计，依据以下条件进行

判断。如同时满足下列条件,则表明提供劳务交易的结果能够可靠地估计:①收入的金额能够可靠地计量。②相关的经济利益很可能流入企业。③交易的完工进度能够可靠地确定。企业确定提供劳务交易的完成进度,通常可以选用下列方法:已完工作的测量、已经提供的劳务占应提供劳务总量的比例,以及已经发生的成本占估计总成本的比例。④交易中已发生和将要发生的成本能够可靠地计量。

企业在资产负债表日提供劳务交易结果不能够可靠估计的,应当分别下列情况处理:①已经发生的劳务成本预计能够得到补偿的,应当按照已经发生的劳务成本金额确认提供劳务收入,并按相同金额结转劳务成本。②已经发生的劳务成本预计只能部分得到补偿的,应当按照能够得到补偿的劳务成本金额确认收入,并按已经发生的劳务成本结转劳务成本。③已经发生的劳务成本预计全部不能得到补偿的,应当将已经发生的劳务成本计入当期损益,不确认提供劳务收入。

(3) 让渡资产使用权收入的确认原则。让渡资产使用权收入同时满足下列条件的,才能予以确认:①相关的经济利益很可能流入企业。②收入的金额能够可靠地计量。

8. 盈余公积的计提

公司年末按净利润的 10% 计提法定盈余公积。递延所得税按月确认。

(二) 会计估计变更

2019 年 1 月 1 日起,将有效使用年限缩短的设备 VB 的折旧年限调整为 5 年。

(三) 主要税费

(1) 企业适用的增值税税率为 16%,企业取得的增值税专用发票已于当天在增值税发票选择确认平台办妥勾选确认,取得的海关专用缴款书已于当天在增值税发票选择确认平台办妥交叉比对并取得回执;金融商品转让以盈亏相抵后的余额作为销售额,即卖出价减去买入价后的余额,卖出价和买入价均按照交割单上注明的成交数量乘以成交均价确定;会计处理时各期确认的应交税费——应交增值税(进项税额)应当与当期增值税纳税申报表保持口径一致;城市维护建设税税率 7%,教育费附加征收率 3%,地方教育费附加征收率 2%。

(2) 企业所得税税率为 25%,按本月实际利润额计算预缴本月企业所得税,截至 2018 年 12 月 31 日,以前各年度应纳税所得额均大于零,不存在不征税收入、免税收入、减免所得税额,且截至 2018 年 12 月 31 日无欠缴及多缴所得税情况。

(3) 公司每月计算提取贷款的利息支出;银行于每月 20 日收取其发放贷款的利息,于每月 20 日支付其存款利息。

(四) 其他说明事项

(1) 公司每月计算提取贷款的利息支出;银行于每月 20 日收取其发放贷款的利息,于每月 20 日支付其存款利息。

（2）2018年度有关明细科目的发生额及余额如下："管理费用——业务招待费"科目借方发生额为110 000.00元；"销售费用——广告及宣传费"科目借方发生额为120 973.43元；"预计负债——预计产品质量"科目借方发生额为445 973.25元，贷方发生额为674 860.12元；"资产减值损失——坏账损失"科目借方发生额7 500.00元，"营业外支出——未决诉讼"科目借方发生额为120 000元。

（3）2018年年度财务报告批准报出日为2019年3月20日。

五、公司截至2018年12月31日的财务信息

（1）公司截至2018年12月31日的会计科目余额情况，如表1-5-1所示。

表1-5-1　　　　　　　　2018年12月31日总账科目或明细科目余额表

总账科目	明细科目	数量	借方余额	贷方余额
库存现金			2 102	
银行存款	建行人民币户 23636442090		27 667 317.88	
	建行美元户 65230981712	80 000	528 272	
应收账款	南京玉山股份有限公司		120 000	
	徐州旺佳股份有限公司		200 000	
	苏州明风股份有限公司		60 000	
	南京振兴股份有限公司		95 000	
	常州大光明股份有限公司		120 000	
	扬州大明股份有限公司		80 000	
坏账准备	应收账款坏账准备			33 750
原材料	HJ	1 300	182 100	
	S11	900	115 540	
库存商品	LG01	300	90 156	
	MS02	100	71 936	
长期股权投资	天磊股份有限公司	70%	1 400 000	
固定资产			1 279 000	
累计折旧				626 720.52
无形资产	专利 T		480 000	
	专利 K		120 000	
累计摊销	专利 T			92 000
	专利 K			43 000

（续表）

总账科目	明细科目	数量	借方余额	贷方余额
递延所得税资产	坏账准备		8 437.5	
	预计负债——产品质量保证		221 602	
	预计负债——未决诉讼		30 000	
预计负债	产品质量保证			886 407.99
	未决诉讼——南京立志有限公司			120 000
股本	南京仁心股份有限公司			26 000 000
	南京明佳股份有限公司			4 000 000
盈余公积	法定盈余公积			278 483.54
利润分配	未分配利润			1 715 082.76
生产成本	L012——直接材料		620 397.89	
	L012——直接人工		120 972.23	
	L012——制造费用		182 611.31	

（2）公司截至 2018 年 12 月 31 日的资产负债表，如表 1-5-2 所示。

表 1-5-2

资产负债表

会企 01 表

单位:南京大唐股份有限公司　　　　　2018 年 12 月 31 日　　　　　单位:元

资　产	期末余额	年初余额	负债和所有者权益（或股东权益）	期末余额	年初余额
流动资产:			流动负债:		
货币资金	28 197 691.88	27 328 442.83	短期借款		
以公允价值计量且其变动计入当期损益的金融资产			以公允价值计量且其变动计入当期损益的金融负债		
衍生金融资产			衍生金融负债		
应收票据			应付票据		
应收账款	641 250.00	503 500.00	应付账款		
预付款项			预收款项		
应收利息			应付职工薪酬		
应收股利			应交税费		
其他应收款			应付利息		

（续表）

资　产	期末余额	年初余额	负债和所有者权益 （或股东权益）	期末余额	年初余额
存货	1 383 713.43	937 200.00	应付股利		
持有待售资产			其他应付款		
一年内到期的非流动资产			持有待售负债		
其他流动资产			一年内到期的非流动负债		
流动资产合计	30 222 655.31	28 769 142.83	其他流动负债		
非流动资产：			流动负债合计		
可供出售金融资产			非流动负债：		
持有至到期投资			长期借款		
长期应收款			应付债券		
长期股权投资	1 400 000.00	1 400 000.00	其中:优先股		
投资性房地产			永续债		
固定资产	652 279.48	806 359.72	长期应付款		
在建工程			专项应付款		
工程物资			预计负债	1 006 407.99	657 521.12
固定资产清理			递延所得税负债		
生产性生物资产			其他非流动负债		
油气资产	·		非流动负债合计	1 006 407.99	657 521.12
无形资产	465 000.00	525 000.00	负债合计	1 006 407.99	657 521.12
开发支出			所有者权益（或股东权益）：		
商誉			实收资本（或股本）	30 000 000.00	30 000 000.00
长期待摊费用			其他权益工具		
递延所得税资产	260 039.50	171 005.28	其中:优先股		
其他非流动资产			永续债		
非流动资产合计	2 777 318.98	2 902 365.00	资本公积		
			减:库存股		
			其他综合收益		

（续表）

资　产	期末余额	年初余额	负债和所有者权益 （或股东权益）	期末余额	年初余额
			盈余公积	278 483.54	180 525.58
			未分配利润	1 715 082.76	833 461.13
			所有者权益（或股东 权益）合计	31 993 566.30	31 013 986.71
资产总计	32 999 974.29	31 671 507.83	负债和所有者权益（或 股东权益）总计	32 999 974.29	31 671 507.83

公司法定代表人：闵小雯　　　　　主管会计工作负责人：闵小雯　　　　　会计机构负责人：李玉

（3）2018 年利润表，如表 1-5-3 所示。

表 1-5-3　　　　　　　　　　　　　利　润　表

会企 02 表

单位：南京大唐股份有限公司　　　　　　　2018 年　　　　　　　　单位：元

项　　目	本期金额	上年同期金额
一、营业收入	14 247 202.34	
减：营业成本	9 223 181.52	
税金及附加	49 512.84	
销售费用	873 944.78	
管理费用	2 745 655.71	
财务费用	263.66	
资产减值损失	7 250.00	
加：公允价值变动收益（损失以"－"号填列）		
投资收益（损失以"－"号填列）		
其中：对联营企业和合营企业的投资收益		
资产处置收益（损失以"－"号填列）		
其他收益		
二、营业利润（亏损以"－"号填列）	1 347 393.83	
加：营业外收入		
减：营业外支出	120 000.00	
其中：非流动资产处置损失		
三、利润总额（亏损总额以"－"号填列）	1 227 393.83	
减：所得税费用	247 814.24	

（续表）

项　目	本期金额	上年同期金额
四、净利润(净亏损以"-"号填列)	979 579.59	
(一) 持续经营净利润(净亏损以"-"号填列)	979 579.59	
(二) 终止经营净利润(净亏损以"-"号填列)		
五、其他综合收益的税后净额		
(一) 以后不能重分类进损益的其他综合收益		
1. 重新计量设定受益计划净负债或净资产的变动		
2. 权益法下在被投资单位不能重分类进损益的其他综合收益中享有的份额		
(二) 以后将重分类进损益的其他综合收益		
1. 权益法下在被投资单位以后将重分类进损益的其他综合收益中享有的份额		
2. 可供出售金融资产公允价值变动损益		
3. 持有至到期投资重分类为可供出售金融资产损益		
4. 现金流量套期损益的有效部分		
5. 外币财务报表折算差额		
……		
六、综合收益总额	979 579.59	
七、每股收益:		
(一) 基本每股收益		
(二) 稀释每股收益		

公司法定代表人:闵小雯　　　　　主管会计工作负责人:闵小雯　　　　　会计机构负责人:李玉

（4）2018 年现金流量表，如表 1-5-4 所示。

表 1-5-4

现 金 流 量 表

会企 03 表

单位:南京大唐股份有限公司　　　　　　　2018 年　　　　　　　单位:元

项　目	本期数	上年同期数
一、经营活动产生的现金流量:		
销售商品、提供劳务收到的现金	16 297 231.19	
收到的税费返还		
收到其他与经营活动有关的现金		
经营活动现金流入小计	16 297 231.19	
购买商品、接受劳务支付的现金	10 757 793.14	
支付给职工以及为职工支付的现金	2 146 167.83	

（续表）

项　　　目	本期数	上年同期数
支付的各项税费	401 194.27	
支付其他与经营活动有关的现金	2 125 563.24	
经营活动现金流出小计	15 430 718.48	
经营活动产生的现金流量净额	866 512.71	
二、投资活动产生的现金流量：		
收回投资收到的现金		
取得投资收益收到的现金		
处置固定资产、无形资产和其他长期资产收回的现金净额		
处置子公司及其他营业单位收到的现金净额		
收到其他与投资活动有关的现金		
投资活动现金流入小计		
购建固定资产、无形资产和其他长期资产所支付的现金		
投资支付的现金		
取得子公司及其他营业单位支付的现金净额		
支付的其他与投资活动有关的现金		
投资活动现金流出小计		
投资活动产生的现金流量净额		
三、筹资活动产生的现金流量：		
吸收投资收到的现金		
取得借款收到的现金		
收到其他与筹资活动有关的现金		
筹资活动现金流入小计		
偿还债务支付的现金		
分配股利、利润或偿付利息支付的现金		
支付其他与筹资活动有关的现金		
筹资活动现金流出小计		
筹资活动产生的现金流量净额		
四、汇率变动对现金及现金等价物的影响	2 736.34	
五、现金及现金等价物净增加额	869 249.05	
加：期初现金及现金等价物余额	27 328 442.83	
六、期末现金及现金等价物余额	28 197 691.88	

公司法定代表人:闵小雯　　　　　主管会计工作负责人:闵小雯　　　　　会计机构负责人:李玉

（5）2018 年所有者权益变动表，如表 1-5-5 所示。

所有者权益变动表

2018年

会企04表

单位:元

项　目	本年金额							上年金额						
	实收资本(或股本)	资本公积	减:库存股	其他综合收益	盈余公积	未分配利润	所有者权益合计	实收资本(或股本)	资本公积	减:库存股	其他综合收益	盈余公积	未分配利润	所有者权益合计
一、上年末金额	30 000 000.00				180 525.58	833 461.13	31 013 986.71							
加:会计政策变更														
前期差错更正														
其他														
二、本年初余额	30 000 000.00				180 525.58	833 461.13	31 013 986.71							
三、本年增减变动金额(减少以"一"号填列)					97 957.96	881 621.63	979 579.59							
(一)综合收益总额						979 579.59	979 579.59							
(二)所有者投入和减少资本														
1. 所有者投入资本														
2. 股份支付计入所有者权益的金额														

大唐股份有限公司

单位盖章:南京力唐股份有限公司

（续表）

项目	本年金额							上年金额						
	实收资本(或股本)	资本公积	减:库存股	其他综合收益	盈余公积	未分配利润	所有者权益合计	实收资本(或股本)	资本公积	减:库存股	其他综合收益	盈余公积	未分配利润	所有者权益合计
3. 其他														
(三) 利润分配					97 957.96	−97 957.96								
1. 提取盈余公积					97 957.96	−97 957.96								
2. 对所有者(或股东)的分配														
3. 其他														
(四) 所有者权益内部结转														
1. 资本公积转增资本(或股本)														
2. 盈余公积转增资本(或股本)														
3. 盈余公积弥补亏损														
4. 其他														
四、本年年末余额	30 000 000.00				278 483.54	1 715 082.76	31 993 566.30							

公司法定代表人:闵小雯　　主管会计工作负责人:闵小雯　　会计机构负责人:李玉

六、企业基本信息会计电算化处理

(一) 新建账套

公司在 T＋系统中建立账套，以系统管理员身份登录，在首页单击"新建账套"按钮，进入新建账套导航界面，按导航步骤及公司简介资料完成新建账套工作。

（1）基本信息设置（见图 1-6-1），账套名称录入"南京大唐股份有限公司"，账套路径默认，单位全称录入"南京大唐股份有限公司"，单位简称自动生成"南京大唐"，所属行业选择"制造业"——"橡胶塑料、化纤制造业"，商品分类选择"化工/橡塑/钢材"，行政区选择"江苏省"——"南京市"——"建邺区"，单位地址录入"江苏省南京市国家高新区大同路 980 号"，税率改为"16"，开通云应用的"√"取消（若服务器及客户端没有连接互联网，默认开通云应用，会导致建账失败），法人代表录入"闵小雯"，邮政编码录入"210000"，联系电话及传真均录入"025－80981888"，开户银行录入"中国建设银行南京市建邺区支行"，税号录入"913201981927430131"，开票账号录入"23636442090"，单击"下一步"按钮（若基本信息录入不完整，以账套主管的身份进入账套，在"系统管理——基本设置——基本信息"中进行修改）。

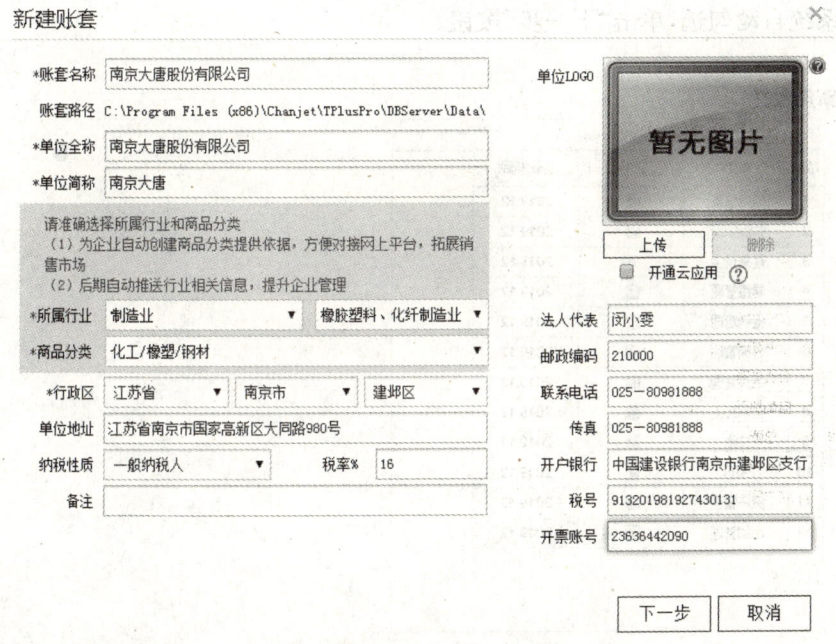

图 1-6-1　新建账套——公司基本信息

（2）会计期间设置，如图 1-6-2 所示。启用年度选择"2019"，启用期间选择"1"，年度开始日期选择"2019-01-01"，其他默认，单击"下一步"按钮。

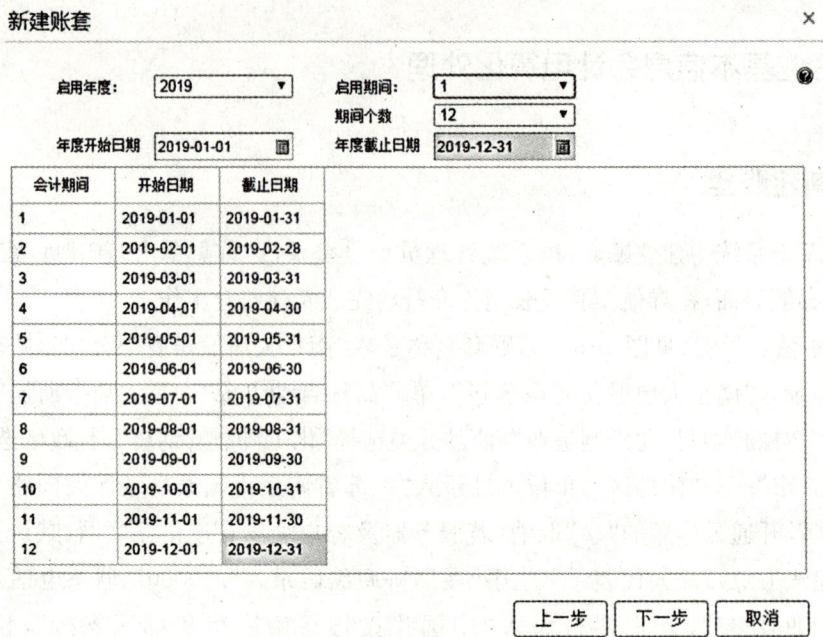

图 1-6-2　新建账套——会计期间

（3）功能启用设置，如图 1-6-3 所示。在启用中勾选"库存核算""购销管理""自制加工""总账""T-UFO""资产管理"和"出纳管理"，其中勾选"购销管理"和"库存核算"后，"往来现金"子系统自动勾选，单击"下一步"按钮。

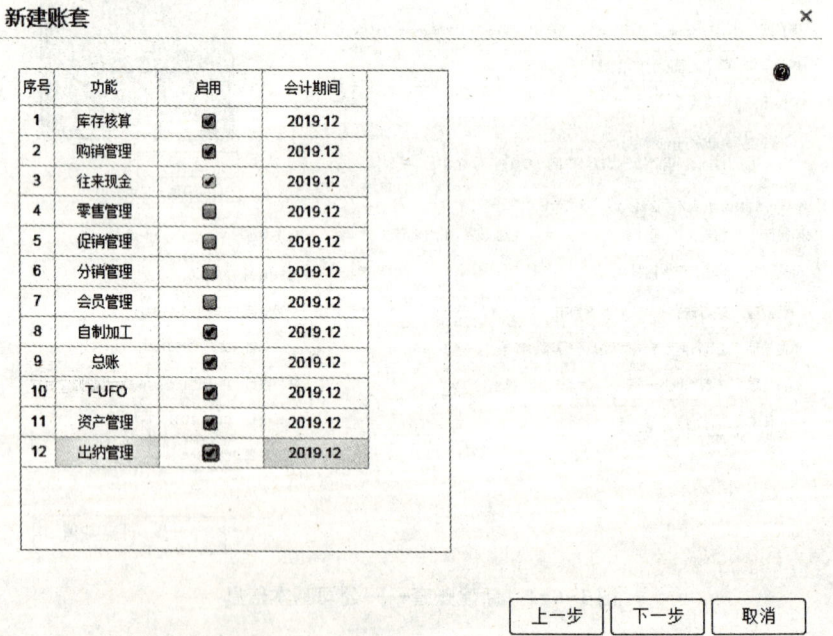

图 1-6-3　新建账套——功能启用

（4）公共选项设置，如图 1-6-4 所示。其中基础数据除默认外，勾选"启用多币种"，数据精度中折旧率小数位选择"6"，计价模式选择"按仓库＋存货"，计价时机选择"实时计价"，单击"下一步"按钮。

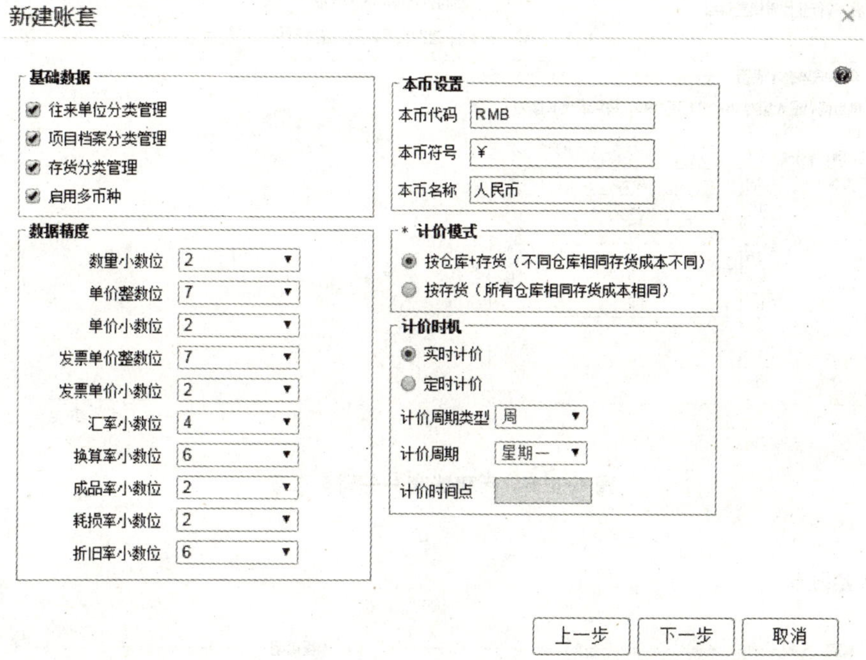

图 1-6-4　新建账套——公共选项

（5）财务选项设置，如图 1-6-5 所示。需要手工设置的是勾选"出纳凭证必须由出纳签字"，行业性质必须选择为"2007 年新会计准则（企业……）"，勾选按行业性质预置科目，科目编码系统前三级按行业性质已置，不允许修改，本公司科目编码预置为 5 级，第 4 和第 5 级级长录入"2"，凭证类别选择"记账凭证"，单击"下一步"按钮。

（6）业务流程设置，只有开通购销管理和库存核算功能才能进行业务流程设置，本公司购销业务流程设置，如图 1-6-6 所示。销售和采购的立账方式分别选择"销售发票立账"和"采购发票立账"，均选择该立账方式下的第一种为默认模式，单击"下一步"按钮。

（7）账套主管设置，如图 1-6-7 所示。账套主管账号录入"805101"，账套主管姓名录入"李玉"，单击"完成"按钮，系统自动生成并保存，在此期间提示"新建账套可能需要耗费几分钟，请耐心等待！"如图 1-6-8 所示，完成后系统提示"账套编码是：＊＊＊＊！（账套编码由系统自动生成）创建账套成功！是否进入新建账套？"则新建账套完成。

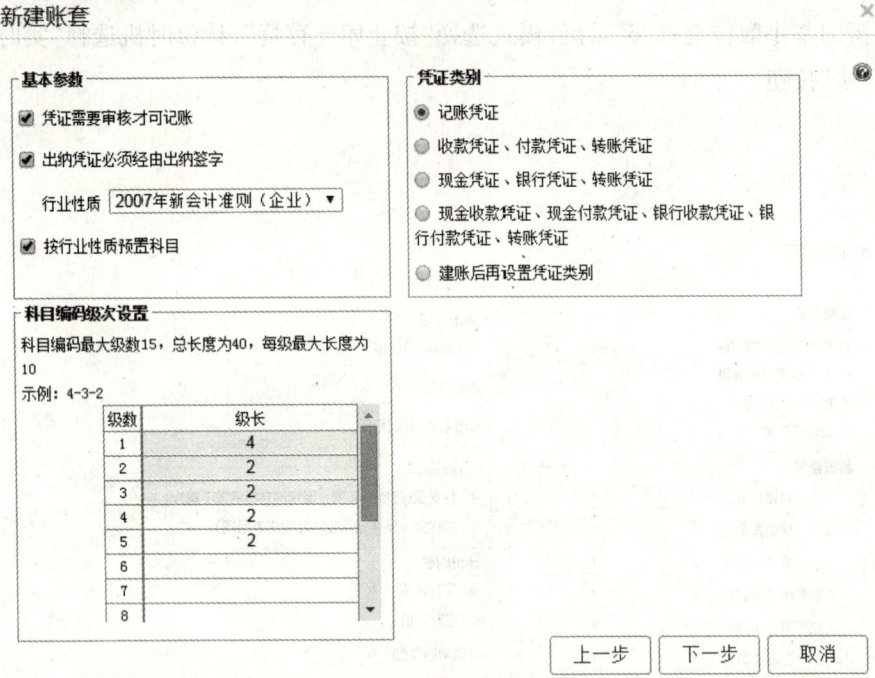

图 1-6-5　新建账套——财务选项

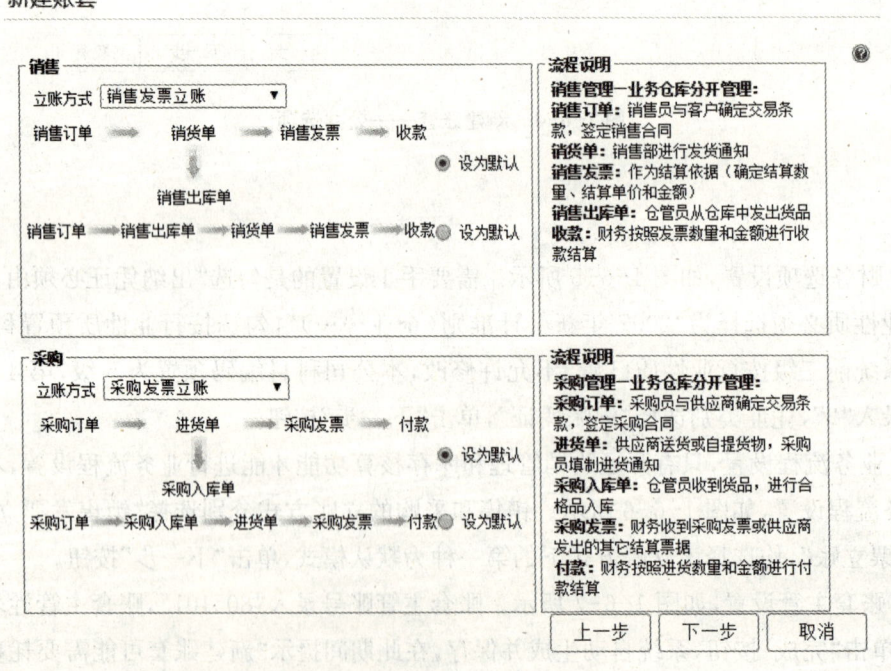

图 1-6-6　新建账套——业务流程

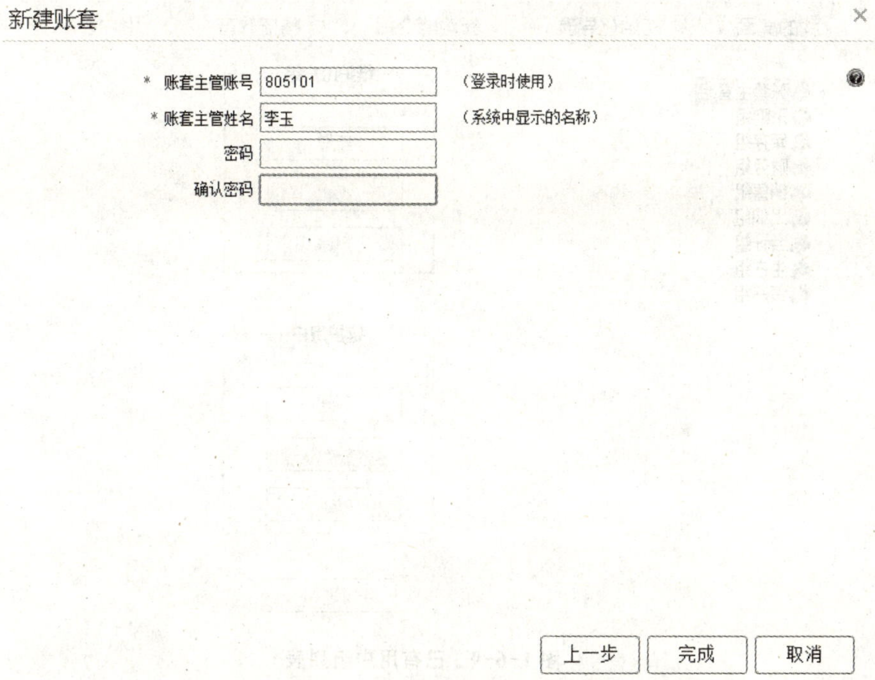

新建账套

* 账套主管账号	805101	（登录时使用）
* 账套主管姓名	李玉	（系统中显示的名称）
密码		
确认密码		

上一步　　完成　　取消

图 1-6-7　新建账套——会计主管

新建账套可能需要耗费几分钟，
请耐心等待！

图 1-6-8　系统完成并保存期间提示

（二）用户权限

公司用户权限一览表，如表 1-2-1 所示。其主要操作包括增加用户组别并授权、增加用户组别中用户等。

1. 增加组别

以账套主管"805101"身份于 2019-01-01 登录，在"系统管理——基本设置"中单击"用户权限"按钮，如图 1-6-9 所示。在"维护用户组"中单击"新增"按钮，用户组名称录入"资产会计组"，如图 1-6-10 所示。保存，返回用户权限界面。在"维护用户组"中单击"新增"按钮，用户组名称录入"存货会计组"，如图 1-6-11 所示，保存。

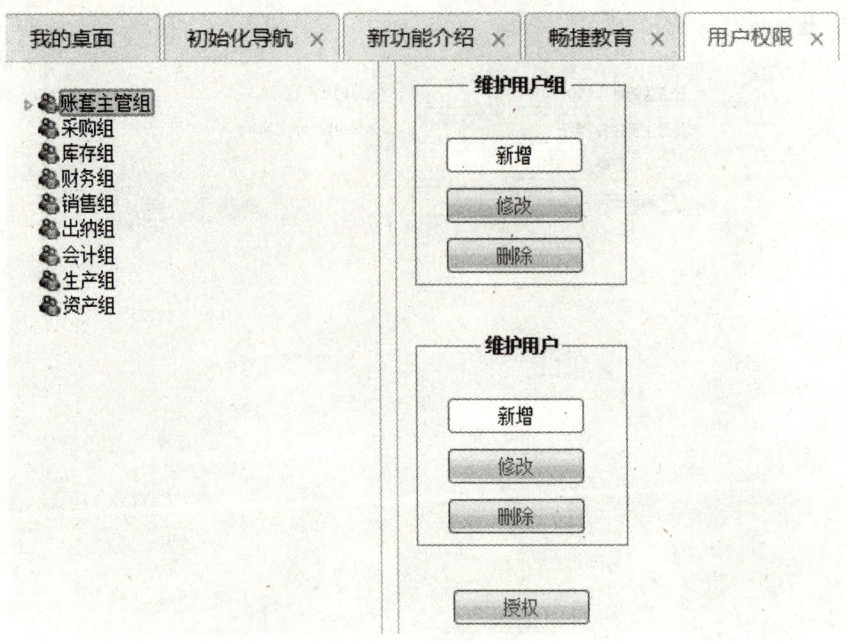

图 1-6-9　已有用户组列表

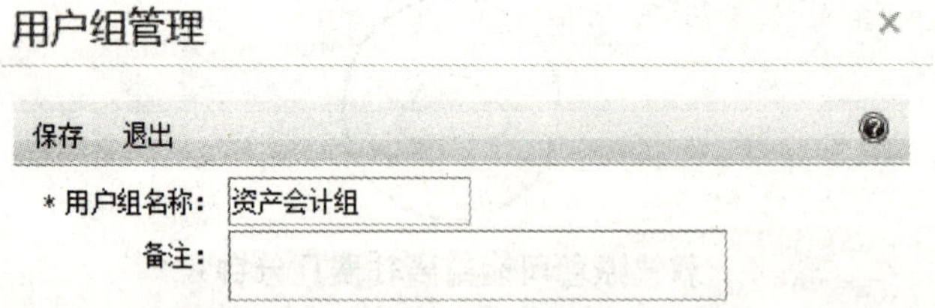

用户组管理　　　　　　　　　　　　　　　×

　保存　退出　　　　　　　　　　　　　　　⑦

＊用户组名称：　资产会计组

　　备注：

图 1-6-10　增加资产会计组

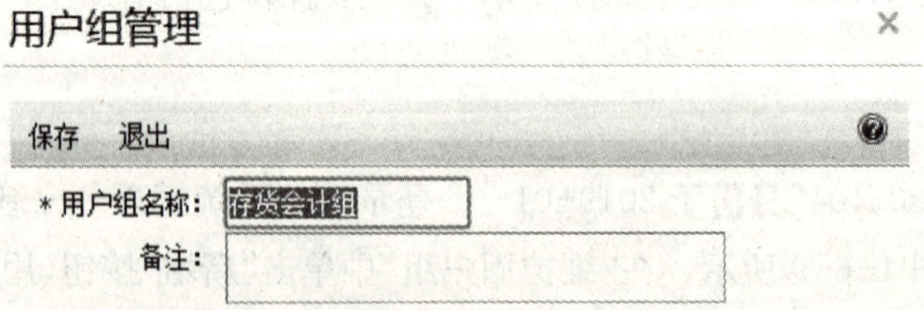

用户组管理　　　　　　　　　　　　　　　×

　保存　退出　　　　　　　　　　　　　　　⑦

＊用户组名称：　存货会计组

　　备注：

图 1-6-11　增加存货会计组

2. 组别授权

以账套主管"805101"身份于 2019-01-01 登录,选择"系统管理——基本设置——用户权限",如图 1-6-12 所示。选择"资产会计组",单击"授权"按钮,在"产品功能"下选中"系统管理",在右侧"授权详情"中,勾选功能点名称左侧复选框(一经勾选,系统赋予该功能下的全部权限),如图 1-6-13 所示。单击"保存"按钮,系统提示"保存成功",单击"确定"按钮,对其他赋予全部权限的基础设置、资产管理等进行授权→选择"总账",勾选全部权限,选择凭证中具体功能"出纳签字",取消勾选,如图 1-6-14 所示,保存。选择"往来现金",对需要设置的权限进行勾选,如图 1-6-15 所示,保存。全部授权完成后单击"返回"按钮,返回至用户权限界面。存货会计组、出纳组等根据如表 1-2-1 所示的权限,依次进行授权。

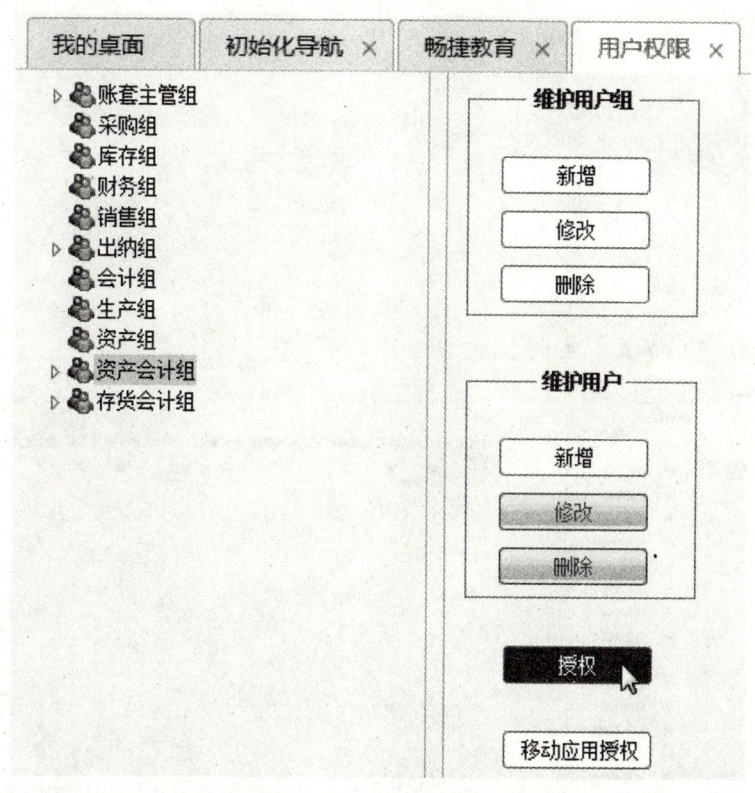

图 1-6-12　用户组设置后用户权限页面

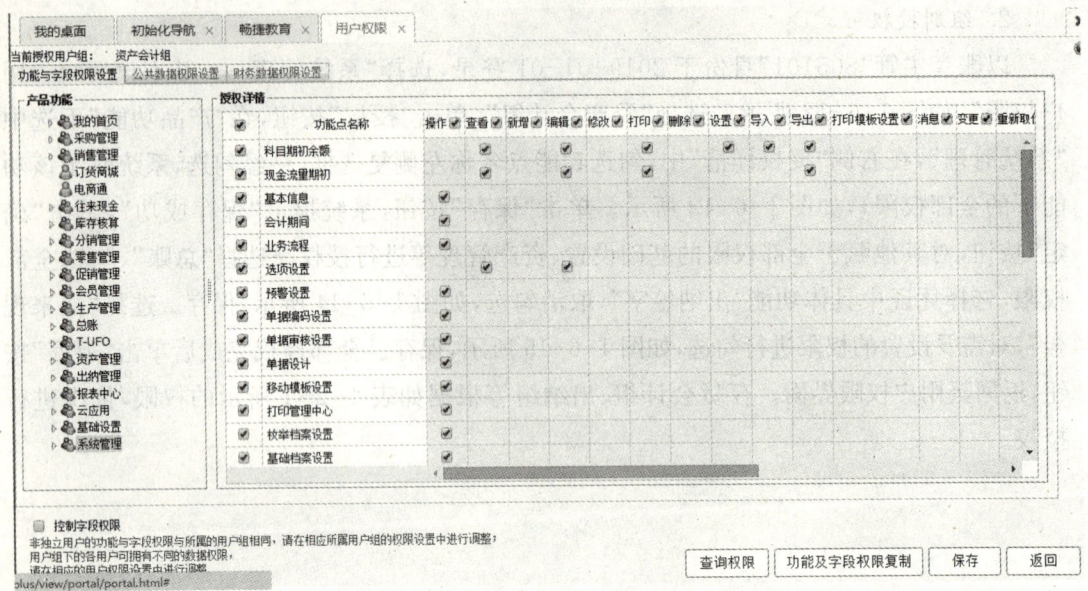

图 1-6-13　资产会计组系统管理权限设置页面

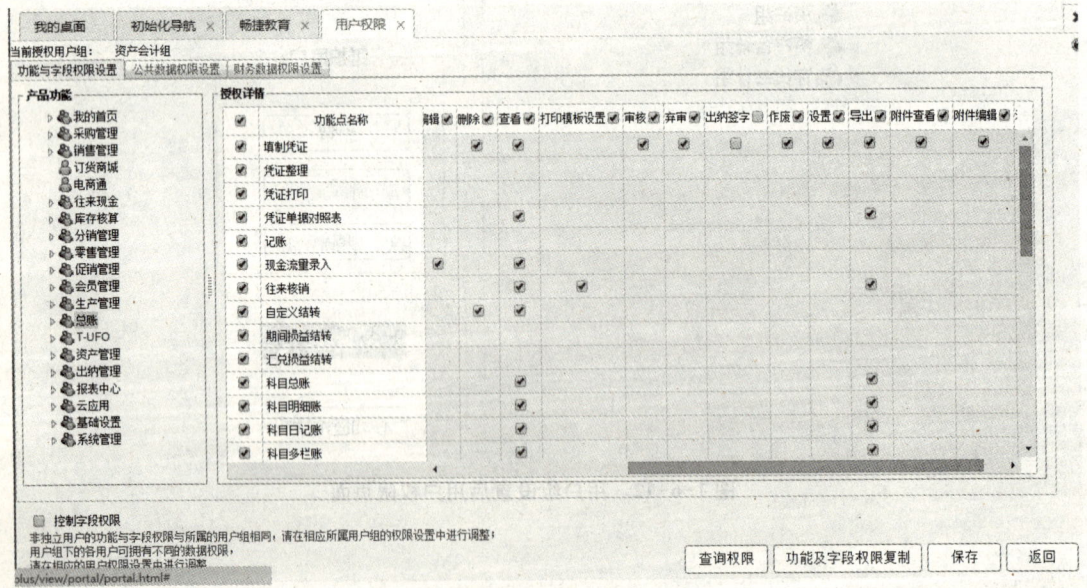

图 1-6-14　总账权限设置页面

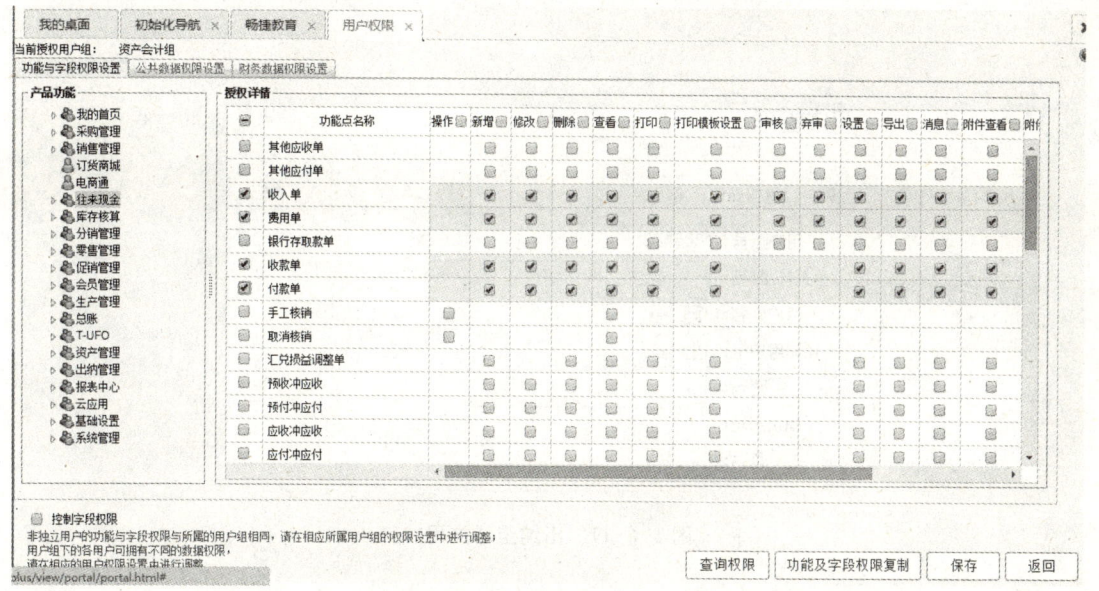

图 1-6-15 往来现金权限设置

3. 增加用户

以账套主管"805101"身份于 2019-01-01 登录，在"系统管理——基本设置"中单击"用户权限"按钮，选择"资产会计组"，在"维护用户"中单击"新增"按钮，出现"用户管理"对话框，录入账号"805102"和用户姓名"周晓明"，如图 1-6-16 所示，单击"保存新增"按钮。根据表 1-2-1，分别完成出纳组、存货会计组等组别用户增加的操作，如图 1-6-17 和图 1-6-18 所示。需要说明的是，用户增加后具有该组别所有的权限，该用户的权限不需要另行授权。

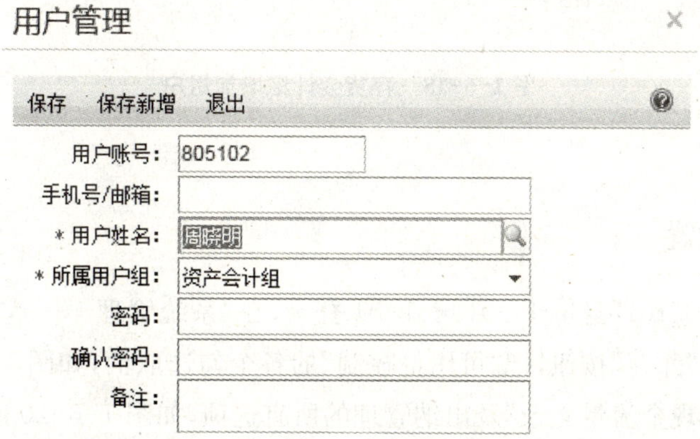

用户管理

保存　保存新增　退出

用户账号： 805102

手机号/邮箱：

*用户姓名： 周晓明

*所属用户组： 资产会计组

密码：

确认密码：

备注：

图 1-6-16 资产会计组增加用户

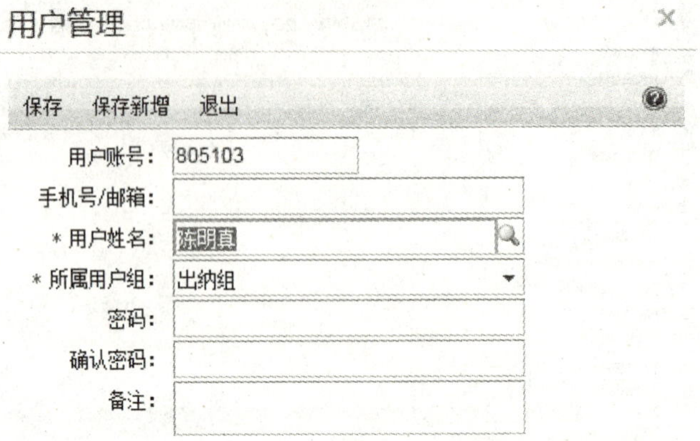

图 1-6-17　出纳组增加用户

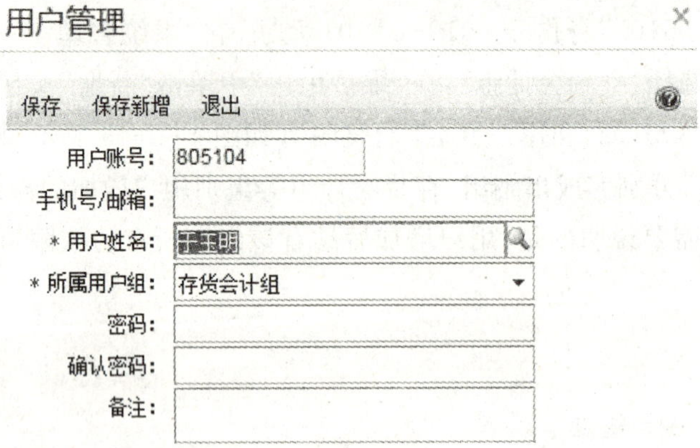

图 1-6-18　存货会计组增加用户

(三) 选项设置

以账套主管"805101"身份于 2019-01-01 登录,在"系统管理——基本设置"中单击"选项设置"按钮,单击"库存"按钮,把"可用量控制"的各个勾选取消,如图 1-6-19 所示。单击"财务"按钮,勾选"现金流量必录"及出纳管理的所有选项,如图 1-6-20 所示。单击"凭证接口"按钮,其中盘点业务生成凭证的单据勾选"其他出入库单",取消"控制凭证借(贷)合计金额不变"的勾选,如图 1-6-21 所示。单击"确定"按钮。

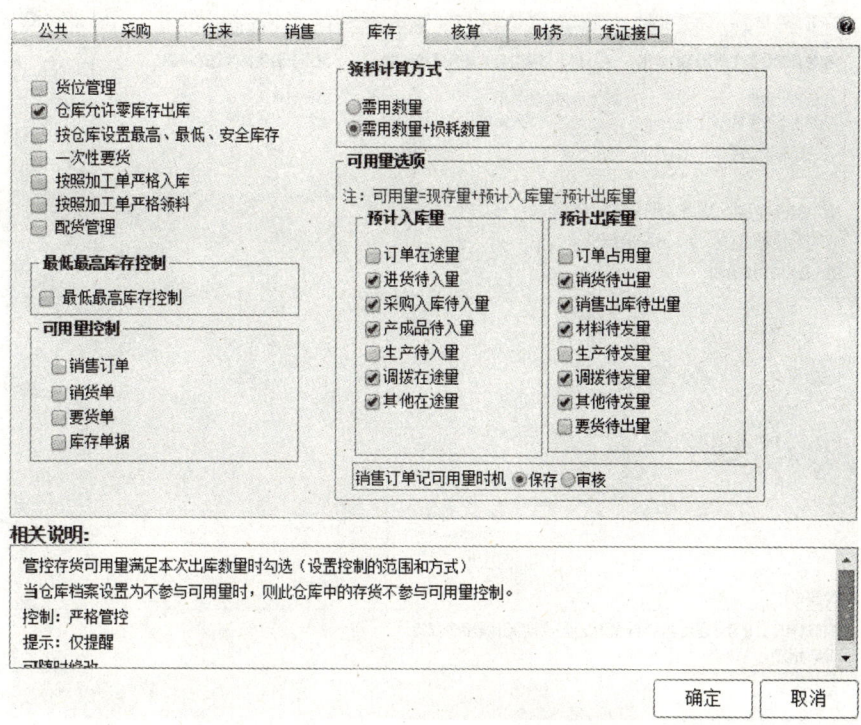

图 1-6-19　库存选项

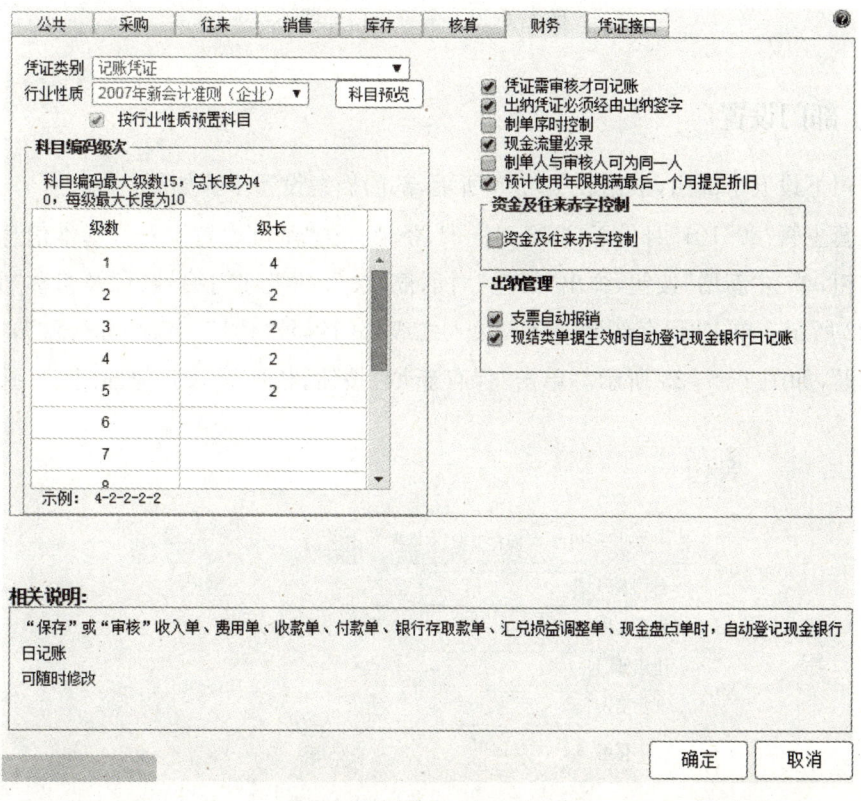

图 1-6-20　财务选项

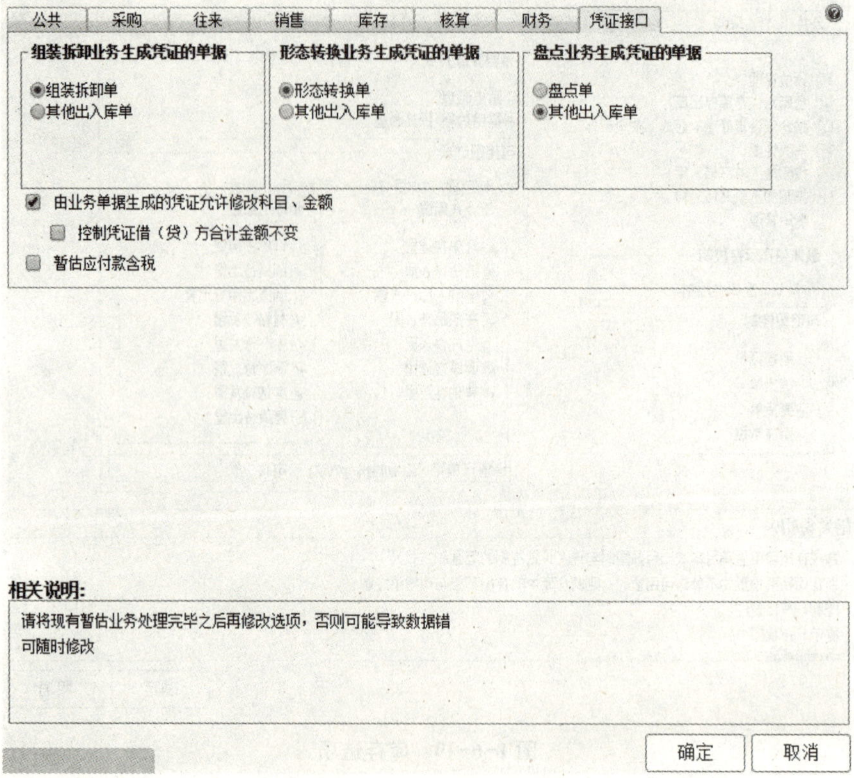

图 1-6-21　凭证接口选项

(四) 部门设置

本公司下设五个部门,根据表 1-2-3 所示,部门档案设置步骤如下:

以账套主管"805101"身份于 2019-01-01 登录。在"基础设置"——"基本信息"中单击"部门"按钮,单击"新增"按钮,弹出"部门"对话框,录入一级部门编号"1"及名称"管理",如图 1-6-22 所示。单击"保存新增"按钮,录入二级部门编号"101"、名称"办公室",上级部门选择"管理",如图 1-6-23 所示。单击"保存新增"按钮,依次录入其他部门,如图 1-6-24所示。

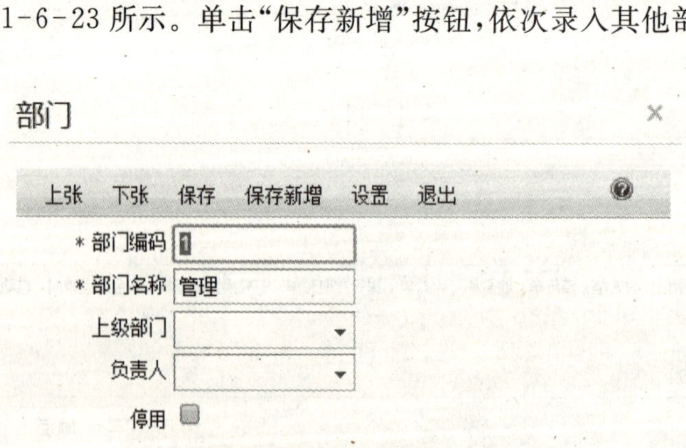

图 1-6-22　设置"管理"部门

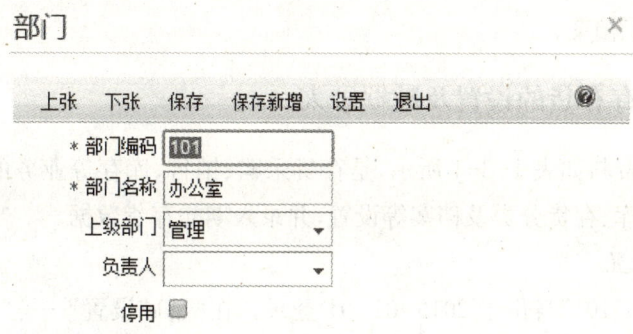

图 1-6-23　设置"办公室"

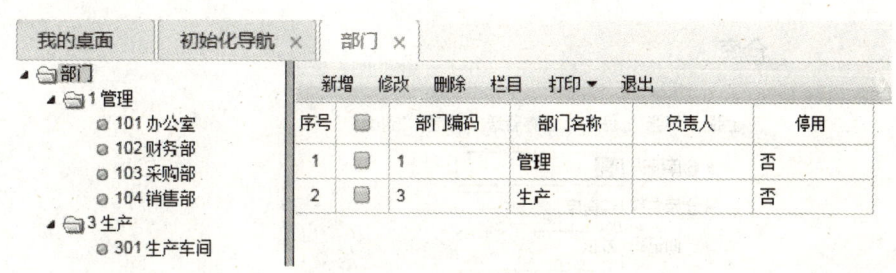

图 1-6-24　公司部门示意图

（五）员工

根据员工档案表 1-2-3,员工档案设置步骤如下:

以账套主管"805101"身份于 2019-01-01 登录。在"基础设置"——"基本信息"中单击"员工"按钮,选择员工所在部门,单击"新增"按钮,弹出"员工"对话框,在基本信息中录入员工编码"101001"、员工名称"闵小雯";选择职务,已有职务可直接选择,职务中没有预置的,单击"增加"按钮,录入"总经理/法人",保存并选择该职务,如图 1-6-25 所示。依次录入办公室、财务部等员工档案,选择"采购部",单击"保存新增"按钮,录入员工编码"103001"、员

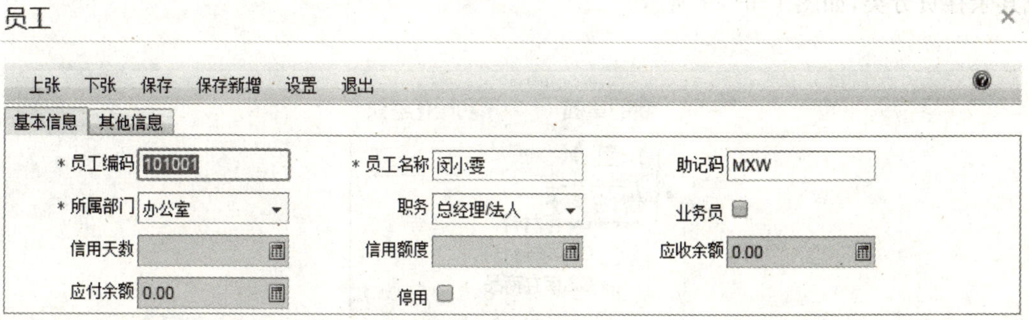

图 1-6-25　员工档案设置

工名称"杨琳",选择职务"经理",对"业务员"打"√",然后单击"保存新增"按钮,根据表 1-2-3 依次录入其余员工档案。

(六) 有关库存存货的设置及数据录入

公司库存存货资料如表 1-3-1 所示,是存货采购、销售、库存等业务的基础信息。存货及相关设置包括仓库、存货分类及档案等设置,并录入期初存货数据。

1. 仓库档案设置

以账套主管"805101"身份于 2019-01-01 登录。在"基础设置"——"基本信息"中单击"仓库"按钮,单击"新增"按钮,出现"仓库"档案对话框,依次录入仓库编码"K1"、仓库名称"综合库"、负责人"邹明珠"、取消参与可用量的勾选等,如图 1-6-26 所示,保存并退出。

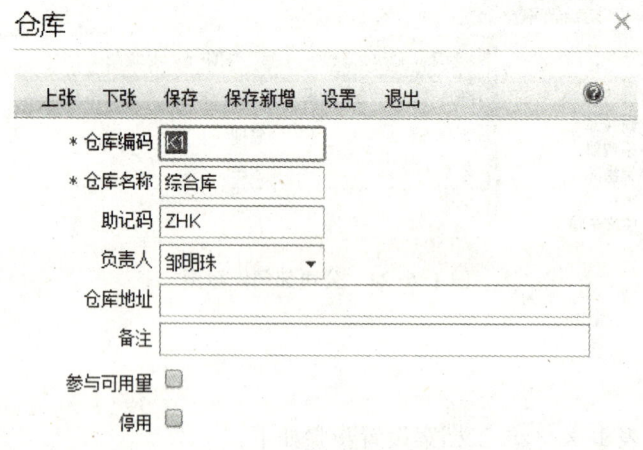

图 1-6-26　仓库档案设置

2. 存货分类设置

以账套主管"805101"身份于 2019-01-01 登录。在"基础设置"——"基本信息"中单击"存货"按钮,单击左侧增加分类图标,如图 1-6-27 所示。弹出"存货分类"对话框,录入分类编码为"C1",分类名称为"原材料"的存货分类,如图 1-6-28 所示。单击"保存新增"按钮,完成其余存货分类,如图 1-6-29 所示。

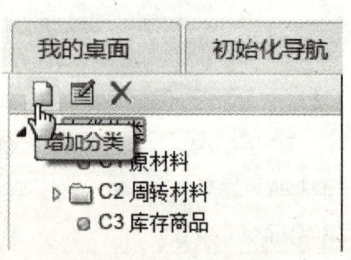

图 1-6-27　增加存货分类

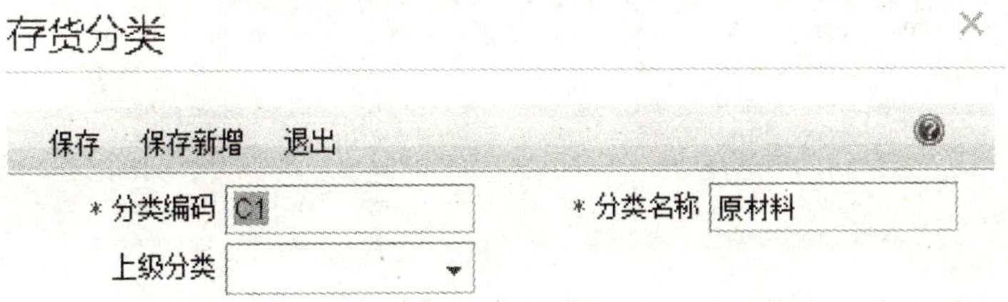

图 1-6-28　原材料存货分类

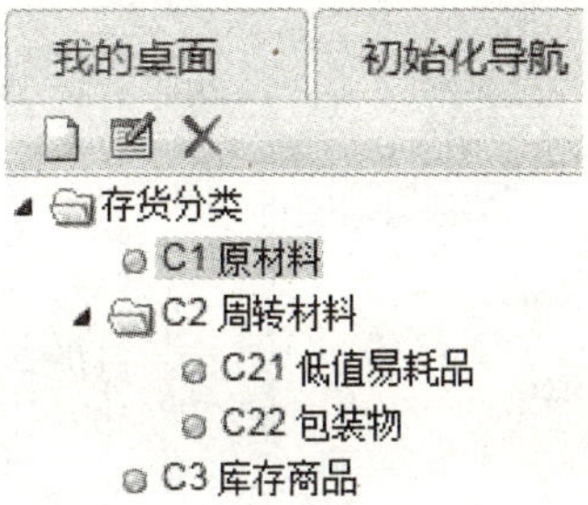

图 1-6-29　存货分类示意图

3. 存货档案设置

以账套主管"805101"身份于 2019-01-01 登录。在"基础设置"——"基本信息"中单击"存货"按钮,选择存货分类为"原材料",单击"新增"按钮,弹出"存货"对话框,存货编码录入"C1001",存货名称录入"HJ",计价方式选择"全月平均",税率默认,计量方式选择"单计量",计量单位录入并选择"千克"(所有存货计量方式均为单计量,计量单位通过计量单位档案选择,录入"千克",显示"千克"信息时选择,若显示空白信息,则增加"千克"档案,再选择),勾选存货属性:外购、销售、生产耗用(材料出库单填制时的必选项),如图 1-6-30 所示。单击"保存新增"按钮,录入其他存货档案,所有存货档案设置完成后,如图 1-6-31 所示。

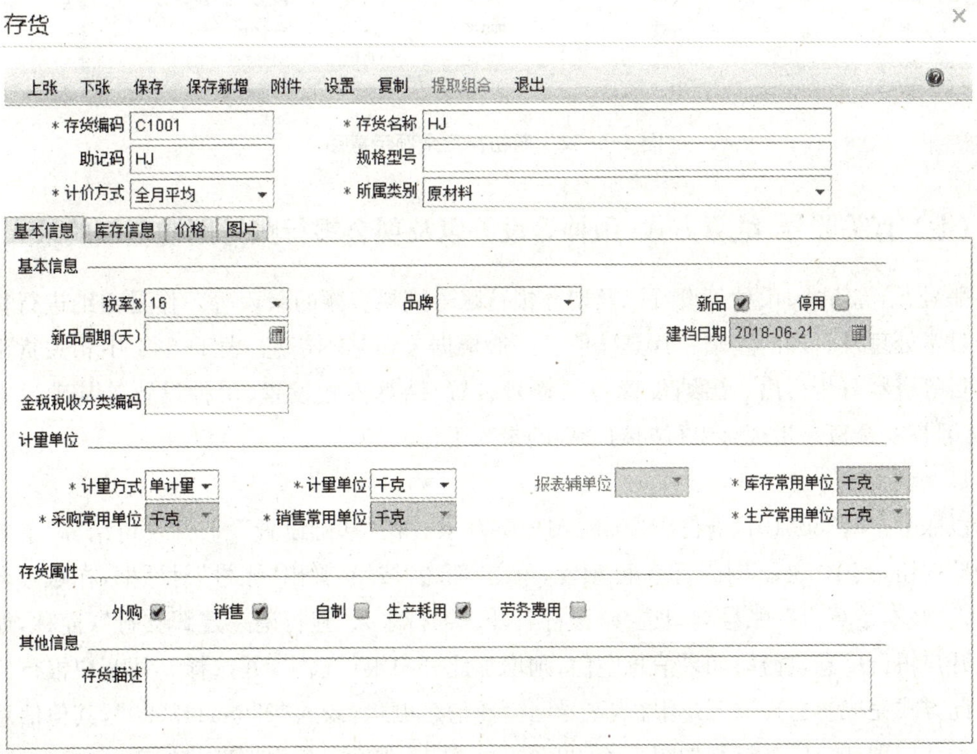

图 1-6-30　"HJ"存货档案录入

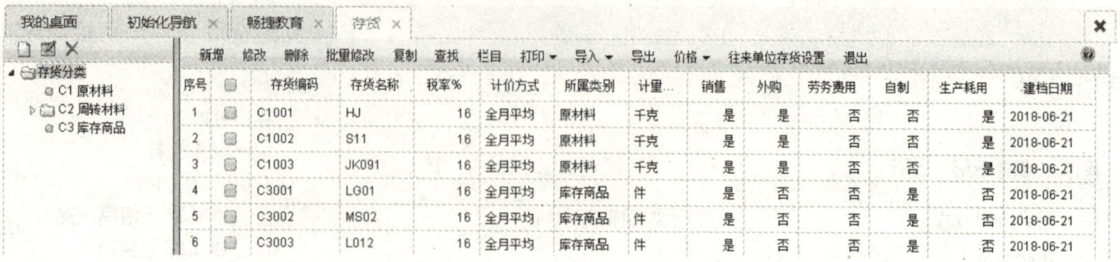

序号	存货编码	存货名称	税率%	计价方式	所属类别	计量...	销售	外购	劳务费用	自制	生产耗用	建档日期
1	C1001	HJ	16	全月平均	原材料	千克	是	是	否	否	是	2018-06-21
2	C1002	S11	16	全月平均	原材料	千克	是	是	否	否	是	2018-06-21
3	C1003	JK091	16	全月平均	原材料	千克	是	是	否	否	是	2018-06-21
4	C3001	LG01	16	全月平均	库存商品	件	是	否	否	是	否	2018-06-21
5	C3002	MS02	16	全月平均	库存商品	件	是	否	否	是	否	2018-06-21
6	C3003	L012	16	全月平均	库存商品	件	是	否	否	是	否	2018-06-21

图 1-6-31　全部存货档案示意图

4. 存货期初余额录入

以账套主管“805101”身份于 2019-01-01 登录。在“初始化”——“期初余额”中单击“库存期初余额”按钮，选择仓库“综合库”，存货名称选择“HJ”，数量录入“1 300.00”，金额录入“182 100.00”，根据表 1-3-1，录入综合库其他存货数据，全选记录，单击“全审”按钮，如图 1-6-32 所示。

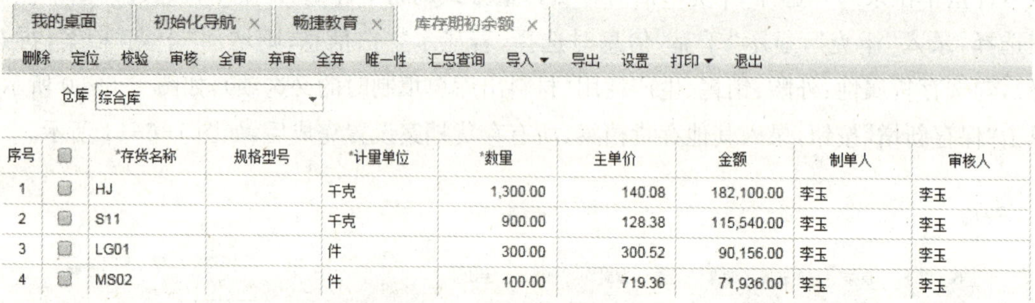

序号	*存货名称	规格型号	*计量单位	*数量	主单价	金额	制单人	审核人
1	HJ		千克	1,300.00	140.08	182,100.00	李玉	李玉
2	S11		千克	900.00	128.38	115,540.00	李玉	李玉
3	LG01		件	300.00	300.52	90,156.00	李玉	李玉
4	MS02		件	100.00	719.36	71,936.00	李玉	李玉

图 1-6-32　期初存货余额示意图

(七) 有关账号、结算方式、币种等设置以及现金银行账号期初金额的录入

账号、结算方式、币种等设置以及现金银行账号期初金额的录入等工作是出纳进行货币资金日常处理及管理的基础。其具体信息一般根据公司基本信息、表 1-5-1 中相关货币资金科目等资料分析得出。出纳设置包括账号设置、结算方式设置、币种设置等基础设置工作，账号期初余额是指现金银行期初余额的录入工作。

1. 账号设置

以账套主管“805101”身份于 2019-01-01 登录。在“基础设置”——“收付结算”中单击“账号”按钮，其中“现金”账号系统已预置，单击“新增”按钮，弹出“账号”对话框，在账号名称中录入“基本结算户”、账号类型选择“银行”；开户银行录入“建行南京建邺支行”(简称，如果有此开户银行信息，选择；如果信息空白，则增加此开户银行档案，并选择。凡开户银行档案均以此方式完成)，选择该开户银行，账号已生成信息删除，录入“23636442090”，其他信息会自动默认处理；账号完成后，如图 1-6-33 所示。单击“保存新增”按钮，进行美元户账号的设置，设置后账号，如图 1-6-34 所示。

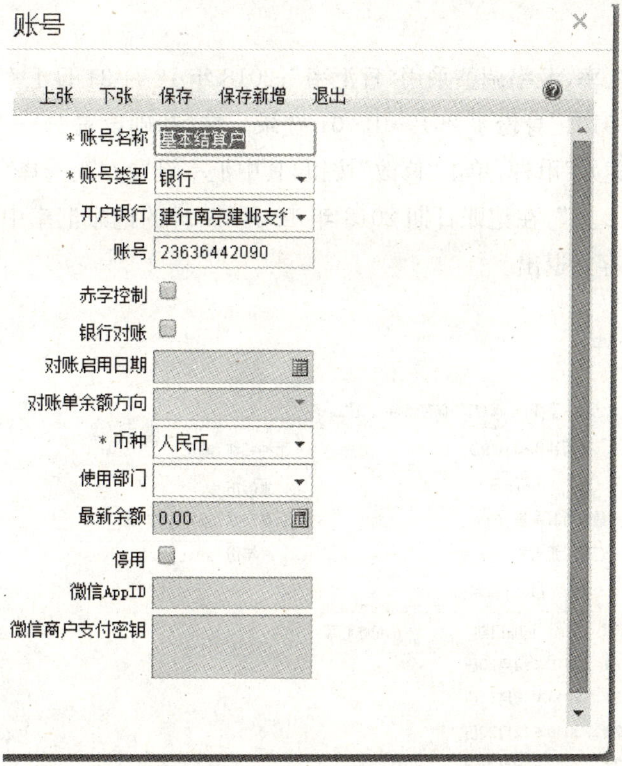

图 1-6-33　基本结算户账号设置

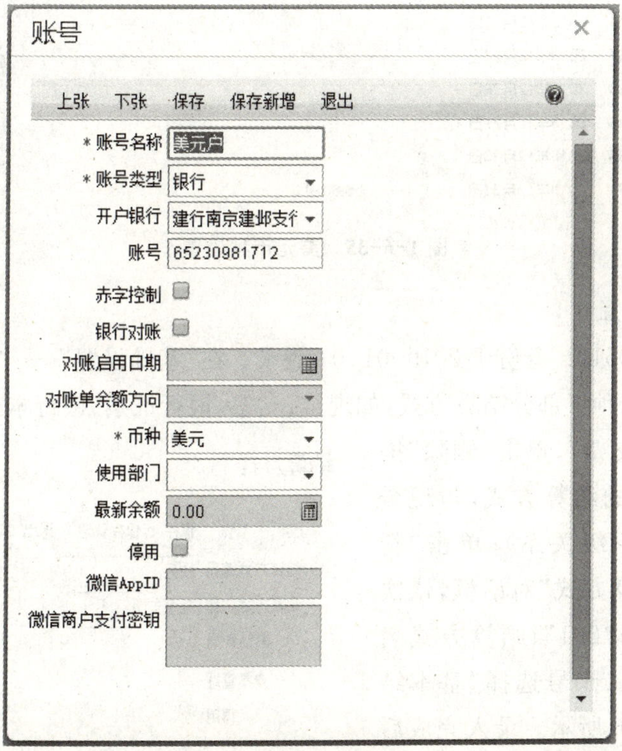

图 1-6-34　美元户账号设置

2. 币种设置

要求更改美元汇率,汇率调整采用"日汇率";2018 年 12 月 31 日汇率为:6.603 4。

以账套主管"805101"身份于 2019-01-01 登录。在"基础设置"——"收付结算"中单击"币种"按钮,勾选"美元"币种,单击"修改"按钮,其中汇率设置方式选择"日汇率",年份选择"2018",月份选择"12 月",在记账日期 2018 年 12 月 31 日的记账汇率中录入"6.603 4",如图 1-6-35 所示,保存并退出。

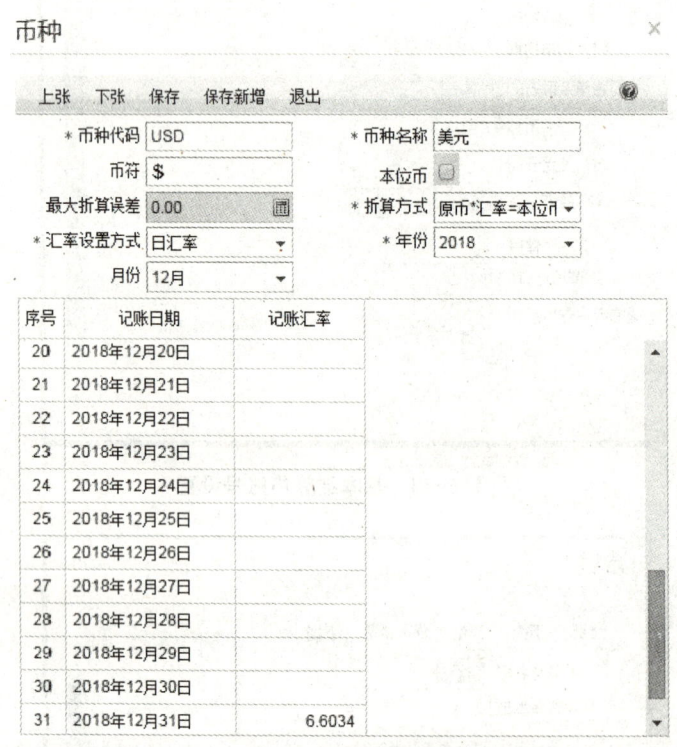

图 1-6-35 美元币种设置

3. 结算方式设置

以账套主管"805101"身份于 2019-01-01 登录。在"基础设置"——"收付结算"中单击"结算方式"按钮,已预置部分结算方式,如现金、支票、银行汇票、银行本票、信用卡、微信及支付宝等→选择"支票",单击"删除"按钮(支票不是具体的结算方式,与现金支票等不具有上下级关系);单击"新增"按钮,弹出"结算方式"对话框,依次录入结算方式编码"201"、结算方式名称"现金支票"、默认账号选择"基本结算户",如图 1-6-36 所示。录入完成后单击"保存新增"按钮,录入其他需增加

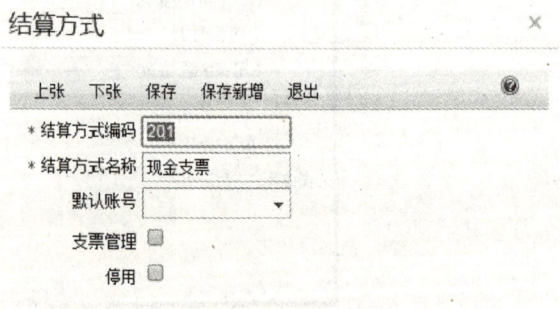

图 1-6-36 现金支票结算方式设置

结算方式，如图 1-6-37 所示。

我的桌面 | 初始化导航 × | 畅捷教育 × | 结算方式 ×

新增 修改 删除 打印▾ 退出

序号	☐	结算方式编码	结算方式名称	默认账号	支票管理	停用
1	☐	1	现金	现金	否	否
2	☐	201	现金支票		否	否
3	☐	202	转账支票		否	否
4	☐	3	银行汇票		否	否
5	☐	4	银行本票		否	否
6	☐	5	信用卡		否	否
7	☐	601	银行承兑汇票		否	否
8	☐	602	商业承兑汇票		否	否
9	☐	7	电汇		否	否
10	☐	8	网银		否	否
11	☐	9	信用证		否	否
12	☐	991	其他		否	否
13	☐	998	微信		否	否
14	☐	999	支付宝		否	否

图 1-6-37 结算方式示意图

4. 现金银行账号期初余额

以账套主管“805101”身份于 2019-01-01 登录。在“初始化”——“期初余额”中单击“现金银行期初余额”按钮，录入现金期初余额“2102.00”，根据表 1-5-1，录入其他账号期初余额，保存，如图 1-6-38 所示。需要说明的是，“本币金额”是记账本位币（人民币）金额；“余额”是具体币种的期初余额。

我的桌面 | 初始化导航 × | 畅捷教育 × | 现金银行期初余额 ×

保存 打印▾ 导出 定位 退出

序号	账号	账号名称	币种	借（收入）累计金额	借（收入）累计本币	贷（支出）累计金额	贷（支出）累计本币	余额	本币余额
1	现金	现金	人民币					2,102.00	2,102.00
2	23636442090	基本结算户	人民币					27,667,317.88	27,667,317.88
3	65230981712	美元户	美元					80,000.00	528,272.00

图 1-6-38 现金银行期初余额页面

（八）往来单位的基础设置及往来期初余额的录入

往来单位的基础设置包括往来单位分类和往来单位档案的录入，一般由销售部、采购部及财务部等部门共同协商处理；往来期初余额中，客户期初余额，如表 1-2-2 所示，应由销售部门录入，至于表 1-5-1 中的“预计负债——未决诉讼”科目期初余额，也可录入往来期初余额中。

1. 公司往来单位分类设置

以账套主管"805101"身份于 2019-01-01 登录。在"基础设置"——"基本信息"中单击"往来单位"按钮,单击左侧"增加分类"图标,如图 1-6-39 所示,弹出"往来单位分类"对话框,录入供应商分类编码"GY"及名称"供应商",如图 1-6-40 所示,保存并退出,选择"供应商"分类,单击"增加分类"按钮,录入供应商二级分类编码"GY1"及名称"国内供应商",如图 1-6-41 所示,完成后保存并退出。依次完成一级分类编码"KH",名称"**客户**",其下属二级分类分别是编码为"KH1""KH2",名称分别是"**国内客户**"及"**国外客户**"的设置;完成一级分类编码"SS",名称"担保**或诉讼**",其下属二级分类分别是编码为"SS1""SS2",名称分别是"诉讼"及"担保"的设置。

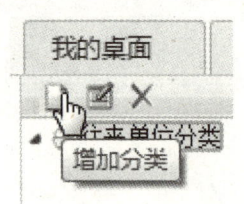

图 1-6-39　增加往来单位分类

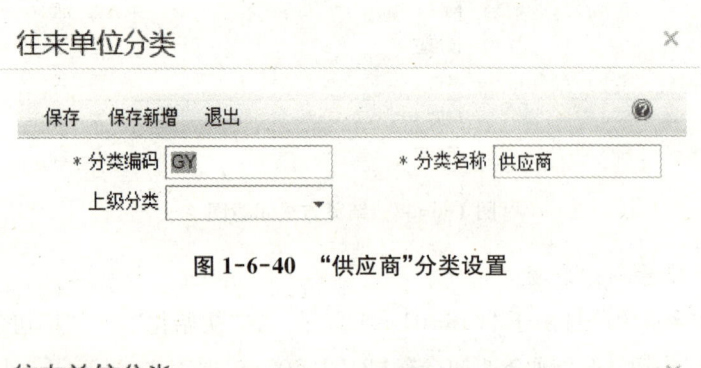

图 1-6-40　"供应商"分类设置

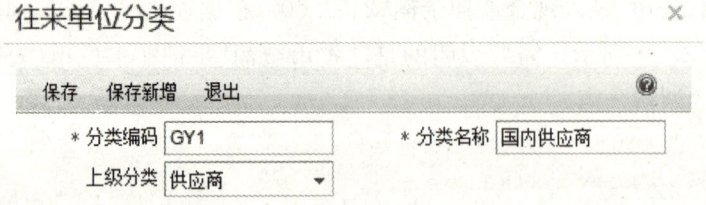

图 1-6-41　供应商二级分类

2. 往来单位档案录入(简化,只录"＊"号表示的必录项)

以账套主管"805101"身份于 2019-01-01 登录。在"基础设置"——"基本信息"中单击"往来单位"按钮,在"往来单位分类"中选中"国内客户",单击"新增"按钮,出现"往来单位"档案对话框,单位编码自动生成,录入单位名称"南京玉山股份有限公司",简称自动生成,性质选择"客户",其余信息自动生成,建档日期是服务器的日期,不允许修改,如图 1-6-42 所示。单击"保存新增"按钮,根据表 1-2-2 录入其他客户档案,在"往来单位分类"中选中"诉讼",单击"新增"按钮,出现"往来单位"档案对话框,单位编码自动生成,录入单位名称"南京立志有限公司",简称自动生成,性质选择"客户/供应商",其余信息自动生成,建档日期是服务器的日期,不允许修改,保存并退出。全部往来单位档案,如图 1-6-43 所示。

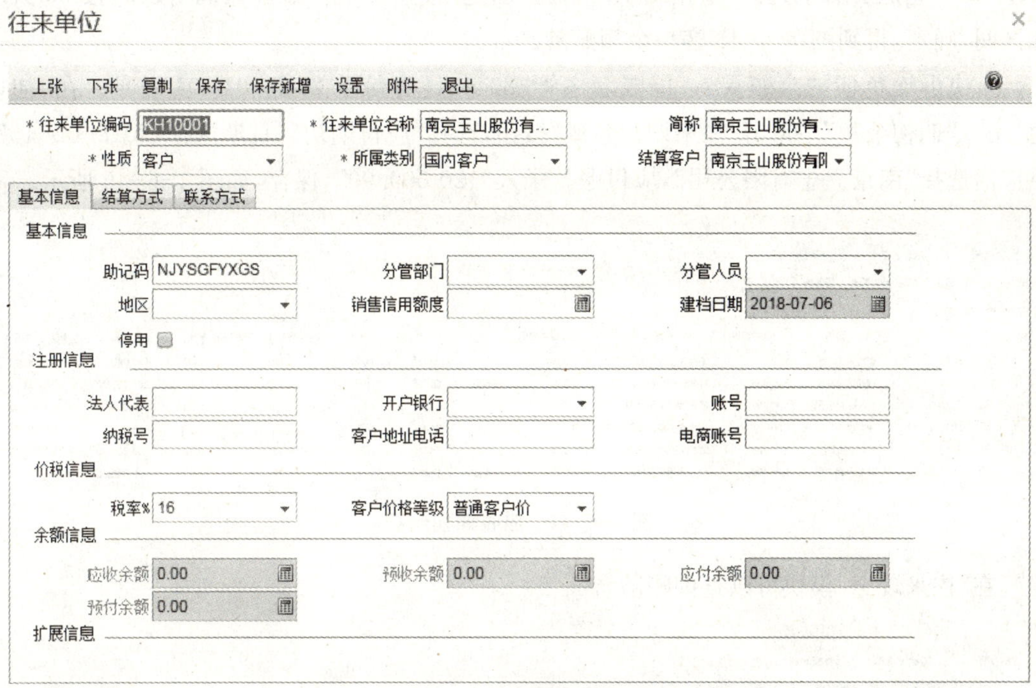

往来单位　　　　　　　　　　　　　　　　　　　　　×

上张　下张　复制　保存　保存新增　设置　附件　退出

* 往来单位编码 KH10001　　* 往来单位名称 南京玉山股份有...　　简称 南京玉山股份有...

* 性质 客户　　　　　　* 所属类别 国内客户　　　结算客户 南京玉山股份有限 ▼

基本信息　结算方式　联系方式

基本信息

助记码 NJYSGFYXGS　　分管部门　　　　　分管人员

地区　　　　　　销售信用额度　　　建档日期 2018-07-06

停用 ▢

注册信息

法人代表　　　　　开户银行　　　　　账号

纳税号　　　　客户地址电话　　　电商账号

价税信息

税率% 16　　　　客户价格等级 普通客户价

余额信息

应收余额 0.00　　　预收余额 0.00　　　应付余额 0.00

预付余额 0.00

扩展信息

图 1-6-42　客户档案设置

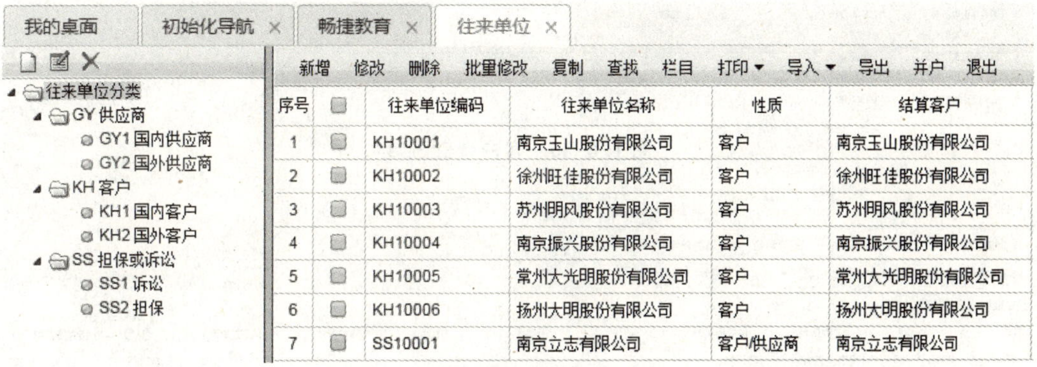

我的桌面　初始化导航 ×　畅捷教育 ×　往来单位 ×

往来单位分类
　GY 供应商
　　GY1 国内供应商
　　GY2 国外供应商
　KH 客户
　　KH1 国内客户
　　KH2 国外客户
　SS 担保或诉讼
　　SS1 诉讼
　　SS2 担保

新增　修改　删除　批量修改　复制　查找　栏目　打印▼　导入▼　导出　并户　退出

序号		往来单位编码	往来单位名称	性质	结算客户
1		KH10001	南京玉山股份有限公司	客户	南京玉山股份有限公司
2		KH10002	徐州旺佳股份有限公司	客户	徐州旺佳股份有限公司
3		KH10003	苏州朋风股份有限公司	客户	苏州朋风股份有限公司
4		KH10004	南京振兴股份有限公司	客户	南京振兴股份有限公司
5		KH10005	常州大光明股份有限公司	客户	常州大光明股份有限公司
6		KH10006	扬州大明股份有限公司	客户	扬州大明股份有限公司
7		SS10001	南京立志有限公司	客户/供应商	南京立志有限公司

图 1-6-43　往来单位分类及档案页面

3. 往来期初余额

以账套主管"805101"身份于 2019-01-01 登录。在"初始化"——"期初余额"中单击"往来期初余额"按钮，日期选择"2018-11-15"，客户选择"南京玉山股份有限公司"，应收账款录入"120 000.00"，部门选择"销售部"，业务员选择"黄晓琴"，根据表 1-2-2 资料，录入其余客户期初余额，保存，如图 1-6-44 所示。

查询账龄：以账套主管"805101"身份于 2019-01-01 登录。在"往来现金"——"业务往来账"中单击"应收账龄分析"按钮，在查询条件中，结算客户从"KH10001"——

"KH10006",起算日期选择"单据日期",单击"确定"按钮,单击"账龄区间"按钮,按 30 天增加区间,确定,得到图 1-6-45 客户余额账龄。

未决诉讼负债的余额录入:以账套主管"805101"身份于 2019-01-01 登录。在"初始化"——"期初余额"中单击"往来期初余额"按钮,选择"应付期初",日期选择"2018-02-15",供应商选择"南京立志有限公司",应付账款录入"120 000.00",保存,如图 1-6-46 所示。

序号		*日期	*客户	*客户编码	*结算客户	*结算客户编码	部门	业务员	*币种	预收账款	预收账款(本币)	应收账款	应收账款(本币)
1		2018-11-15	南京玉山股份	KH1004	南京玉山股份有限公司	KH1004	销售部	黄晓琴	人民币	0.00	0.00	120,000.00	120,000.00
2		2018-12-27	徐州旺佳股份	KH1005	徐州旺佳股份有限公司	KH1005	销售部	黄晓琴	人民币	0.00	0.00	200,000.00	200,000.00
3		2018-09-02	苏州朗风股份	KH1006	苏州朗风股份有限公司	KH1006	销售部	黄晓琴	人民币	0.00	0.00	60,000.00	60,000.00
4		2018-10-12	南京振兴股份	KH1007	南京振兴股份有限公司	KH1007	销售部	李霞	人民币	0.00	0.00	95,000.00	95,000.00
5		2018-08-30	常州大光明股	KH1008	常州大光明股份有限公	KH1008	销售部	黄晓琴	人民币	0.00	0.00	120,000.00	120,000.00
6		2018-04-26	扬州大明股份	KH1009	扬州大明股份有限公司	KH1009	销售部	李霞	人民币	0.00	0.00	80,000.00	80,000.00

图 1-6-44　应收期初余额

在"往来现金"模块可以查询账龄。

应收账龄分析

序号	结算客户	应收余额	逾	1-30天	31-60天	61-90天	91-120天	121-150天	151-180天	181-210天	211-240天	241-270天	271-300天
1	常州大光明股份有	120000.00						120000.00					
2	南京玉山股份有限	120000.00			120000.00								
3	南京振兴股份有限	95000.00				95000.00							
4	苏州朗风股份有限	60000.00					60000.00						
5	徐州旺佳股份有限	200000.00		200000.00									
6	扬州大明股份有限	80000.00										80000.00	

图 1-6-45　客户余额账龄

序号		*日期	*供应商	*供应商编码	部门	业务员	*币种	预付账款	预付账款(本币)	应付账款	应付账款(本币)
1		2018-02-15	南京立志有限	SS2001			人民币	0.00	0.00	120,000.00	120,000.00

图 1-6-46　未决诉讼余额录入

(九) 资产属性、资产分类的设置及期初资产卡片的录入

资产属性、资产分类的设置及期初资产卡片的录入是需计提折旧/摊销资产管理的基础,一般包括固定资产、无形资产、长期待摊费用等,其操作依据是公司资产会计政策及表 1-3-2 信息。

1. 资产属性设置

以账套主管"805101"身份于 2019-01-01 登录。在"基础设置"——"财务信息"中单击

"资产属性"按钮。资产属性中已有 01 固定资产、02 周转材料、03 无形资产、11 长期待摊费用等预置属性，其中 02 周转材料不属于正常的计提折旧/摊销的资产，需要删除。其删除的流程是：删除预置科目，在"总账——日常业务"中单击"科目设置"按钮，分别在资产科目、资产对方科目、累计折旧/摊销科目、折旧/摊销对方科目中的扩展设置中，把含有"1411 周转材料"科目的行删除并保存；删除资产属性：在"基础设置"——"财务信息"中单击"资产属性"按钮，勾选 02 周转材料，单击"删除"按钮。

2. 资产分类设置

以账套主管"805101"身份于 2019-01-01 登录。对已有资产分类进行修改，在"基础设置"——"财务信息"中单击"资产分类"按钮，在资产分类"01"复选框中打"√"，单击"修改"按钮，默认净残值率改为"4％"，勾选"默认抵扣进项税"，默认税率改为"10％"，如图 1-6-47 所示，保存并退出，对其他已存在资产分类根据表 1-4-2 分别修改。单击"保存新增"按钮，增加无形资产分类，如图 1-6-48 所示，每完成一项单击"保存新增"，完成所有资产分类后，如图 1-6-49 所示。

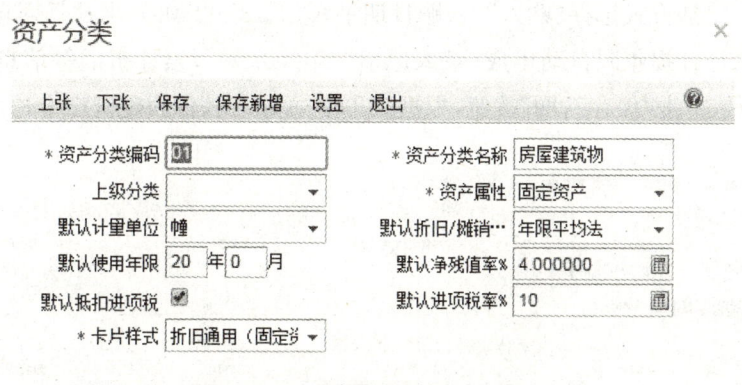

图 1-6-47　房屋建筑物分类修改

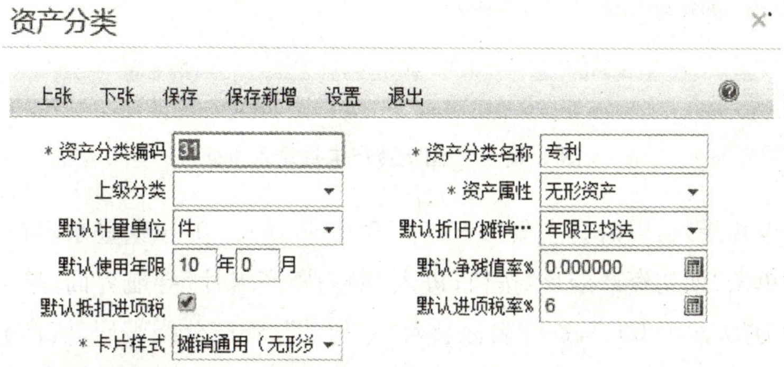

图 1-6-48　专利分类增加

序号		资产分类编码	资产分类名称	资产属性	默认使用年限	默认净残值率%	默认折旧/摊销方法	卡片样式
1		01	房屋建筑物	固定资产	20年	4.000000	年限平均法	折旧通用(固定资产适用)
2		02	生产设备	固定资产	10年	4.000000	年限平均法	折旧通用(固定资产适用)
3		03	器具工具家具	固定资产	5年	4.000000	年限平均法	折旧通用(固定资产适用)
4		04	运输工具	固定资产	4年	4.000000	年限平均法	折旧通用(固定资产适用)
5		05	电子设备	固定资产	3年	4.000000	年限平均法	折旧通用(固定资产适用)
6		31	专利	无形资产	10年	0.000000	年限平均法	摊销通用(无形资产适用)
7		32	专有技术	无形资产	10年	0.000000	年限平均法	摊销通用(无形资产适用)
8		33	商标权	无形资产	10年	0.000000	年限平均法	摊销通用(无形资产适用)
9		34	土地使用权	无形资产	50年	0.000000	年限平均法	摊销通用(无形资产适用)

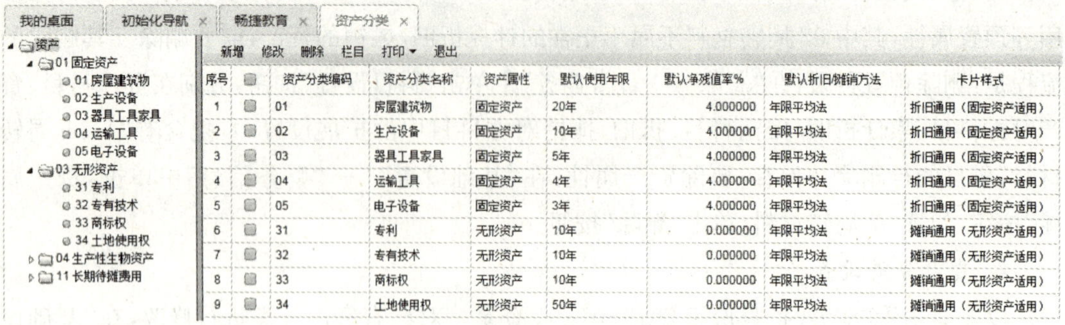

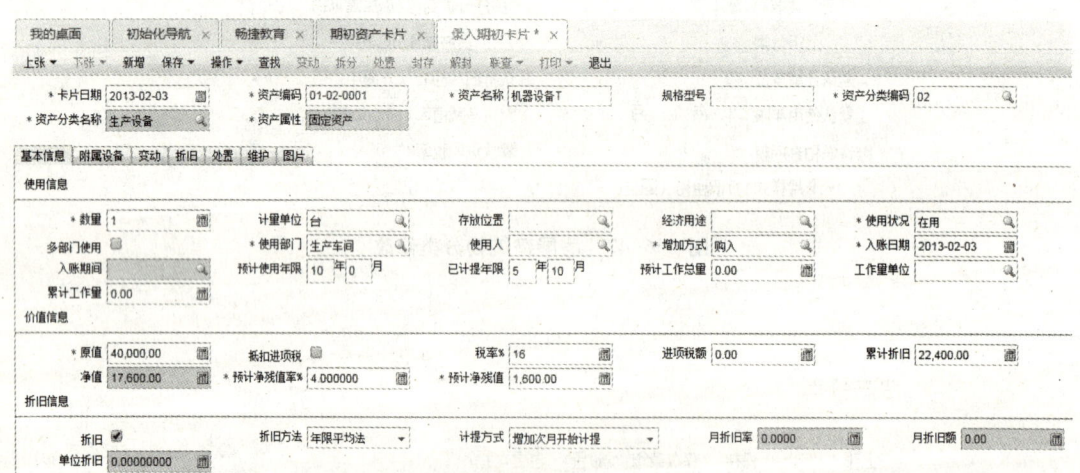

图 1-6-49　资产分类设置完成页面

3. 期初资产卡片录入

固定资产卡片录入:以账套主管“805101”身份于 2019-01-01 登录。在“初始化”——“期初余额”中单击“期初资产卡片”按钮,进入“期初资产卡片”导航界面,单击“生产设备”图标,资产编码自动为“01-02-001”,资产名称录入“机器设备 T”,资产分类编码、资产分类名称、资产属性自动生成;录入数量“1”,计量单位选择“台”,使用状况选择“在用”,使用部门选择“生产车间”,增加方式选择“购入”,入账日期录入“2013-02-03”,卡片日期自动调整日期,预计使用年限、已计提年限自动生成;录入原值“40 000.00”,累计折旧等信息自动生成,如图 1-6-50 所示,单击“保存新增”按钮,根据表 1-3-2 录入其他固定资产卡片。

图 1-6-50　固定资产卡片录入页面

无形资产卡片录入:以账套主管“805101”身份于 2019-01-01 登录。在“初始化”——“期初余额”中单击“期初资产卡片”按钮,进入“期初资产卡片”导航界面,单击“专利”图标,资产编码自动为“03-31-001”,资产名称录入“专利 T”,资产分类编码、资产分类名称、资产属性自动生成;录入数量“1”,计量单位选择“件”,使用状况选择“在用”,使用部门选择“办公室”,增加方式选择“购入”,入账日期录入“2017-02-12”,卡片日期自动调整日期,预计使用年限、已计提年限自动生成；录入原值"480 000.00"，累计摊销等信息自动生成，如图 1-6-51 所示，单击"保存新增"按钮，根据表 1-3-2 录入其他无形资产卡片。资产卡片全部录入，可在"资产管理——卡片管理"中查询，如图 1-6-52 和图 1-6-53 所示。

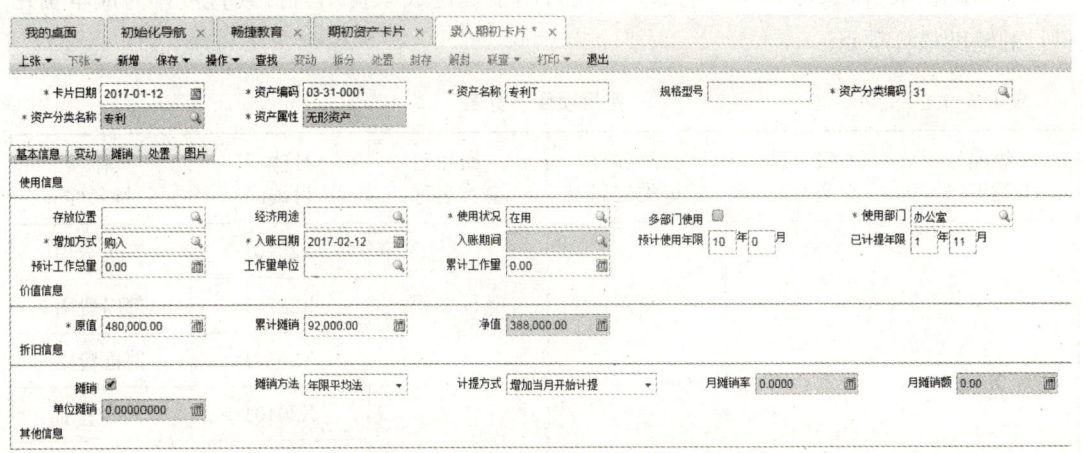

图 1-6-51　无形资产卡片录入页面

序号		卡片日期	资产分类	资产编码	资产名称	数量	使用部门	入账日期	预计使用	已计提年限	原值	累计折旧...	净值	预计净残值
1		2013-02-03	生产设备	01-02-0001	机器设备T	1	生产车间	2013-02-03	10年	5年10月	40,000.00	22,400.00	17,600.00	1,600.00
2		2013-02-03	生产设备	01-02-0002	机器设备T	1	生产车间	2013-02-03	10年	5年10月	40,000.00	22,400.00	17,600.00	1,600.00
3		2013-02-03	生产设备	01-02-0003	机器设备T	1	生产车间	2013-02-03	10年	5年10月	40,000.00	22,400.00	17,600.00	1,600.00
4		2013-02-03	生产设备	01-02-0004	机器设备P	1	生产车间	2013-02-03	10年	5年10月	80,000.00	44,800.00	35,200.00	3,200.00
5		2013-02-03	生产设备	01-02-0005	机器设备Q	1	生产车间	2013-02-03	10年	5年10月	75,000.00	42,000.00	33,000.00	3,000.00
6		2013-02-03	生产设备	01-02-0006	机器设备K	1	生产车间	2013-02-03	10年	5年10月	200,000.00	112,000.00	88,000.00	8,000.00
7		2015-04-05	生产设备	01-02-0007	机器设备X	1	生产车间	2015-04-05	10年	3年8月	40,000.00	14,080.00	25,920.00	1,600.00

图 1-6-52　资产卡片管理页面一

8		2015-04-05	生产设备	01-02-0008	机器设备TP	1	生产车间	2015-04-05	10年	3年8月	90,000.00	31,680.00	58,320.00	3,600.00
9		2015-04-05	生产设备	01-02-0009	机器设备TP	1	生产车间	2015-04-05	10年	3年8月	90,000.00	31,680.00	58,320.00	3,600.00
10		2015-03-05	生产设备	01-02-0010	机器设备TP	1	生产车间	2015-03-05	10年	3年9月	90,000.00	32,400.00	57,600.00	3,600.00
11		2015-04-05	生产设备	01-02-0011	机器设备TP	1	生产车间	2015-04-05	10年	3年8月	90,000.00	31,680.00	58,320.00	3,600.00
12		2015-04-05	生产设备	01-02-0012	机器设备N	1	生产车间	2015-04-05	10年	3年8月	60,000.00	21,120.00	38,880.00	2,400.00
13		2015-04-05	生产设备	01-02-0013	机器设备N	1	生产车间	2015-04-05	10年	3年8月	60,000.00	21,120.00	38,880.00	2,400.00
14		2014-12-10	生产设备	01-02-0014	设备VB	1	采购部	2014-12-10	10年	4年	80,000.00	30,720.00	49,280.00	3,200.00
15		2015-12-10	运输工具	01-04-0001	卡车	1	销售部	2015-12-10	4年	3年	180,000.00	129,600.00	50,400.00	7,200.00
16		2016-10-10	电子设备	01-05-0001	空调T	1	办公室	2016-10-10	3年	2年2月	8,000.00	5,546.84	2,453.16	320.00
17		2016-10-10	电子设备	01-05-0002	电脑E	1	办公室	2016-10-10	3年	2年2月	4,000.00	2,773.42	1,226.58	160.00
18		2016-10-10	电子设备	01-05-0003	空调T	1	办公室	2016-10-10	3年	2年2月	8,000.00	5,546.84	2,453.16	320.00
19		2016-10-10	电子设备	01-05-0004	电脑E	1	销售部	2016-10-10	3年	2年2月	4,000.00	2,773.42	1,226.58	160.00
20		2017-01-12	专利	03-31-0001	专利T	1	办公室	2017-02-12	10年	1年11月	480,000.00	92,000.00	388,000.00	
21		2015-06-15	专利	03-31-0002	专利K	1	办公室	2015-06-15	10年	3年7月	120,000.00	43,000.00	77,000.00	0.00
合计						21					1,879,000.00	761,720.52	1,117,279.48	51,160.00

图 1-6-53　资产卡片管理页面二

(十) 项目、科目设置及科目期初余额录入

1. 项目设置

期初应设项目,如表 1-6-1 所示。该项目用于确定成本费用科目或直接作为成本费用科目的辅助核算项目。

表 1-6-1　　　　　　　　　　　　　费用项目一览表

一级项目分类编码	一级项目分类名称	二级项目分类编码	二级项目分类名称	具体项目编码	具体项目名称
X2	成本费用	X201	其他费用	X20101	三包费用
				X20201	部门费用
				X20301	销售费用
		X204	生产费用	X20401	LG01 产品
				X20402	MS02 产品
				X20403	L012 产品

其项目设置一般步骤是:

以账套主管"805101"身份于 2019-01-01 登录。在"基础设置"——"基本信息"中单击"项目"按钮→单击"增加分类"图标,弹出"项目分类"对话框,设置一级分类,在分类编码处录入"X2",分类名称录入"成本费用",单击"保存"按钮,选择"成本费用"分类,单击"增加分类"图标,进行二级分类设置,在分类编码处录入"X201",分类名称录入"其他费用",上级分类选择"成本费用",单击"保存新增"按钮,完成全部二级分类,进行三级分类设置,方法与二级分类设置相同。进行具体项目设置:选择"其他费用"分类,单击"新增"按钮,在右侧出现空白行,分别录入编码"X20101",名称录入"三包费用",所属类别自动出现"其他费用",然后单击"保存"按钮,依次完成表 1-6-1 其他项目的录入工作。

2. 科目设置

需要修改或增加的科目,如表 1-6-2 所示。

表 1-6-2　　　　　　　　　　　需修改或增加科目一览表

科目编码	一级科目名称	二级科目名称	三级科目名称	余额方向	辅助核算项	外币核算
100201	银行存款	建行人民币户 23636442090		借方		
100202		建行美元户 65230981712		借方		美元
1121	应收票据			借方	往来单位——客户	

（续表）

科目编码	一级科目名称	二级科目名称	三级科目名称	余额方向	辅助核算项	外币核算
112201	应收账款	人民币户		借方	往来单位——客户	
112202		美元户		借方	往来单位——客户	美元
122101	其他应收款	职工往来		借方	个人	
122102		应收出口退税		借方		
123101	坏账准备	应收账款坏账准备		贷方		
123102		其他应收款坏账准备		贷方		
1403	原材料			借方	存货	
1405	库存商品			借方	存货	
1411	周转材料			借方	存货	
151101	长期股权投资	天磊股份有限公司		借方	数量核算（单位：股权率）	
1606	固定资产清理			借方	项目	
181101	递延所得税资产	坏账准备		借方		
181102				借方		
18110201		预计负债	产品质量保证	借方		
18110202			未决诉讼	借方		
18110203			亏损合同	借方		
20010101	短期借款	建行	人民币户	贷方		
20010102			美元户	贷方		
2201	应付票据			贷方	往来单位——供应商	
220201	应付账款	暂估应付账款		贷方	往来单位——供应商	
220202		国内供应商		贷方	往来单位——供应商	
220203		美元户供应商		贷方	往来单位——供应商	美元
221101	应付职工薪酬	工资		贷方		
22110201		设定提存计划	养老保险	贷方		
22110202			失业保险	贷方		
22110301		社会保险费	医疗保险	贷方		
22110302			生育保险	贷方		
22110303			工伤保险	贷方		
221104		住房公积金		贷方		
22310101	应付利息	短期借款	人民币户	贷方		
22310102			美元户	贷方		

（续表）

科目编码	一级科目名称	二级科目名称	三级科目名称	余额方向	辅助核算项	外币核算
22410101	其他应付款	设定提存计划	养老保险	贷方		
22410102			失业保险	贷方		
22410201		社会保险费	医疗保险	贷方		
224103		住房公积金		贷方		
224104		应付赔款		贷方	往来单位——客户/供应商	
280101	预计负债	产品质量保证		贷方		
280102		未决诉讼		贷方	往来单位——客户/供应商	
280103		对外担保		贷方	往来单位——客户/供应商	
280104		亏损合同		贷方		
290101	递延所得税负债	固定资产加速折旧		贷方		
400101	股本	南京仁心股份有限公司		贷方		
400102		南京明佳股份有限公司		贷方		
4003		其他综合收益		贷方		
410101	盈余公积	法定盈余公积		贷方		
410401	利润分配	提取法定盈余公积		贷方		
410415		未分配利润		贷方		
50010101	生产成本	基本生产成本	直接材料	借方	项目——生产费用	
50010102			直接人工	借方	项目——生产费用	
50010103			制造费用	借方	项目——生产费用	
510101	制造费用	机物料消耗		借方		
510102		工资		借方		
510103		五险一金		借方		
510104		办公费		借方		
510105		差旅费		借方		
510106		折旧费		借方		
600101	主营业务收入	人民币户		贷方	存货	
600102		美元户(不调汇)		贷方	存货	美元

（续表）

科目编码	一级科目名称	二级科目名称	三级科目名称	余额方向	辅助核算项	外币核算
630201	资产处置损益	非货币性资产交换利得		贷方		
630202		非货币性资产交换损失		贷方		
6401	主营业务成本			借方	存货	
6403	税金及附加			借方		
660101	销售费用	预计商品质量保证损失		借方		
660102		广告及宣传费		借方		
660201	管理费用	业务招待费		借方		
660202		无形资产摊销		借方		
660203		差旅费		借方		
660204		工资		借方		
660205		五险一金		借方		
660206		办公费		借方		
660207		折旧费		借方		
660301	财务费用	利息支出		借方		
660302		利息收入		借方		
660303		汇兑差额		借方		
670101	资产减值损失	坏账损失		借方		
671101	营业外支出	担保支出		借方		
671102		亏损合同		借方		
671103		债务重组损失		借方		
671104		未决诉讼		借方		
680101	所得税费用	当期所得税费用		借方		
680102		递延所得税费用		借方		
690101	以前年度损益调整	营业外支出		借方		
69010201		所得税费用	当期所得税费用	借方		
69010202			递延所得税费用	借方		
690103		管理费用		借方		
690104		主营业务收入		借方		
690105		主营业务成本		借方		
690106		资产减值损失		借方		

　　增加科目的一般步骤是：首先增加一级科目，在一级科目基础上再增加二级科目，在二级科目基础上再增加三级科目，依次类推；增加科目的操作以增加银行存款二级科目为例，说明如下：

以账套主管"805101"身份于 2019-01-01 登录。在"基础设置"中选择"财务信息",单击"科目"按钮,单击"新增"按钮,弹出"科目"对话框,在科目编码处录入"100201",科目名称录入"建行人民币户23636442090",单击"保存新增"按钮,科目编码自动为"100202",科目名称录入"建行美元户65230981712",勾选"外币核算",默认币种选择"美元",要求期末调汇,账面格式选择"外币金额式",如图 1-6-54 所示,保存。

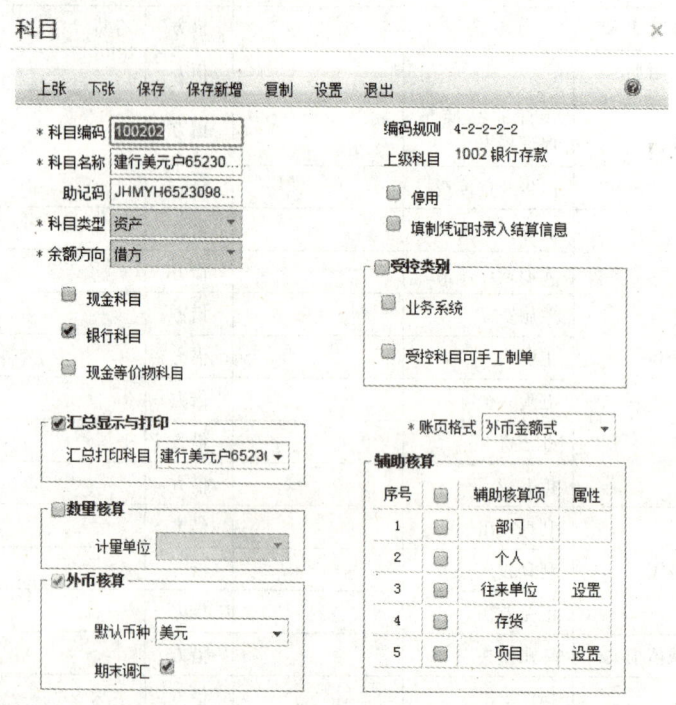

图 1-6-54　银行存款美元户增加页面

需要说明的是:表 1-6-2 中的外币核算,指的是外币核算的币种,科目中包含的,需勾选外币核算并选择币种,还要确定是否调汇(科目没有注明不调汇的,均需调汇);科目含有辅助核算项的,需在相应的辅助核算项中进行勾选,辅助核算项是往来单位的,还需要确定单位属性,必须与基础设置中往来单位的属性一致;辅助核算项是项目的,一般需确定其项目分类,若是空白的,需要在相应业务发生时具体确定。

3. 科目期初余额录入

若期初已录业务期初余额的,如现金银行期初余额、库存期初余额、往来期初余额及期初资产卡片的,可通过期初同步完成相应科目的期初余额录入工作,不需要重复录入;其他科目的期初余额,则必须根据表 1-5-1 资料录入。

(1) 期初同步:

期初同步——科目设置:

以账套主管"805101"身份于 2019-01-01 登录。在"总账"——"日常业务"中单击"科目设置"按钮,进入"科目设置"界面,当会计科目已根据公司实际情况设置后,科目设置会自动预设各类别科目，但其中很多科目不符合本公司设置要求。例如，“采购科目”“采购费用科目”，已预置的科目是“材料采购”，而本公司存货按实际成本计价，均应改为“在途物资”科目，修改后必须单击“保存”按钮。修改后的科目设置，如图 1-6-55 和图 1-6-56 所示。

我的桌面　初始化导航 ×　畅捷教育 ×　科目设置 ×

保存　退出

分组：全部

序号	类别	科目编码	科目名称	扩展设置
1	进项税科目	22210101	进项税额	设置
2	销项税科目	22210102	销项税额	设置
3	差异科目	1901	待处理财产损溢	设置
4	存货科目			设置
5	存货对方科目			设置
6	采购科目	1402	在途物资	设置
7	采购费用科目	1402	在途物资	设置
8	暂估应付款科目	220201	暂估应付账款	设置
9	销售科目			设置
10	应付科目			设置
11	预付科目	1123	预付账款	设置
12	应收科目			设置
13	预收科目	2203	预收账款	设置
14	现金科目	1001	库存现金	设置
15	银行科目			设置
16	日记账对方科目			设置
17	收入科目			设置
18	费用科目			设置

图 1-6-55　科目设置页面一

19	其他应收科目			设置
20	其他应付科目			设置
21	其他应收对方科目			设置
22	其他应付对方科目			设置
23	现金折扣科目			设置
24	汇兑损益科目	660303	汇兑差额	设置
25	资产科目			设置
26	资产对方科目			设置
27	累计折旧/摊销科目			设置

图 1-6-56　科目设置页面二

对于其中的空白科目，需要根据实际情况设置的，必须在其扩展设置中进行详细设置。例如存货科目，需要进行扩展设置，在“科目设置”中保存后，单击存货科目扩展设置的“设置”，对于不同存货的类别进行相应的科目设置，如图 1-6-57 所示，保存并退出；销售科目扩展设置，如图 1-6-58 所示；应付科目扩展设置，如图 1-6-59 所示（若往来单位分类是国外供应商的，科目为“220203”；若往来单位是“南京立志有限公司”，科目为“预计负债——未决诉

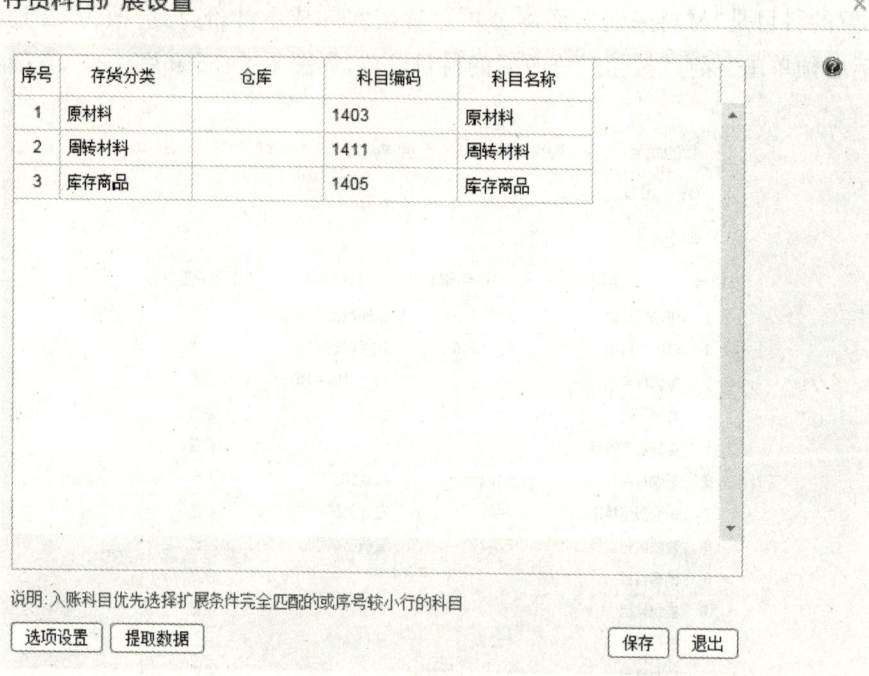

图 1-6-57　存货科目扩展设置

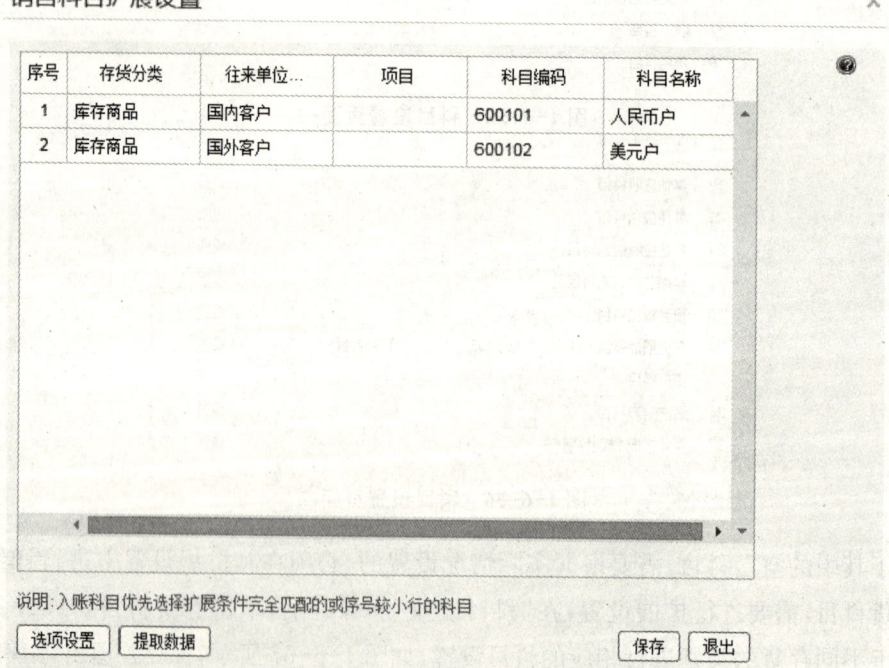

图 1-6-58　销售科目扩展设置

讼";其他情况科目默认是"220202");应收科目扩展设置,如图 1-6-60 所示(若往来单位分类是国外客户的,科目为"112202";其他情况,科目默认是"112201");银行科目扩展设置,如图 1-6-61 所示。根据账号设置具体科目;折旧/摊销对方科目扩展设置,如图 1-6-62 所示;资产科目及折旧/摊销科目系统已预置。

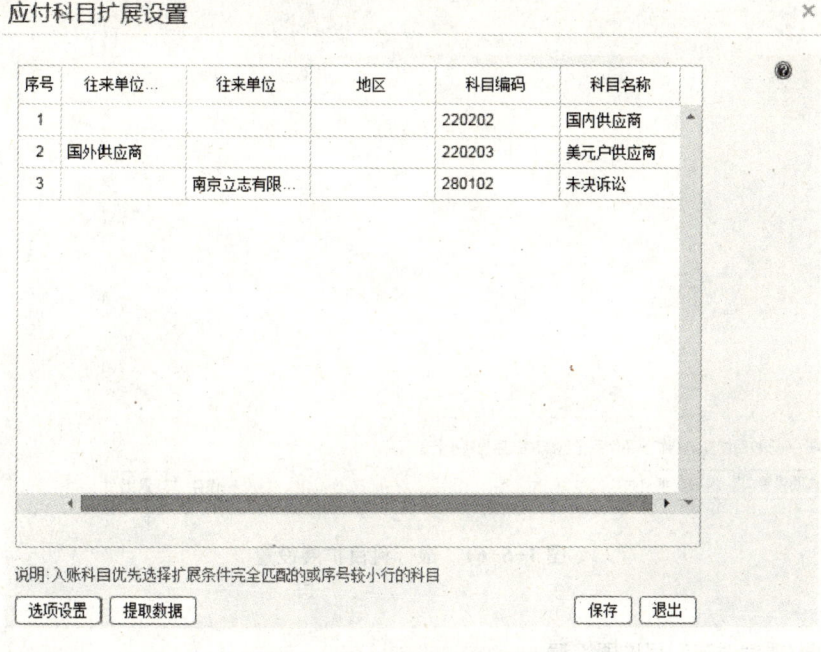

图 1-6-59 应付科目扩展设置

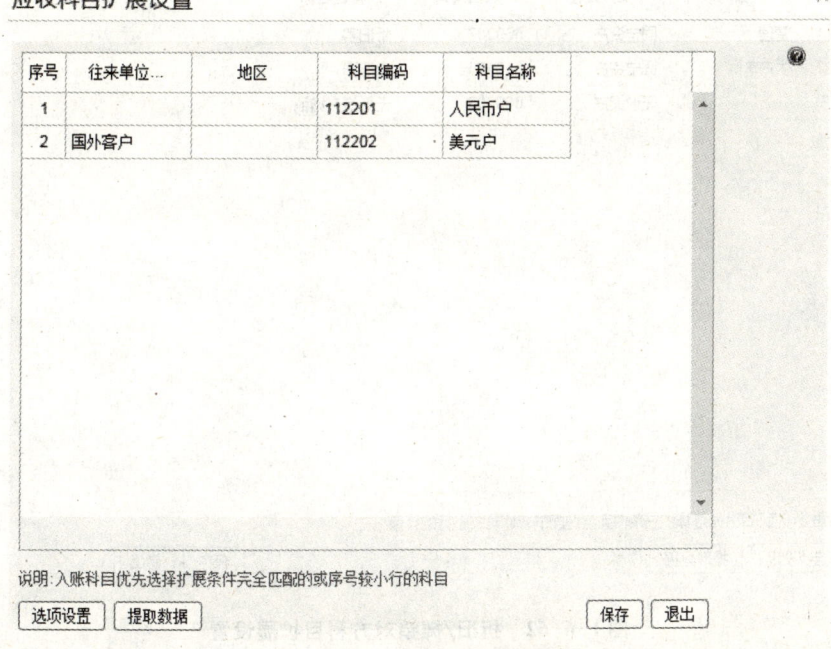

图 1-6-60 应收科目扩展设置

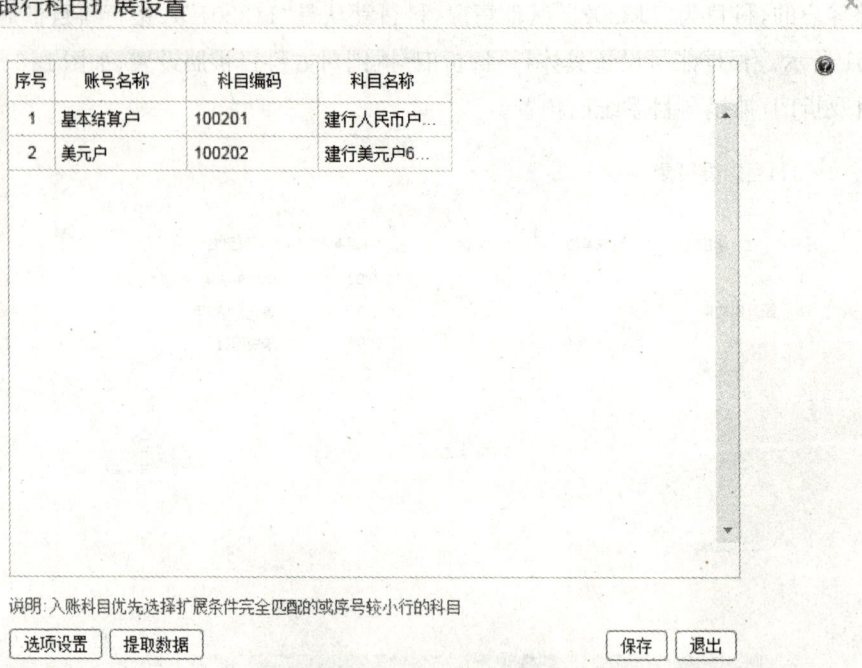

图 1-6-61　银行科目扩展设置

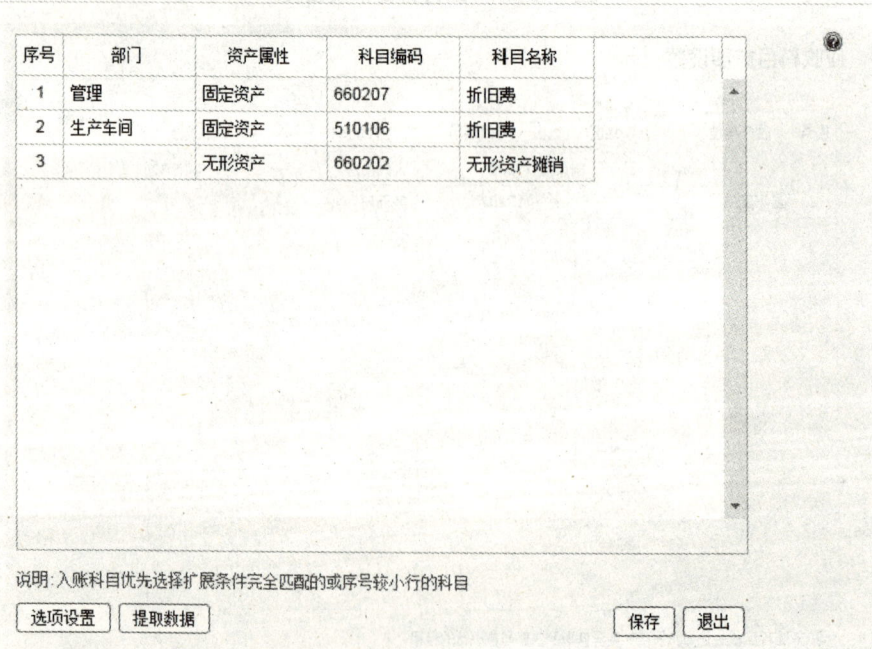

图 1-6-62　折旧/摊销对方科目扩展设置

期初同步——数据同步：以账套主管"805101"身份于 2019-01-01 登录。在"初始化"——"初始化"中单击"期初同步"按钮，进入"期初同步"页面，单击"下一步"→进入第二步，显示"验证成功，请点击下一步"，单击"下一步"，显示期初同步信息列表，如图 1-6-63 所示。然后单击"同步到财务"按钮，显示"同步成功"，其同步成功的数据全部自动录入科目期初余额中。

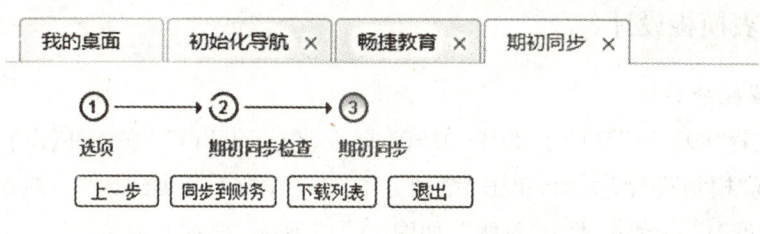

序号	科目编号	科目名称	余额	余额(本币)	数量
1	1001	库存现金	2,102.00	2,102.00	0.00
2	100201	建行人民币户...	27,667,317.88	27,667,317.88	0.00
3	100202	建行美元户65...	80,000.00	528,272.00	0.00
4	112201	人民币户	675,000.00	675,000.00	0.00
5	1403	原材料	297,640.00	297,640.00	2,200.00
6	1405	库存商品	162,092.00	162,092.00	400.00
7	1601	固定资产	1,279,000.00	1,279,000.00	0.00
8	1602	累计折旧	626,720.52	626,720.52	0.00
9	1701	无形资产	600,000.00	600,000.00	0.00
10	1702	累计摊销	135,000.00	135,000.00	0.00
11	280102	未决诉讼	120,000.00	120,000.00	0.00
合计			31,644,872.40	32,093,144.40	2,600.00

图 1-6-63　业务财务同步页面

（2）科目期初余额录入：

以账套主管"805101"身份于 2019-01-01 登录。在"初始化"——"期初余额"中单击"科目期初余额"按钮，余额表很大，可在"设置"中取消其他勾选，只需要留下"期初余额"中的"本币"金额栏。根据表 1-5-1 参考录入，对于只有总账科目有期初余额的，直接在期初余额处录入金额，对于明细科目有期初余额的，直接在其明细科目期初余额处录入金额，其上级总账科目金额自动生成，如"坏账准备——应收账款坏账准备"科目，在期初余额栏中录入"33 750.00"，单击"保存"按钮（同一页面下录入金额，可录入后再保存，转入其他页面前必须先保存）；对于有数量或项目等辅助核算的，如"长期股权投资——天磊股份有限公司"，录入数量"70"和期初余额"1 400 000.00"，单击"保存"按钮，并退出录入界面；对于项目科目，如"生产成本——基本生产成本——直接材料"，双击其科目"期初余额"处，弹出"辅助核算期初"对话框，项目选择"L012 产品"，金额录入"620 397.89"，保存并退出。所有科目期初余额录入完成，单击"试算平衡"按钮，显示试算平衡！

七、2018 调整前报表的编制

2018 年公司调整前报表,如表 1-5-2 至表 1-5-5 所示,其具体编制过程包括模板设计和查询数据两个部分完成,以 2018 年调整前利润表为例进行说明。

(一) 报表模板设计

1. 增加模板分类

以账套主管"805101"身份于 2019-01-01 登录,在"T-UFO"中的"UFO"中单击"模板设计"按钮,出现"模板设计"页面,单击"增加分类"图标,录入分类编码"GL0004",分类名称"2018 调整前报表",上级分类为"总账",如图 1-7-1 所示,保存并退出。

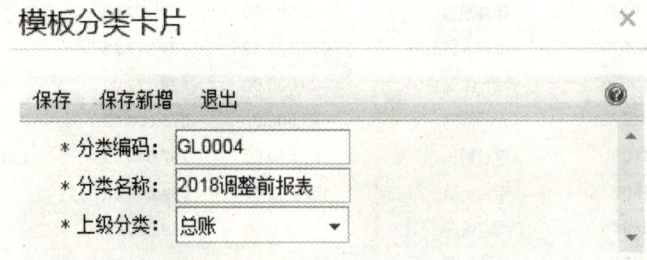

图 1-7-1　增加模板分类页面

2. 复制系统模板中利润表至 2018 调整前报表中

以账套主管"805101"身份于 2019-01-01 登录,在"T-UFO"中的"UFO"中单击"模板设计"按钮,出现"模板设计"页面,选择"系统模板",勾选"利润表",单击"复制"按钮,模板编码改为"GLFIR00022",模板名称改为"调整前利润表",原有模板分类删除,选择"2018 调整前报表",其他默认,如图 1-7-2 所示,保存并退出。报表全部复制,如图 1-7-3 所示。

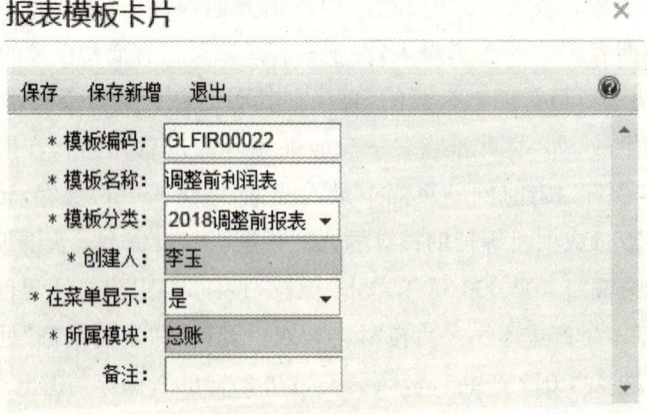

图 1-7-2　复制利润表页面

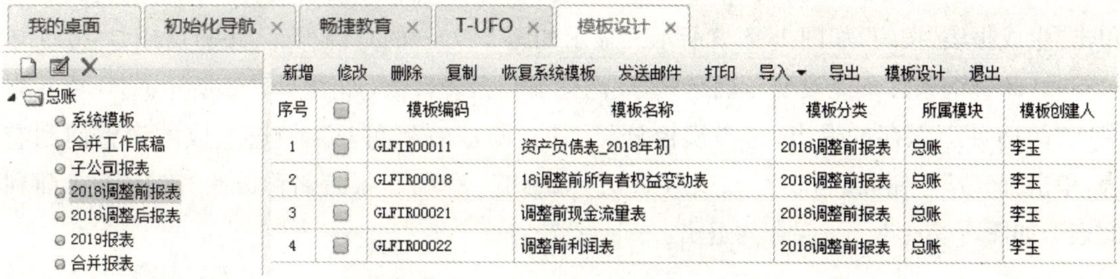

图 1-7-3　将系统模板中的报表在 2018 调整前报表模板分类下

3. 编辑"调整前利润表"模板

以账套主管"805101"身份于 2019-01-01 登录,在"T-UFO"中的"UFO"中单击"模板设计"按钮,选择"2018 调整前报表",双击"调整前利润表",根据表 1-5-3 对利润表进行格式的调整;删除日期公式,选择"营业收入"项目的本期金额单元格,在输入公式处录入"14 247 202.34",如图 1-7-4 所示,回车确定,依次修改其他项目本期金额的单元公式,录入本年金额,对于营业利润等表内计算公式,根据有金额的单元格调整,设为"B5-B6-B7-B8-B9-B10-B11"(若公式中包含无金额单元格,会发生计算错误),上年同期金额栏的所有公式全部删除,然后保存报表模板。

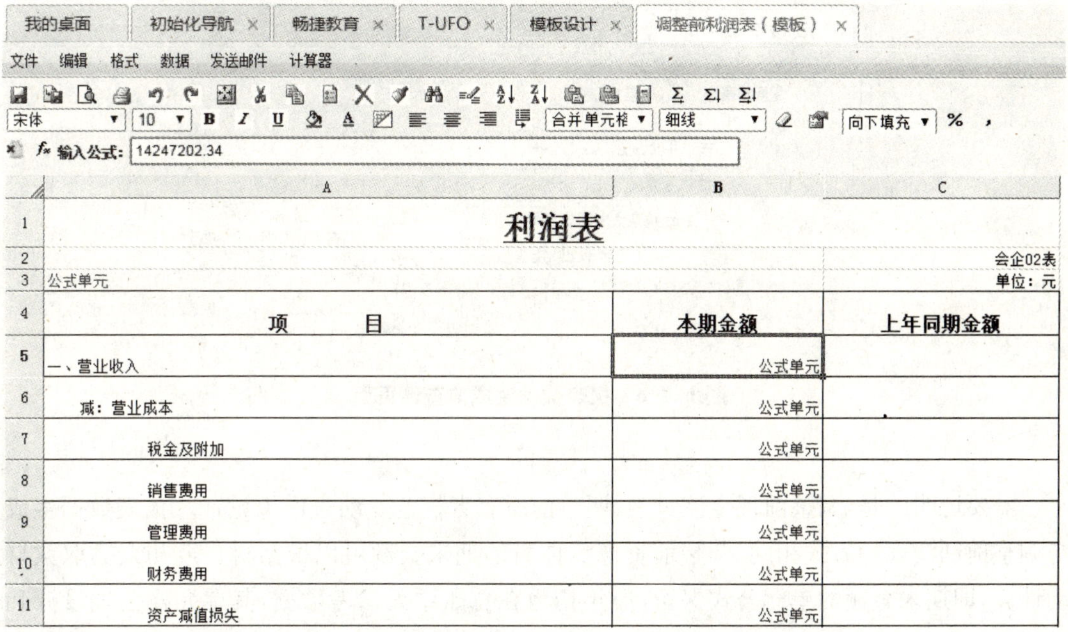

图 1-7-4　营业收入本期金额公式界面

(二) 生成报表数据

以账套主管"805101"身份于 2019-01-01 登录,在"T-UFO"中的"UFO"中单击"报表数据",单击"2018 调整前报表"分类的左三角图标,展开分类下的报表,选择"调整前利润表",单击"生成报表"按钮,如图 1-7-5 所示。显示如图 1-7-6 的查询界面(账套启用是 2019 年第 1 月,此查询条件不能改变),确定,生成调整前利润表数据,如图 1-7-7 所示。B3 单元格录入"2018 年",保存并退出;选择模板分类下的"调整前利润表",勾选生成的调整前利润表,单击"修改"按钮,编码改为"GLFIR00014-2018-13-01",报表名称改为"2018 调整前利润表",如图 1-7-8 所示,保存并退出。

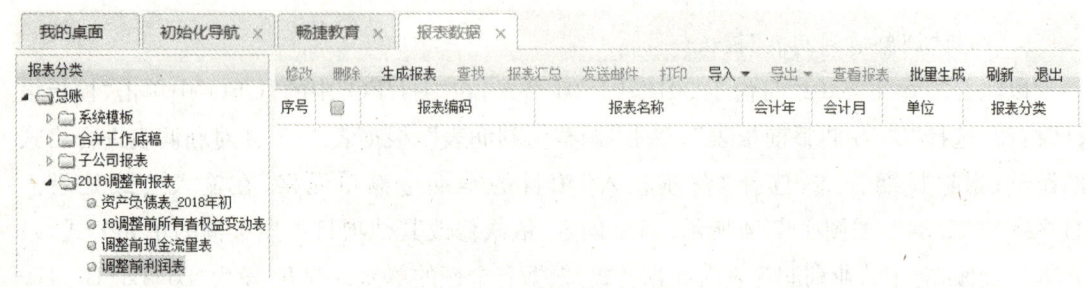

图 1-7-5　报表数据生成页面

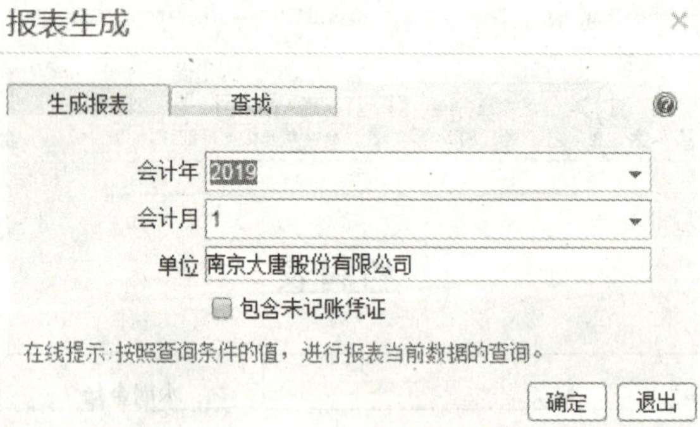

图 1-7-6　报表数据生成前查询页面

需要说明的是,调整前现金流量表、调整前所有者权益变动表模板设计及报表数据生成与调整前利润表的方式相同;调整前资产负债表的期末金额可以根据科目期初余额取数自动计算,即期末金额的单元公式保留,但年初数在总账中无参考数据,其单元格公式设计和数据生成与调整前利润表的方式相同。

生成的调整前资产负债表、现金流量表和所有者权益变动表的编码分别是"GLFIR00012-2018-13-01""GLFIR00016-2018-13-01"和"GLFIR00018-2018-13-01",这些编码用于编制 2018 年调整后报表。

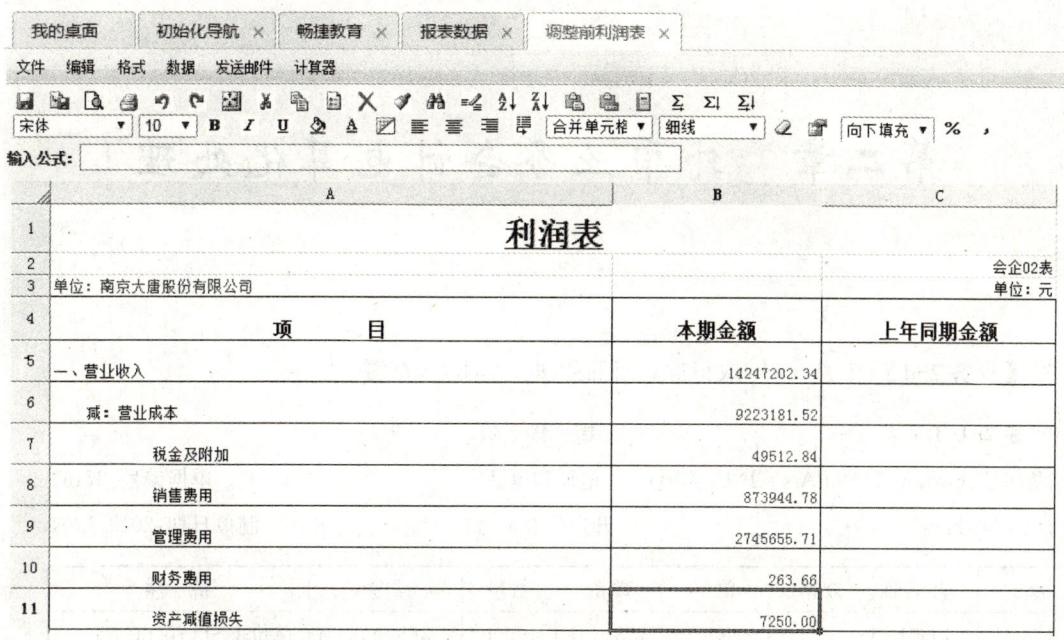

图 1-7-7　利润表数据生成页面

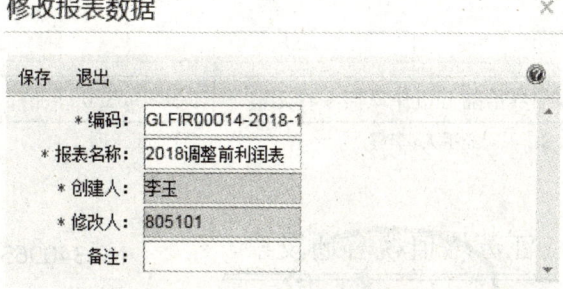

图 1-7-8　修改利润表信息

第二章　外币业务会计电算化处理

【业务 2-1】　1 月 4 日，取得原始凭证 3 张，经办人：李震。

表 2-1-1

销　售　单

购货单位：Ownow COMPANY INC（美国）　　地址和电话：　　　　　　单据编号：27161

纳税识别号：　　　　　　　　　　　　　开户行及账号：　　　　　　制单日期：2019.1.04

编码	产品名称	规格	单位	单价	数量	金额	备　注
C3001	LG01		件	455.301	3 000	1 365 903.00	单价 USD 70.00
							总价 USD 210 000.00
合计	人民币(大写)壹佰叁拾陆万伍仟玖佰零叁元整					1 365 903.00	

销售经理：黄晓琴　　　　　　　经手人：李震　　　　　　会计：于玉明　　　　　　签收人：

会计联

表 2-1-2

3204051292　　　　　江苏增值税署级通发票　　　　　No.34096512

开票日期：**2019年01月04日**

购买方	名　　　　称：Ownow COMPANY INC （美国） 纳税人识别号： 地　址、电话： 开户行及账号：				密码区	2<77/50/7912<98+1*0198<<-0621/32101 16983/9826*>091651<092-12810*<09121 87/29824/*90-12/*12+08-0911-*408134 54/091/872-0916+8226-/87261+86282-0		
货物或应税劳务、服务名称	规格型号	单位	数量	单价	金　额	税率	税　额
塑料制品 LG01		件	3000	455.301	1365903.00	0%	***
合　　计					¥1365903.00		***
价税合计（大写）		壹佰叁拾陆万伍仟玖佰零叁元整 （小写）¥1365903.00					
销售方	名　　　　称：南京大唐股份有限公司 纳税人识别号：913201981927430131 地　址、电话：大同路 980 号　80981888 开户行及账号：南京市建邺区支行 23636442090				备注	贸易方式：一般贸易　币种：美元 外币金额：210000.00 汇率：6.5043 报关单号：124620180000086049		

收款人：　　　　　　复核：　　　　　　开票人：周晓明　　　　　销货单位（章）

第一联记账联　销售方记账凭证

表 2-1-3

中国建设银行			标准回单	No. 1020011161515718720409547		

币别：美元　　　　2019 年 01 月 4 日　　　　流水号 32062186369NJP88B3SA

付款人	全称	Ownow COMPANY INC	收款人	全称	南京大唐股份有限公司	贷方回单
	账号	SI56043020003148223		账号	65230981712	
	开户行	U.S. BANK		开户行	中国建设银行建邺区支行	
金　额		（大写）美元壹拾万元整		（小写）$100000.00		
凭证种类			凭证号码			
结算方式			用　途		货款	
摘要：　境外收入						
主管：　　　授权：　　　复核：王林						

打印时间：　　　　交易柜员：刘晓　　　交易机构：建行建邺区支行

上述原始凭证中：

表 2-1-1 是销售单，应作为销售方的记账依据。该原始凭证注明，"购货单位"是 Ownow COMPANY INC（美国），"产品名称"是 LG01，"数量"是 3 000 件，"金额"是 1 365 903.00 元，这表明本公司实现了 LG01 产品的销售。

表 2-1-2 是江苏增值税普通发票的第一联记账联，此联应作为销售方的记账依据。该原始凭证注明，"销售方"是本公司，"购买方"是 Ownow COMPANY INC（美国），"货物或应税劳务、服务名称"是 LG01，"税率"是 0，这表明本公司出口了 LG01 产品给 Ownow COMPANY INC（美国）。销售产品是本公司的主营业务，因此，进行会计核算时，销售产品的"金额"1 365 903.00 元应记入"主营业务收入——商品销售收入——LG01"科目的贷方。

表 2-1-3 是中国建设银行建行标准回单贷方回单，此联应作为收款方收取款项的记账依据。该原始凭证注明，日期为 2019 年 1 月 4 日，"付款人"是 Ownow COMPANY INC，"收款人"是本公司，"收款人账号"是 65230981712，"金额"是 $100 000.00，"用途"是货款，这表明 Ownow COMPANY INC 已向本公司账号为 65230981712 的结算户支付了货款 $100 000.00。根据表 2-1-3 进行会计核算时，收款"金额"$100 000.00 按 1 月 4 日即期汇率 6.504 3 折算的金额 650 430.00 元，应记入"银行存款——美元户——中国建设银行南京市建邺区支行（65230981712）"科目的借方。

根据表 2-1-2 和表 2-1-3 的金额相差 $100 000.00，且在该业务前并没有预收货款，因此 $100 000.00 按 1 月 4 日即期汇率 6.504 3 折算的金额 715 473.00 元，应记入"应收账款——美元户（Ownow COMPANY INC）"科目的借方。

根据上述分析，该笔业务在 T＋系统中的操作流程如下：

(1) 设置当日美元汇率：以存货会计"805104"于玉明的身份于 2019-01-04 登录。在

"基础设置"——"收付结算"中单击"币种",勾选"美元",单击"修改"命令,在记账日期 2019-01-04 录入记账汇率"6. 504 3",保存。

(2)增加客户档案:以存货会计"805104"于玉明的身份于 2019-01-04 登录。在"基础设置"——"基本信息"中单击"往来单位",选择客户分类中的"国外客户"类,单击"新增"命令,录入客户名称为"Ownow COMPANY INC",其他信息默认,保存。

(3)录入报价单:以存货会计"805104"于玉明的身份于 2019-01-04 登录。在"销售管理"——"单据"中选择"报价单",客户选择"Ownow COMPANY INC",部门选择"销售部",业务员选择"李震",币种选择"美元",存货名称选择"LG01",数量录入"3 000.00",单价录入"70.00",税率改为"0",其他信息自动生成,保存并审核,如图 2-1-1 所示。

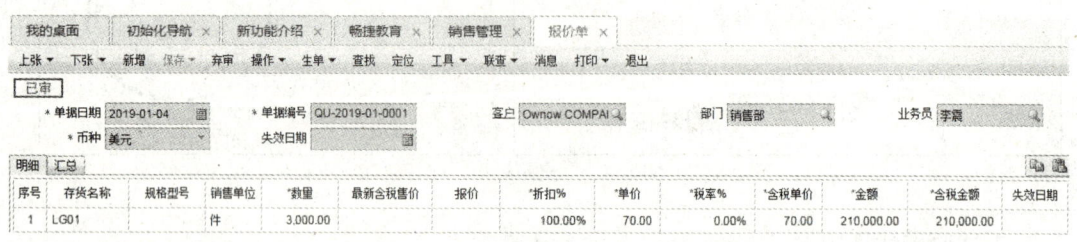

图 2-1-1 [业务 2-1]报价单页面

(4)生成销售订单:以存货会计"805104"于玉明的身份于 2019-01-04 登录。在"销售管理"——"单据"中选择"销售订单",单击"选单"——"选报价单"命令,勾选记录(若记录不出现,单击"查询"命令),确定;保存并审核,如图 2-1-2 所示。

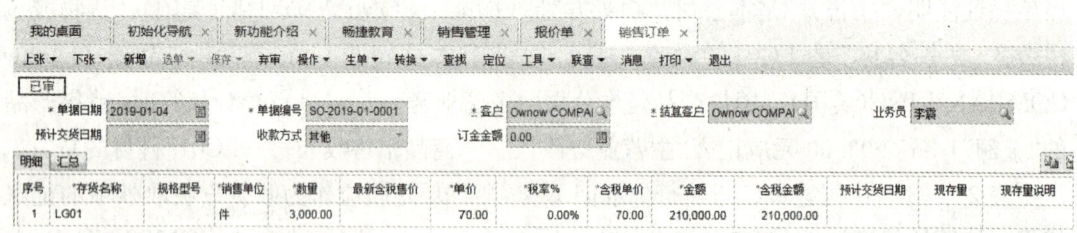

图 2-1-2 [业务 2-1]销售订单

(5)生成销货单:以存货会计"805104"于玉明的身份于 2019-01-04 登录。在"销售管理"——"单据"中选择"销货单",单击"选单"——"选销售订单"命令,勾选记录(若记录不出现,单击"查询"命令),确定;修改单据编号为"27161",保存并审核,如图 2-1-3 所示。

(6)生成销售发票:以存货会计"805104"于玉明的身份于 2019-01-04 登录。在"销售管理"——"单据"中选择"销售发票",单击"选单"——"选销货单"命令,勾选记录(若记录不出现,单击"查询"命令),确定;发票号录入"34096512",现结金额中单击"▦"图标,结算方式选择"其他",收款金额录入"110 000.00",票据号录入"32062186369NJP88B3SA",确定,如图 2-1-4 所示;发票中其他信息默认,保存并审核,如图 2-1-5 所示。

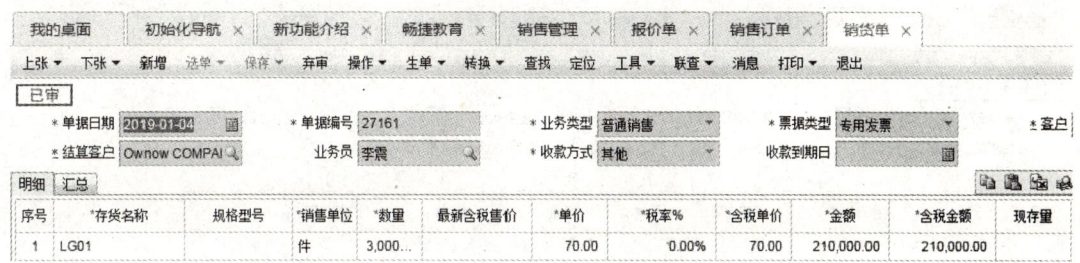

图 2-1-3 ［业务 2-1］销货单

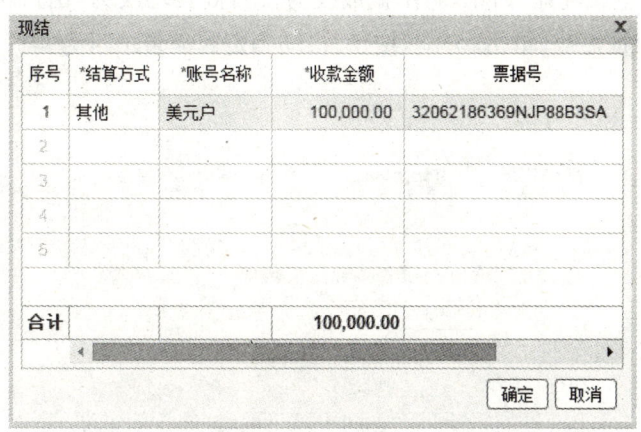

图 2-1-4 销售发票中现结金额录入页面

图 2-1-5 ［业务 2-1］销售发票

（7）生成销售出库单：以存货会计"805104"于玉明的身份于 2019-01-04 登录。在"库存核算"——"单据"中选择"销售出库单"，单击"选单"——"选销货单"命令，勾选记录（若记录不出现，单击"查询"命令），确定；保存并审核，如图 2-1-6 所示。

（8）生成凭证：以存货会计"805104"于玉明的身份于 2019-01-04 登录。在"总账"——"日常业务"中选择"单据生凭证"，在选择来源单据中勾选"销售发票"，如图 2-1-7 所示；单击"下一步"，在选择查询条件中默认，单击"下一步"，在查询结果中出现一条记录，如图

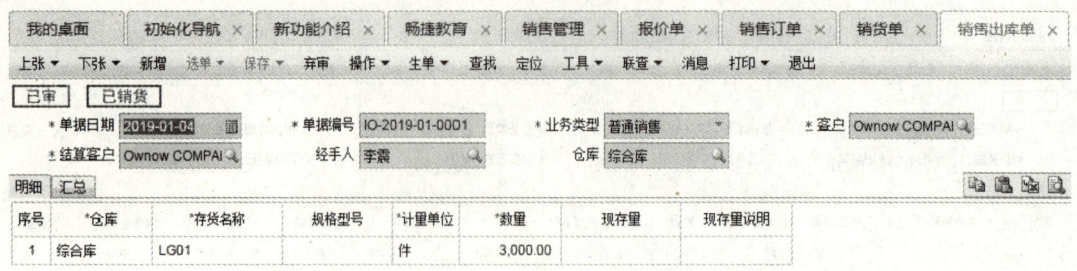

图 2-1-6　[业务 2-1]销售出库单

2-1-8所示,单击"生成凭证"命令,附单据数改为"3",摘要均改为"出口销售",选择"银行存款科目",单击"流量"命令,单击"分配"按钮,自动确定其流量项目为"01";保存凭证,如图 2-1-9 所示。

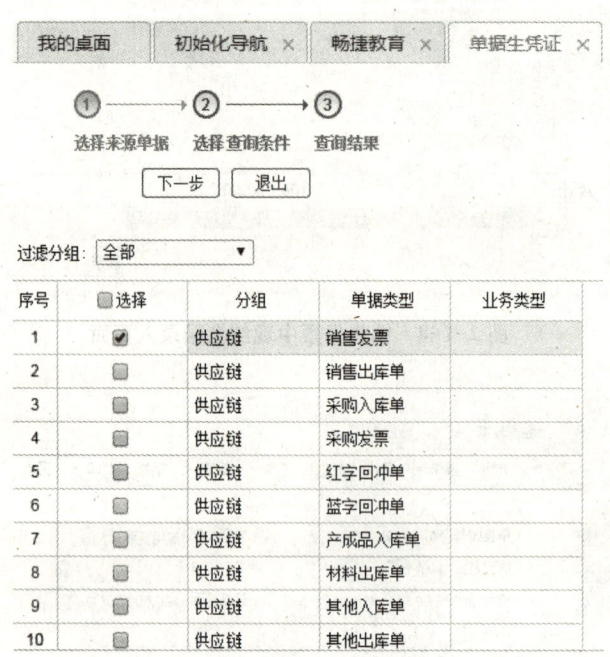

图 2-1-7　选择来源单据页面

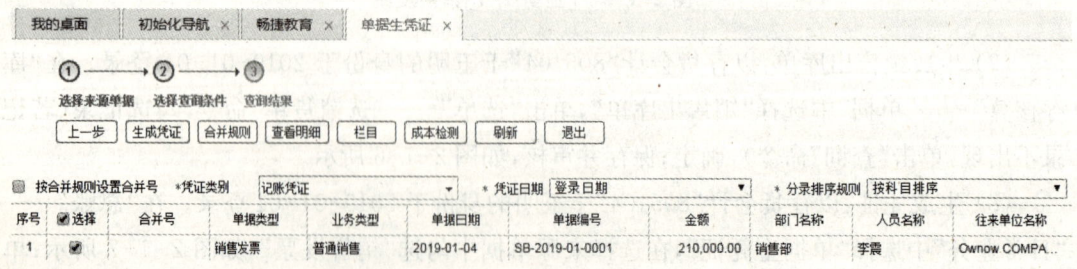

图 2-1-8　查询结果页面

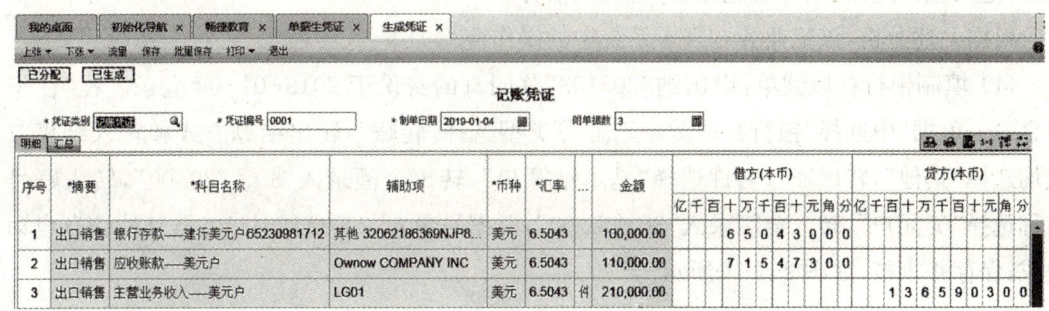

图 2-1-9　[业务 2-1]记账凭证页面

【业务 2-2】　1 月 4 日,取得原始凭证 1 张。

表 2-2-1

中国建设银行　　　　　结售汇水单（甲种）

币别：美元　　　　　　　　　　　　　　　　流水号：　23018123J4109

客户全称	南京大唐股份有限公司	业务编号	3200457898Z1091107
收款账（卡）号	65230981712	交易日期	2019 年 01 月 04 日
付款账（卡）号	23636442090	交割日期	2019 年 01 月 04 日

摘　　要	外汇金额	汇率	人民币金额
售汇	美元 30000.00	6.5240	人民币 195720.00

备注
实时牌价：6.5240

中国建设银行股份有限公司南京
建 邺 区 支 行
2019.01.04
办 讫 章
〈1〉

主管：　　　授权：66180988　　　复核：32362610　　　经办：43387115　　　银行签章

第三联

客户留存

上述原始凭证中：

表 2-2-1 是中国建设银行结售汇水单（甲种）第三联客户留存联,此联应作为企业购汇结汇的记账依据。该原始凭证注明,"客户全称"为本公司,"收款账号"是 65230981712,"付款账号"是 23636442090,摘要是"售汇",这表明本公司从银行购入美元。在进行会计核算时,"外汇金额"美元 30 000.00 按 2019 年 1 月 4 日的即期汇率 6.504 3 折算的金额 195 129.00 元,应记入"银行存款——美元户——中国建设银行南京市建邺区支行（65230981712）"科目的借方,"外汇金额"美元 30 000.00 按 2019 年 1 月 4 日的银行实时卖出价 6.524 0 折算的金额,即"人民币金额"195 720.00 元应记入"银行存款——人民币户——中国建设银行南京市建邺区支行（23636442090）"科目的贷方,借贷方的差额 591.00

元,应记入"财务费用——汇兑差额"科目的借方。

根据上述分析,该笔业务在 T+系统中的操作流程如下:

(1)填制银行存取款单:以出纳"805103"陈明真的身份于 2019-01-04 登录。在"往来现金——单据"中选择"银行存取款单",业务类型选择"转账",转出结算方式和转入结算方式均选择"其他",转出账号名称选择"基本结算户",转出金额录入"195 720.00",转入账号名称选择"美元户",转入金额录入"30 000.00",票据号录入"23018123J4109",其他信息自动生成,保存并审核,如图 2-2-1 所示。

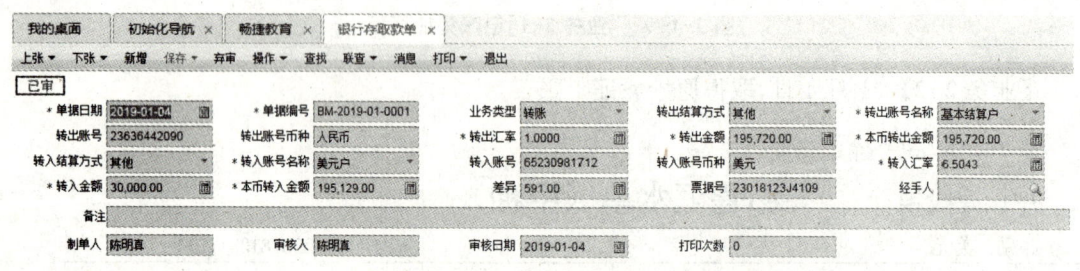

图 2-2-1 [业务 2-2]银行存取款单页面

(2)科目设置:以资产会计"805102"周晓明的身份于 2019-01-04 登录。在"总账——日常业务"中选择"科目设置",在差异科目栏删除科目,保存,在差异科目扩展设置中选择单据类型为"银行存取款单",科目选择"财务费用——汇总差额",保存,如图 2-2-2 所示。

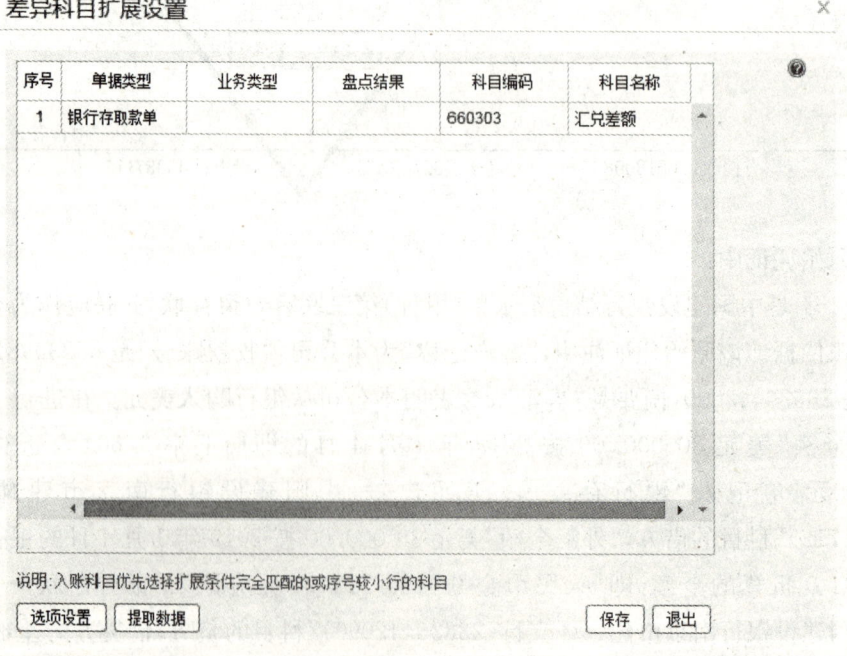

图 2-2-2 差异科目设置页面

（3）生成凭证：以资产会计"805102"周晓明的身份于 2019-01-04 登录。在"总账——日常业务"中选择"单据生凭证"，在选择来源单据中勾选"银行存取款单"；单击"下一步"按钮，在选择查询条件中默认，单击"下一步"按钮，在查询结果中出现一条记录，单击"生成凭证"命令，附单据数默认，摘要均改为"购入外币"，选择"银行存款科目"，修改其辅助核算项；单击"流量"命令，勾选"手工分配现金流量"，金额相同部分为"07"，其差额部分流量项目均为"23"，且金额改为负数，如图 2-2-3 所示；凭证保存，如图 2-2-4 所示。

序号	分录...	*现金流量科目	方向	本币
1	1	建行美元户65230981712	借	195,129.00
2	3	建行人民币户23636442090	贷	195,720.00

净流出： 591.00

序号	对应...	现金流量...	摘要	对方科目	*流量项目	*项目方向	*本币
1	1	建行美元户65...	购入外币	建行人民币户...	不影响现金流量的项目	流入	195,129.00
2	3	建行人民币户...	购入外币	建行美元户65...	不影响现金流量的项目	流出	195,129.00
3	3	建行人民币户...	购入外币	汇兑差额	汇率变动对现金及现...	流入	-591.00
合计							-591.00

☑ 手工分配现金流量　　　　　　　　　　　分配　确定　取消

图 2-2-3　[业务 2-2]现金流量项目

注：在 T+中汇率变动对现金流量的影响只能是流入方式体现，若为流出则用负数表示。后面业务中涉及汇率变动对现金流量的影响不再重述。

记账凭证

*凭证类别 记账凭证　　*凭证编号 0002　　*制单日期 2019-01-04　　附单据数 1

明细　汇总

序号	*摘要	*科目名称	辅助项	*币种	*汇率	金额	借方(本币) 亿千百十万千百十元角分	贷方(本币) 亿千百十万千百十元角分
1	购入外币	银行存款——建行美元户65230981712	其...	美元	6.5043	30,000.00	1 9 5 1 2 9 0 0	
2	购入外币	财务费用——汇兑差额		人民币	1.0000	591.00	5 9 1 0 0	
3	购入外币	银行存款——建行人民币户23636442090		人民币	1.0000	195,720.00		1 9 5 7 2 0 0 0

图 2-2-4　[业务 2-2]凭证

【业务 2-3】 1 月 5 日,取得原始凭证 3 张。

表 2-3-1

中国建设银行　　**结售汇水单（甲种）**

币别：美元　　　　　　　　　　　　　　　流水号：23090893P1285

客户全称		南京大唐股份有限公司		业务编号	3200127832W1137612
收款账（卡）号		23636442090		交易日期	2019 年 01 月 05 日
付款账（卡）号		65230981712		交割日期	2019 年 01 月 05 日
摘　要	外汇金额	汇率		人民币金额	
结汇	美元 10000.00	6.4968		人民币 64968.00	
备注 实时牌价：6.4968					

（印章：中国建设银行股份有限公司南京建邺区支行 2019.01.05 办讫章（1））

银行签章

第三联 客户留存

主管：　　　授权：66180988　　　复核：32362610　　　经办：43387115

上述原始凭证中：

表 2-3-1 是中国建设银行结售汇水单(甲种)第三联客户留存联,此联应作为企业购汇结汇的记账依据。该原始凭证注明,"客户全称"为本公司,"收款账号"是 23636442090,付款账号是 65230981712,"摘要"是结汇,这表明本公司将美元卖给银行。在进行会计核算时,"外汇金额"美元 10 000.00 按 2019 年 1 月 5 日的银行实时买入价 6.496 8 折算的金额,即"人民币金额"64 968.00 元,应记入"银行存款——人民币户——中国建设银行南京市建邺区支行(23636442090)"科目的借方,"外汇金额"美元 10 000.00 按 2019 年 1 月 5 日的即期汇率 6.504 3 折算的金额 65 043.00 元,应记入"银行存款——美元户——中国建设银行南京市建邺区支行(65230981712)"科目的贷方,借贷方的差额 75.00 元应记入"财务费用——汇兑差额"的借方。

根据上述分析,该笔业务在 T+系统中的操作流程如下：

(1) 录入美元汇率：以出纳"805103"陈明真的身份于 2019-01-05 登录。"基础设置"——"收付结算"中选择"币种,对美元进行修改,在日期 2019-01-05 的记账汇率中录入"6.504 3",保存并退出。

(2) 填制银行存取款单：以出纳"805103"陈明真的身份于 2019-01-05 登录。在"往来现金"——"单据"中选择"银行存取款单",业务类型选择"转账",转出结算方式和转入结算方式均选择"其他",转出账号名称选择"美元户",转出金额录入"10 000.00",转入账号名称选择"基本结算户",转入金额录入"64 968.00",票据号录入"23090893P1285",其他信息自动生成,保存并审核,如图 2-3-1 所示。

(3) 生成凭证：以资产会计"805102"周晓明的身份于 2019-01-05 登录。在"总账"——

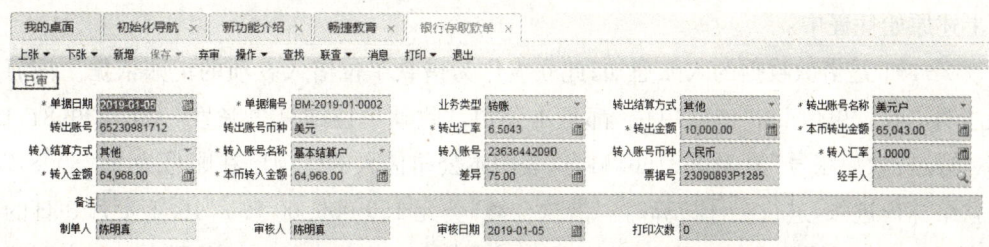

图 2-3-1　［业务 2-3］银行存取款单页面

"日常业务"中选择"单据生凭证",在选择来源单据中勾选"银行存取款单";单击"下一步"按钮,在选择查询条件中默认,单击"下一步"按钮,在查询结果中出现一条记录,单击"生成凭证"命令,附单据数默认,摘要均改为"结售外币",选择"银行存款科目",修改其辅助核算项;单击"流量"命令,勾选"手工分配现金流量",金额相同部分流量项目为"07",其差额部分流量项目均为"23",且金额改为负数;凭证保存,如图 2-3-2 所示。

记账凭证

* 凭证类别 记账凭证 　　* 凭证编号 0003 　　* 制单日期 2019-01-05 　　附单据数 1

序号	摘要	科目名称	辅助项	*币种	*汇率	金额	借方(本币) 亿千百十万千百十元角分	贷方(本币) 亿千百十万千百十元角分
1	结售外币	银行存款——建行人民币户23636442090	其他 23090893P12…	人民币	1.0000	64,968.00	6 4 9 6 8 0 0	
2	结售外币	财务费用——汇兑差额		人民币	1.0000	75.00	7 5 0 0	
3	结售外币	银行存款——建行美元户65230981712	其他 23090893P12…	美元	6.5043	10,000.00		6 5 0 4 3 0 0

图 2-3-2　［业务 2-3］凭证

【业务 2-4】　1 月 9 日,取得原始凭证 1 张。

表 2-4-1

借 款 收 据 (入账通知)

（ 流动资金 贷款）　　　　　　　　　　　　　　　　　　　　　**伍**

单位编号：201600023　　　借款日期：2019 年 1 月 9 日　　　合同编号：32190998

收款单位	名　称	南京大唐股份有限公司	借款单位	名　称	南京大唐股份有限公司	此联由银行退借款单位作入账通知
	结算户账号	65230981712		贷款户账号	32098166641	
	开户银行	中国建设银行南京市建邺区支行		开户银行	中国建设银行南京市建邺区支行	

借款金额	美元壹拾伍万元整		千百十万千百十元角分 $ 1 5 0 0 0 0 0 0
借款原因及用途	流动资金不足借款	批准借款利率	年息　4.35　%

借　款　期　限				你单位上列借款,已转入你单位结算户内。借款到期时由我行按期自你单位结算户转还。
期次	计划还款日期	√	计划还款金额	
1	2019 年 7 月 9 日		150000 美元	此致
2				中国建设银行股份有限公司南京借款单位建邺区支行 2019.01.09 办讫章 (1)(银行盖章)
3				
备注：				

上述原始凭证中：

表 2-4-1 是借款收据的入账通知,此联应作为借款单位借入款项的记账依据。该原始凭证注明,"收款单位"和"借款单位"都是本公司,"收款单位结算户账号"为 65230981712,"借款单位贷款户账号"为 32098166641,这表明本公司借入的款项已在账号为 65230981712 的借款结算户进账,进行会计核算时,"借款金额"美元 150 000.00 按 2019 年 1 月 5 日的即期汇率 6.483 2 折算的金额 972 480.00 元,应分别记入"银行存款——美元户——中国建设银行南京市建邺区支行(65230981712)"科目的借方;"借款原因及用途"为流动资金不足借款,"批准借款利率"为 4.35％,"借款日期"为 2019 年 1 月 9 日,"计划还款日期"为 2019 年 7 月 9 日,这表明本公司向中国建设银行借入了期限为 6 个月、年利率为 4.35％ 的短期借款,进行会计核算时,应记入"短期借款——建行(美元户)"科目的贷方。

根据上述分析,该笔业务在 T＋系统中的操作流程如下：

(1) 录入美元汇率：以出纳"805103"陈明真的身份于 2019-01-09 登录。在"基础设置"——"收付结算"中选择"币种",对美元进行修改,在日期 2019-01-09 的记账汇率中录入"6.483 2",保存并退出。

(2) 录入收入项目：以出纳"805103"陈明真的身份于 2019-01-09 登录。在"基础设置"——"收付结算"中选择"收入",单击"新增"命令,录入一级分类编号"J1",名称为"借款",在此一级分类下新增二级分类编号"J101",名称为"短期借款",在此二级分类下新增收入,其编号为"J10101",名称为"美元借款",如图 2-4-1 所示。

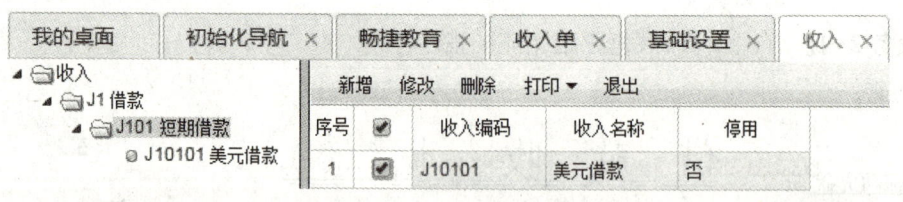

图 2-4-1　收入定义页面

(3) 填制收入单：以出纳"805103"陈明真的身份于 2019-01-09 登录。在"往来现金"——"单据"中选择"收入单",业务类型选择"现金收入",票据类型选择"收据",币种选择"美元",收入名称中选择"美元借款",金额录入"150 000.00",在现结金额中,结算方式选择"其他",账号选择"美元户",其他信息默认,保存并审核,如图 2-4-2 所示。

(4) 科目设置：以资产会计"805102"周晓明的身份于 2019-01-09 登录。在"总账"——"日常业务"中选择"科目设置",在收入科目扩展设置中,收入选择"美元借款",科目选择"短期借款——建行——美元户",保存并退出。

(5) 生成凭证：以资产会计"805102"周晓明的身份于 2019-01-09 登录。在"总账"——"日常业务"中选择"单据生凭证",在选择来源单据中勾选"收入单";单击"下一步"按钮,在选择查询条件中默认,单击"下一步"按钮,在查询结果中出现一条记录,单击"生成凭证"

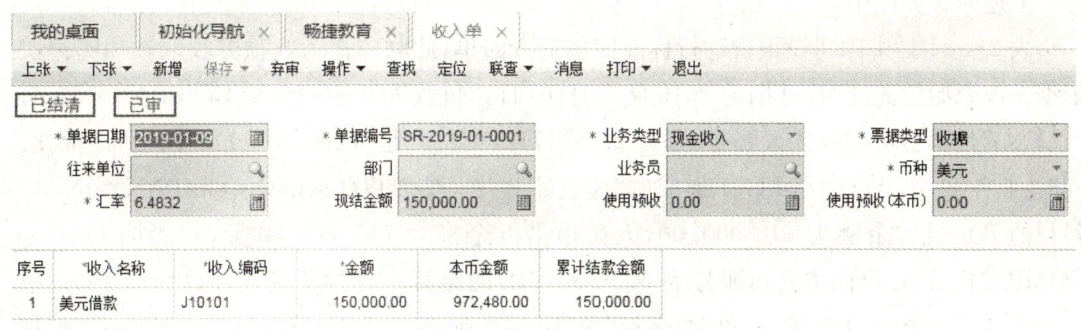

图 2-4-2　收入单页面

命令,附单据数默认,摘要均改为"外币借款",选择"银行存款科目",修改其辅助核算项;单击"流量"命令,勾选"手工分配现金流量",流量项目选择为"18";凭证保存,如图 2-4-3 所示。

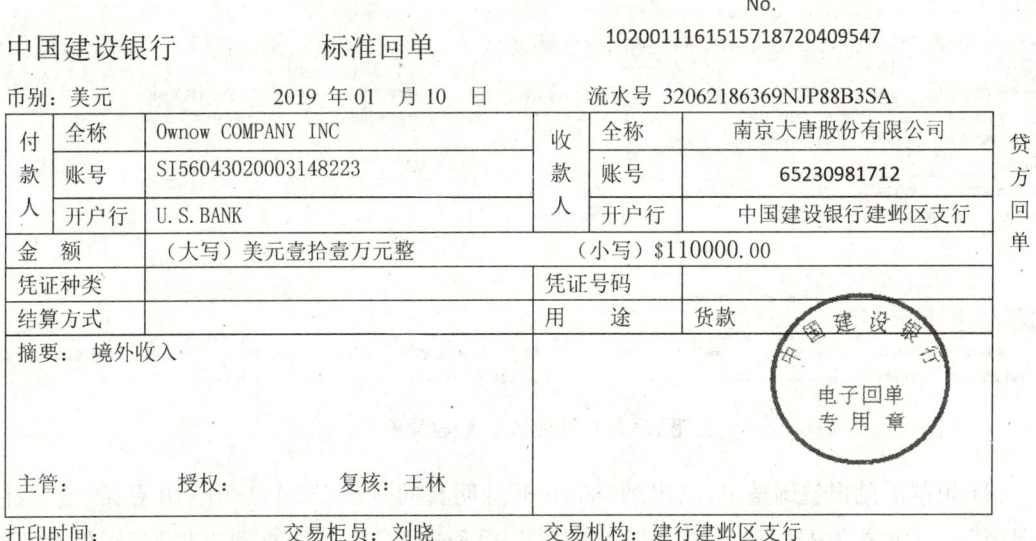

图 2-4-3　[业务 2-4]凭证

【业务 2-5】　1 月 10 日,取得原始凭证 1 张,经办人:李震。

表 2-5-1

No.

中国建设银行　　　　标准回单

1020011161515718720409547

币别:美元	2019 年 01 月 10 日		流水号 32062186369NJP88B3SA			
付款人	全称	Ownow COMPANY INC	收款人	全称	南京大唐股份有限公司	贷方回单
	账号	SI56043020003148223		账号	65230981712	
	开户行	U. S. BANK		开户行	中国建设银行建邺区支行	
金　额	(大写)美元壹拾壹万元整		(小写)$110000.00			
凭证种类			凭证号码			
结算方式			用　途	货款		
摘要:境外收入						
主管:　　　授权:　　　复核:王林						

打印时间:　　　　交易柜员:刘晓　　　　交易机构:建行建邺区支行

上述原始凭证中:

表 2-5-1 是中国建设银行建行标准回单贷方回单,此联应作为收款方收取款项的记账依据。该原始凭证注明,日期为 2019 年 1 月 10 日,"付款人"是 Ownow COMPANY INC,"收款人"是本公司,"收款人账号"是 65230981712,"金额"是＄110 000.00,"用途"是货款,同时[业务 2-1]出口产品 LG01 形成的"应收账款——美元户(Ownow COMPANY INC)"科目的美元借方余额为 110 000.00,人民币借方余额为 715 473.00 元,这表明 Ownow COMPANY INC 已向本公司账号为 65230981712 的结算户支付了货款＄110 000.00。根据表 2-5-1 进行会计核算时,收款"金额"＄110 000.00 按 1 月 10 日即期汇率 6.520 7 折算的金额 717 277.00 元,应记入"银行存款——美元户——中国建设银行南京市建邺区支行(65230981712)"科目的借方,715 473.00 元应记入"应收账款——美元户(Ownow COMPANY INC)"科目的贷方,借贷方差额 1 804.00 元应记入"财务费用——汇兑差额"科目的贷方。

根据上述分析,该笔业务在 T+系统中的操作流程如下:

(1) 录入美元汇率:以出纳"805103"陈明真的身份于 2019-01-10 登录。在"基础设置"——"收付结算"中选择"币种",对美元进行修改,在日期 2019-01-10 的记账汇率中录入"6.520 7",保存并退出。

(2) 填制收款单:以出纳"805103"陈明真的身份于 2019-01-10 登录。在"往来现金"——"单据"中选择"收款单",业务类型默认为"普通收款",结算客户选择"Ownow COMPANY INC",部门选择"销售部",业务员选择"李震",币种选择"美元",结算方式选择"其他",账号选择"美元户",收款金额录入"110 000.00",票据号录入"32062186369NJP88B3SA";单击"选单"按钮,勾选发票记录,结算金额录入"110 000.00",单击"分摊"命令,保存,如图 2-5-1 所示。

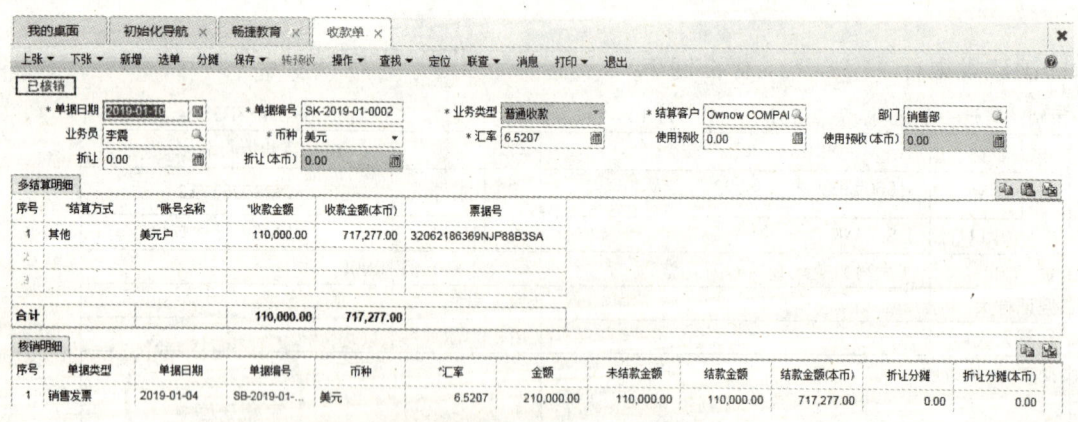

图 2-5-1 [业务 2-5]收款单

(3) 填制汇兑损益调整单:以出纳"805103"陈明真的身份于 2019-01-10 登录。在"往来现金"——"单据"中选择"汇兑损益调整单",币种选择"美元",自动出现记录,保存,如图 2-5-2 所示。

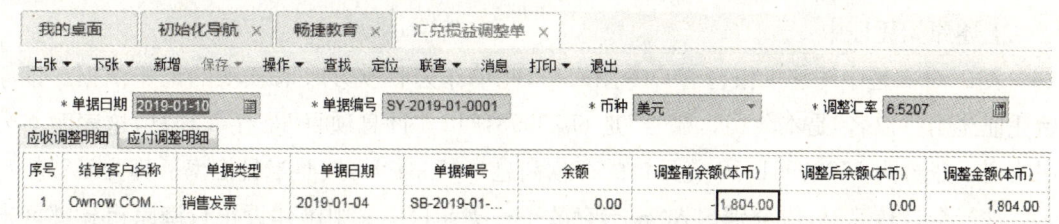

图 2-5-2　[业务 2-5]汇兑损益调整单

（3）生成凭证：以存货会计"805104"于玉明的身份于 2019-01-10 登录。在"总账"——"日常业务"中选择"单据生凭证"，在选择来源单据中勾选"收款单"及"汇兑损益调整单"；单击"下一步"按钮，在选择查询条件中默认，单击"下一步"按钮，在查询结果中出现两条记录，勾选"按合并规则设置合并号"，合并号均改为"1"，单击"生成凭证"命令，附单据数默认，摘要均改为"收回外币款"，选择"银行存款科目"，修改其辅助核算项；单击"流量"命令，勾选"手工分配现金流量"，流量项目选择为"01"；凭证保存，如图 2-5-3 所示。

记账凭证

序号	*摘要	*科目名称	辅助项	*币种	*汇率	金额	借方(本币) 亿千百十万千百十元角分	贷方(本币) 亿千百十万千百十元角分
1	收回外币款	银行存款——建行美元户65230981712	其他 32062186369NJ…	美元	6.5207	110,000.00	7 1 7 2 7 7 0 0	
2	收回外币款	财务费用——汇兑差额		人…	1.0000	-1,804.00	1 8 0 4 0 0	
3	收回外币款	应收账款——美元户	Ownow COMPANY INC	美元	6.5207	110,000.00		7 1 5 4 7 3 0 0

*凭证类别 记账凭证　　*凭证编号 0005　　*制单日期 2019-01-10　　附单据数 1

图 2-5-3　[业务 2-5]凭证

【业务 2-6】　1 月 4 日，取得原始凭证 1 张。

表 2-6-1

中国建设银行客户专用回单

币别：美元　　　　　　　2019 年 01 月 21 日　　　　　流水号

户名：南京大唐股份有限公司			账号：65230981712		
计息项目	起息日	结息日	本金/积数	利率（%）	利息金额
存款利息	2018.12.21	2019.01.21	（略）	（略）	45.34
合计金额	（大写）美元肆拾伍元叁角肆分				$45.34

上列存款利息，已照收你单位
65230981712 账户

打印柜员：320628736AJ1
打印机构：新区支行
打印卡号：9553301260105394

电子回单
专用章

打印时间：2019-01-21　　　　交易柜员：B01B01000001　　　　交易机构：320620027

上述原始凭证中:

表 2-6-1 是中国建设银行客户专用回单,此单作为收款方收取款项的记账依据。该原始凭证注明,"户名"是本公司,"账号"是 65230981712,"计息项目"是存款利息,这表明本公司收到了账号为 65230981712 美元户的存款利息＄45.34 元,按照当日汇率折算为￥290.13元。进行会计核算时,应分别记入"银行存款——美元户——中国建设银行南京市建邺区支行(65230981712)"科目的借方和"财务费用——利息收入"科目的贷方。

根据上述分析,该笔业务在 T＋系统中的操作流程如下:

(1) 录入美元汇率:以出纳"805103"陈明真的身份于 2019-01-21 登录。在"基础设置"——"收付结算"中选择"币种",对美元进行修改,在日期 2019-01-21 的记账汇率中录入"6.399 0",保存并退出。

(2) 录入收入项目:以出纳"805103"陈明真的身份于 2019-01-21 登录。在"基础设置"——"收付结算"中选择"收入",单击"新增"命令,录入一级分类编号"J2",名称为"利息收入",在此分类下新增收入,其编号为"J201",名称为"银行存款利息收入"。

(3) 填制收入单:以出纳"805103"陈明真的身份于 2019-01-21 登录。在"往来现金"——"单据"中选择"收入单",业务类型选择"现金收入",票据类型选择"收据",币种选择"美元",收入名称中选择"银行存款利息收入",金额录入"45.34",在现结金额中,结算方式选择"其他",账号选择"美元户",其他信息默认,保存并审核,如图 2-6-1 所示。

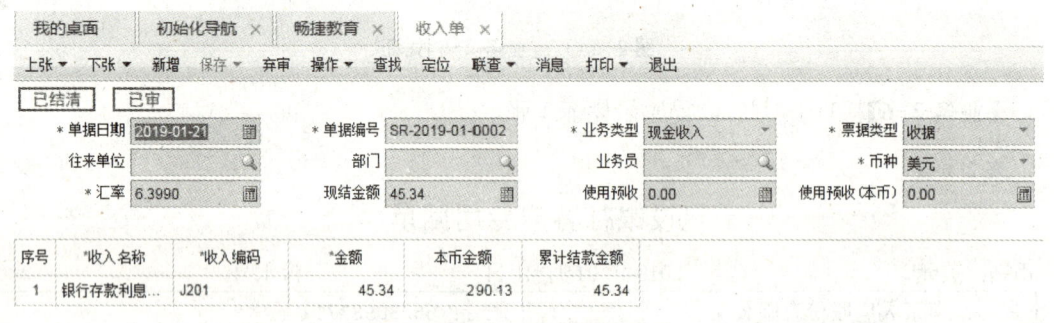

图 2-6-1　收入单页面

(4) 科目设置:以资产会计"805102"周晓明的身份于 2019-01-21 登录。在"总账"——"日常业务"中选择"科目设置",在收入科目扩展设置中,收入选择"银行存款利息收入",科目选择"财务费用——利息收入",保存并退出。

(5) 生成凭证:以资产会计"805102"周晓明的身份于 2019-01-21 登录。在"总账"——"日常业务"中选择"单据生凭证",在选择来源单据中勾选"收入单";单击"下一步"按钮,在选择查询条件中默认,单击"下一步"按钮,在查询结果中出现一条记录,单击"生成凭证"命令,附单据数默认,摘要均改为"外币存款利息收入",选择"银行存款科目",修改其辅助核算项;单击"流量"命令,勾选"手工分配现金流量",流量项目选择为"03";凭证保存,如图 2-6-2 所示。

图 2-6-2　[业务 2-6]凭证

【业务 2-7】　1 月 21 日，取得原始凭证 2 张。

表 2-7-1

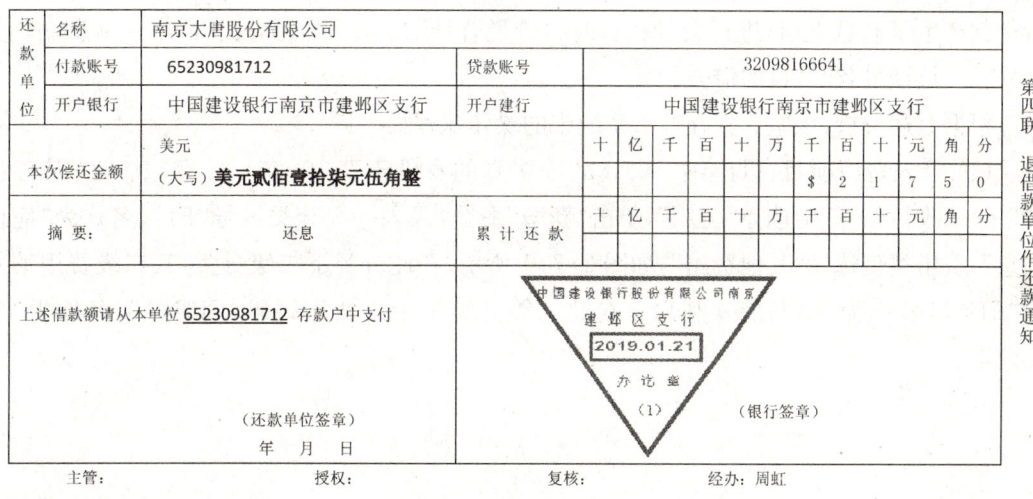

中国建设银行　　　　　　　贷款还息凭证

币种：美元　产品名称：　　2019 年 01 月 21 日　　　　　流水号：　412LAA650844342

<table>
<tr><td rowspan="3">还款单位</td><td>名称</td><td colspan="2">南京大唐股份有限公司</td><td></td><td></td><td></td></tr>
<tr><td>付款账号</td><td>65230981712</td><td>贷款账号</td><td colspan="3">32098166641</td></tr>
<tr><td>开户银行</td><td>中国建设银行南京市建邺区支行</td><td>开户建行</td><td colspan="3">中国建设银行南京市建邺区支行</td></tr>
</table>

本次偿还金额　美元　（大写）美元贰佰壹拾柒元伍角整　　十 亿 千 百 十 万 千 百 十 元 角 分　$ 2 1 7 5 0

摘要：　还息　　累计还款　　十 亿 千 百 十 万 千 百 十 元 角 分

上述借款额请从本单位 65230981712 存款户中支付

中国建设银行股份有限公司南京
建邺区支行
2019.01.21
办讫章
（1）

（还款单位签章）
年　月　日　　　　　　　　　　（银行签章）

主管：　　　　授权：　　　　复核：　　　　经办：周虹

表 2-7-2

3201098091　　　　　　江苏增值税普通发票　　N0.05237456

发票联

开票日期：2019年01月21日

<table>
<tr><td rowspan="4">购买方</td><td>名　　称：南京大唐股份有限公司</td><td rowspan="4">密码区</td><td rowspan="4">3<09/50/7912<98+1*0198<<-0211/32901
16983/9826*>091651<092-12810*<09121
87/29824/*90-12/*12+12-9871-*408134
54+091/872-0916+8226-/87261+86282-0</td></tr>
<tr><td>纳税人识别号：913201981927430131</td></tr>
<tr><td>地址、电话：大同路 980 号　　80981888</td></tr>
<tr><td>开户行及账号：南京市建邺区支行 23636442090</td></tr>
</table>

<table>
<tr><td>货物或应税劳务、服务名称</td><td>规格型号</td><td>单位</td><td>数量</td><td>单价</td><td>金　额</td><td>税率</td><td>税　额</td></tr>
<tr><td>*金融服务*贷款服务</td><td></td><td></td><td>1</td><td>1313.00</td><td>1313.00</td><td>6%</td><td>78.78</td></tr>
<tr><td>合　　计</td><td></td><td></td><td></td><td></td><td>¥1313.00</td><td></td><td>¥78.78</td></tr>
</table>

价税合计（大写）　　壹仟叁佰玖拾壹元柒角捌分　　　　　　（小写）　¥1391.78

<table>
<tr><td rowspan="4">销售方</td><td>名　　称：中国建设银行南京市建邺区支行</td><td rowspan="4">备注</td><td rowspan="4"></td></tr>
<tr><td>纳税人识别号：9132C1001091947799</td></tr>
<tr><td>地址、电话：明城路 15 号 80102028</td></tr>
<tr><td>开户行及账号：中国建设银行南京市分行营业部 320111726872676091</td></tr>
</table>

中国建设银行南京市建邺区支行
913201001091947799
发票专用章

收款人：　　　复核：　　　　开票人：张坚强　　　销货单位（章）

上述原始凭证中:

表 2-7-1 是中国建设银行贷款还款凭证,"摘要"是还息,此凭证应作为付款方支付利息的记账依据。该原始凭证注明,"还款单位付款账号"为 65230981712,这表明银行已经从本公司账号为 65230981712 的美元户扣取了借款利息 45.34 美元,按照当日汇率折算为¥1 391.78 元,应记入"银行存款——美元户——中国建设银行南京市建邺区支行(65230981712)"科目的贷方。

表 2-7-2 是江苏增值税普通发票的第二联发票联,此联应作为购买方的记账依据。该原始凭证注明,"购买方"是本公司,根据中国建设银行南京市分行规定,提供贷款服务的增值税专用发票一律由分行统一开具,因而"销售方"是中国建设银行南京市分行,"货物或应税劳务、服务名称"是金融服务 * 贷款服务,这表明本公司向中国建设银行南京市建邺区支行借款产生了利息支出,进行会计核算时,"价税合计"1 391.78 元应记入"应付利息——美元户——短期借款"科目的借方。

根据上述分析,该笔业务在 T+系统中的操作流程如下:

(1) 录入费用项目:以出纳"805103"陈明真的身份于 2019-01-21 登录。在"基础设置"——"收付结算"中选择"费用",单击"新增"命令,录入一级分类编号"F1",名称为"应付利息",费用类型选择"其他费用",如图 2-7-1 所示;在此分类下二级分类,其二级费用编号为"F101",名称为"短期借款利息";在此二级分类中录入费用编码"F10101",名称为"美元户"。

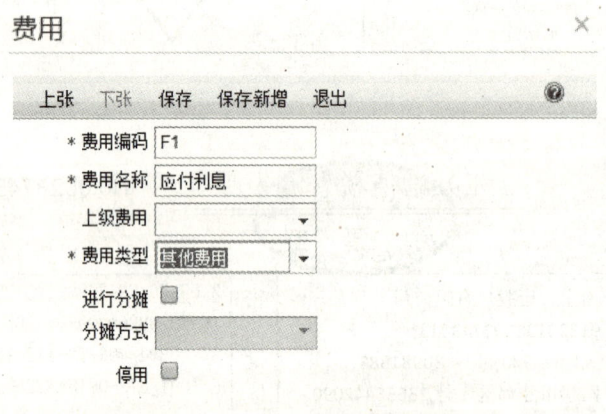

图 2-7-1　一级费用分类页面

(2) 填制费用单:以出纳"805103"陈明真的身份于 2019-01-21 登录。在"往来现金"——"单据"中选择"费用单",业务类型选择"现金费用",票据类型选择"收据",币种选择"美元",费用名称中选择"美元户",金额录入"217.50",在现结金额中,结算方式选择"其他",账号选择"美元户",其他信息默认,保存并审核,如图 2-7-2 所示。

(3) 科目设置:以资产会计"805102"周晓明的身份于 2019-01-21 登录。在"总账"——"日常业务"中选择"科目设置",在费用科目扩展设置中,费用类型选择"其他费用",费用选

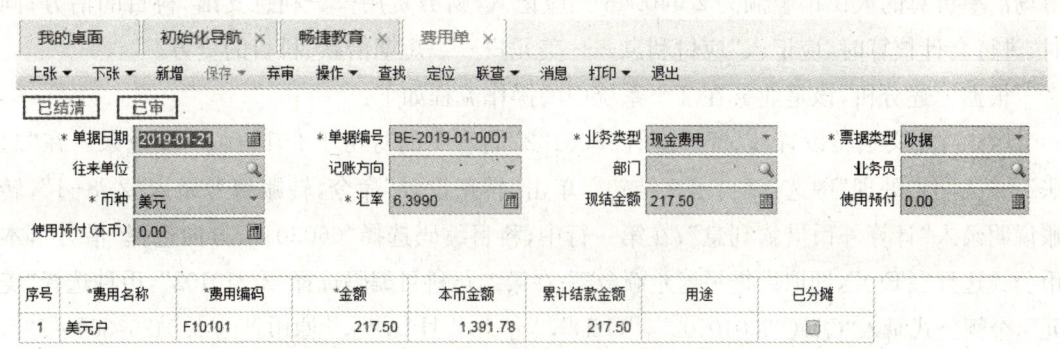

图 2-7-2　费用单页面

择"美元户",科目选择"应付利息——短期借款——美元户",保存并退出。

（4）生成凭证:以资产会计"805102"周晓明的身份于 2019-01-21 登录。在"总账——日常业务"中选择"单据生凭证",在选择来源单据中勾选"费用单";单击"下一步"按钮,在选择查询条件中默认,单击"下一步"按钮,在查询结果中出现一条记录,单击"生成凭证"命令,附单据数改为"2",摘要均改为"支付美元借款利息",选择"银行存款科目",修改其辅助核算项;单击"流量"命令,勾选"手工分配现金流量",流量项目选择为"21";凭证保存,如图 2-7-3 所示。

记账凭证

*凭证类别 记账凭证　　　*凭证编号 0007　　　*制单日期 2019-01-21　　　附单据数 2

明细　汇总

序号	*摘要	*科目名称	辅助项	*币种	*汇率	金额	借方(本币) 亿千百十万千百十元角分	贷方(本币) 亿千百十万千百十元角分
1	支付美元借款利息	应付利息—短期借款—美元户		美元	6.3990	217.50	1 3 9 1 7 8	
2	支付美元借款利息	银行存款—建行美元户65230981712	其他 2019-01-21	美元	6.3990	217.50		1 3 9 1 7 8

图 2-7-3　[业务 2-7]凭证

【业务 2-8】　1 月 31 日,取得原始凭证 1 张。

表 2-8-1   银行借款利息计算单
2019 年 1 月 31 日

借款种类	借款金额	年贷款利率	月利息额	备 注
6 个月周转借款	$150 000	4.35%	416.88	1 月 9 日借入（美元借款）（合同号）32190998
合 计				

编制:周晓明　　　　　　　　　　　　　　　　　　　　　审核:李　玉

表 2-8-1 是银行借款利息计算单,此单应作为借款方期末计算利息支出的记账依据。该原始凭证注明的内容表明,公司于 2019 年 1 月 9 日借入的合同号为 32190998 的 6 个月的借款 150 000 美元,表明发生了短期借款利息,核算时,"月利息额"416.88 美元按当日的

市场汇率折算的人民币金额为 2 640.48 元应记入"财务费用——利息支出"科目的借方;同时,进行会计核算时,应记入"应付利息——美元户——短期借款"科目的贷方。

根据上述分析,该笔业务在 T＋系统中的操作流程如下:

(1) 自定义结转设置:以资产会计"805102"周晓明的身份于 2019-01-31 登录。在"总账"——"期末处理"中选择"自定义结转",单击"转账设置"命令,转账编号录入"2-8-1",转账说明录入"计算外币借款利息";在第一行中,科目编码选择"660301",方向选择"借方",本币公式选择"CE()",即取借贷平衡差额金额;在第二行科目编码选择"22310102",币种选择"美元",金额公式录入"QM(''20010102'',''USD'','' 年 '','' 月 '','''','' 原币 '') * 0.0435/360 * 23",本币金额公式在金额公式的基础上乘以美元汇率 6.333 9;保存,如图 2-8-1 所示。

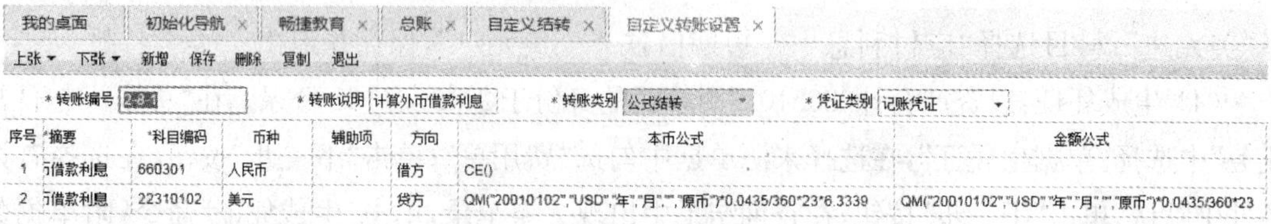

图 2-8-1　[业务 2-8]自定义结转设置

(2) 生成凭证:以资产会计"805102"周晓明的身份于 2019-01-31 登录。在"总账"——"期末处理"中选择"自定义结转",勾选"包含未记账凭证"及编号为"2-8-1"的自定义结转设置,单击"生成凭证"命令,附单据数录入"1",汇率改为"6.333 9",借贷方本币金额均改为"2 640.48",保存,如图 2-8-2 所示。

图 2-8-2　[业务 2-8]凭证

【业务 2-9】 1 月 31 日,取得原始凭证 1 张。

表 2-9-1　　　　　　　汇兑差额计算表

2019 年 1 月 31 日

外币账户	美元账面余额	人民币账面余额	按期末汇率计算的人民币余额	汇兑差额(损失＋收益－)
银行存款	459 827.84	2 997 443.35	2 912 503.56	84 939.79
短期借款	150 000.00	972 480.00	950 085.00	－22 395.00
应付利息	199.38	1 248.70	1 262.85	14.15
合计				62 558.94

编制:周晓明　　　　　　　　　　　　　　　　　　　　　　　　审核:李　玉

上述原始凭证中：

表 2-9-1 是汇兑损益计算表,此表应作为期末计算汇兑差额的记账依据。该原始凭证注明,银行存款美元户账面余额是 459 827.84 美元,按期末即期汇率应折算为 2 912 503.56 元,而其人民币账面余额为 2 997 443.35 元,汇兑损失为 84 939.79 元。进行会计核算时,金额 84 939.79 元,应记入"银行存款——美元户——中国建设银行南京市建邺区支行 (65230981712)"科目的贷方;短期借款美元户账面余额是 150 000.00 美元,按期末即期汇率应折算为 950 085.00 元,而其人民币账面余额为 972 480.00 元,汇兑收益为 22 395.00 元。进行会计核算时,金额 22 395.00 元应记入"短期借款——美元户——中国建设银行南京市建邺区支行"科目的借方;"应付利息——美元户——短期借款"账面余额是 199.38 美元,按期末即期汇率应折算为 1 262.85 元,而其人民币账面余额为 1 248.70 元,汇兑损失为 14.15 元。进行会计核算时,金额 14.15 元应记入应付利息——美元户——短期借款"科目的贷方;3 个外币账户汇兑差额分别汇兑损失和汇兑收益相抵后为损失 62 558.94 元,应记入"财务费用——汇兑损益"科目的借方。

根据上述分析,该笔业务在 T+系统中的操作流程如下:

生成凭证:以资产会计"805102"周晓明的身份于 2019-01-31 登录。在"总账"——"期末处理"中选择"汇兑损益结转",汇兑损益科目选择"财务费用——汇兑差额",分别勾选"包含未记账凭证""按币种分别结转"及表中所有美元科目,如图 2-9-1 所示。单击"下一步"按钮,勾选"美元",如图 2-9-2 所示,单击"下一步"按钮;得到调整后结果,如图 2-9-3 所示;单击"生成凭证"按钮,附单据数录入"1","财务费用——汇兑差额"科目合并成一行,银行存款科目流量项目选择"23",其流量金额改为负数,保存,如图 2-9-4 所示。

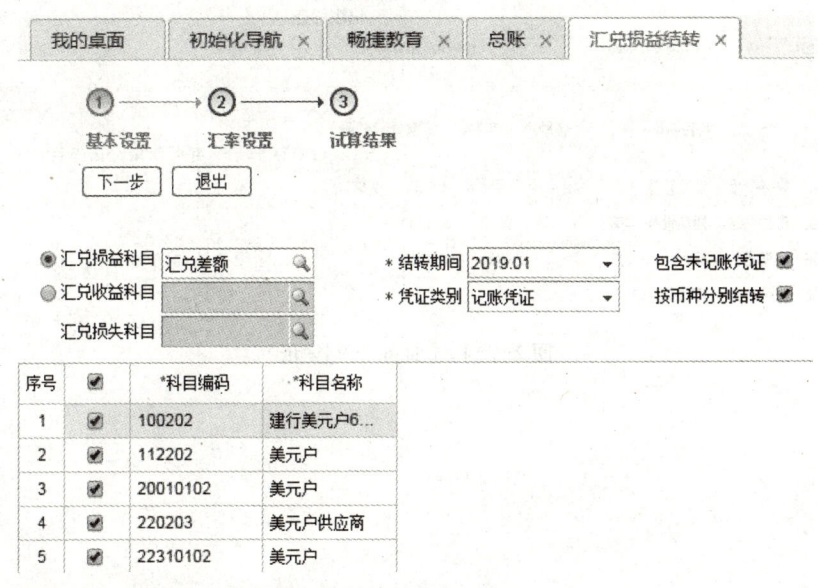

图 2-9-1　汇兑损益结转基本设置

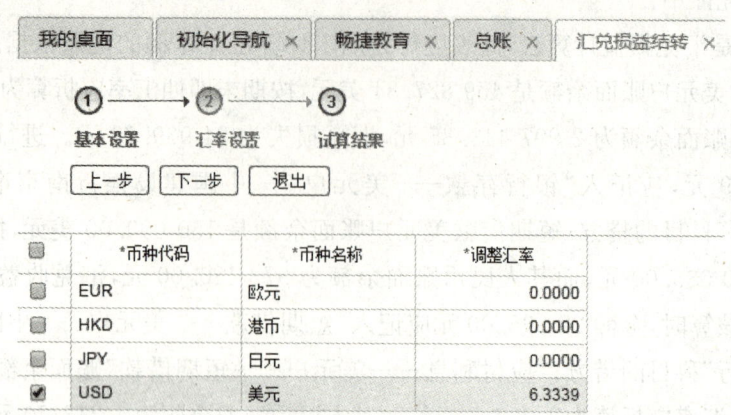

图 2-9-2　汇率设置

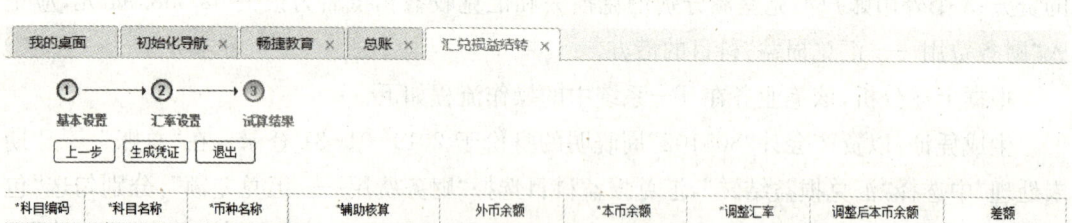

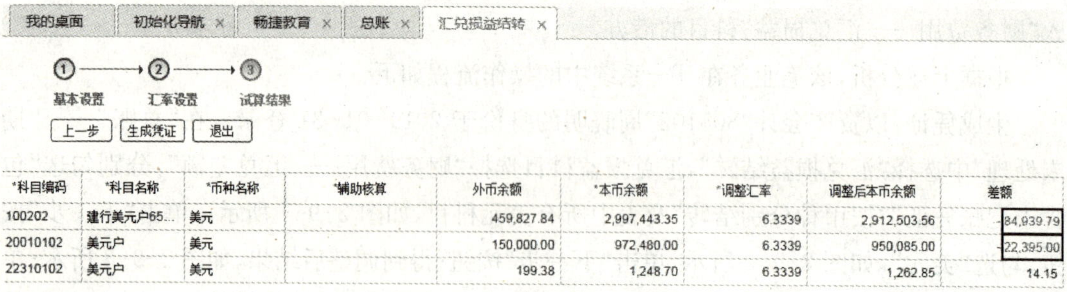

图 2-9-3　调整汇率后结果

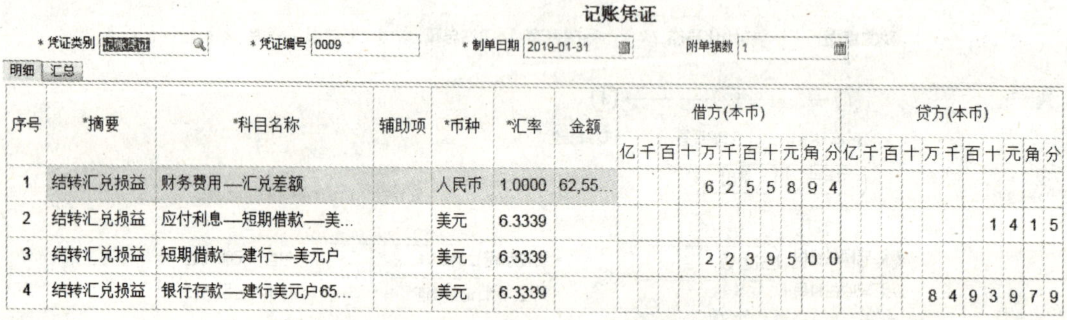

记账凭证

| * 凭证类别 | | * 凭证编号 0009 | * 制单日期 2019-01-31 | 附单据数 1 |

明细　汇总

序号	*摘要	*科目名称	辅助项	*币种	*汇率	金额	借方(本币) 亿千百十万千百十元角分	贷方(本币) 亿千百十万千百十元角分
1	结转汇兑损益	财务费用——汇兑差额		人民币	1.0000	62,55...	6 2 5 5 8 9 4	
2	结转汇兑损益	应付利息——短期借款——美...		美元	6.3339			1 4 1 5
3	结转汇兑损益	短期借款——建行——美元户		美元	6.3339		2 2 3 9 5 0 0	
4	结转汇兑损益	银行存款——建行美元户65...		美元	6.3339			8 4 9 3 9 7 9

图 2-9-4　[业务 2-9]凭证

第三章 或有事项业务会计电算化处理

【业务 3-1】 1 月 31 日,取得原始凭证 1 张。

表 3-1-1

<table>
<tr><td colspan="2" align="center">经理办公会议纪要</td></tr>
<tr><td colspan="2">　　本公司为南京中旺股份有限公司 300 000.00 元、期限为二年的银行贷款提供 100％的担保,南京中旺股份有限公司贷款逾期未还,银行已起诉南京中旺股份有限公司和本公司。目前,此案正在审理中。本公司聘请的律师认为需承担连带责任,估计本公司应承担本息计 300 000.00 元。经研究同意本公司预计担保损失 300,000.00 元。</td></tr>
<tr><td>　　参加人员:闵小雯　姜　敏　李　玉</td><td align="right">2019 年 1 月 31 日</td></tr>
</table>

上述原始凭证中:

表 3-1-1 是特殊事项说明,此表应作为企业期末计算预计负债的记账依据。该原始凭证注明,本公司对该项未决诉讼预计赔偿损失 300 000.00 元,应确认为预计负债。进行会计核算时,金额 300 000.00 应分别记入"营业外支出——赔偿支出"科目的借方以及"预计负债——未决诉讼"科目的贷方。

根据上述分析,该笔业务在 T＋系统中的操作流程如下:

(1) 增加对外担保档案:以存货会计"805104"于玉明的身份于 2019-01-31 登录。在"基础设置"——"基本信息"中单击"往来单位",选择诉讼或担保分类中的"担保"类,单击"新增"命令,录入属性为"客户/供应商",名称为"南京中旺股份有限公司"的档案,勾选供应商报价含税,其他信息默认,保存。

(2) 录入费用项目:以存货会计"805104"于玉明的身份于 2019-01-31 登录。在"基础设置"——"收付结算"中选择"费用",单击"新增"命令,录入费用编号"F2",名称为"对外担保损失",费用类型选择"其他费用",如图 3-1-1 所示。

(3) 填制费用单:以存货会计"805104"于玉明的身份于 2019-01-31 登录。在"往来现金"——"单据"中选择"费用单",业务类型选择"往来费用",票据类型选择"收据",往来单位选择"南京中旺股份有限公司",费用名称中选择"对外担保损失",金额录入"300 000",其他信息默认,保存并审核,如图 3-1-2 所示。

(3) 科目设置:以存货会计"805104"于玉明的身份于 2019-01-31 登录。在"总账"——

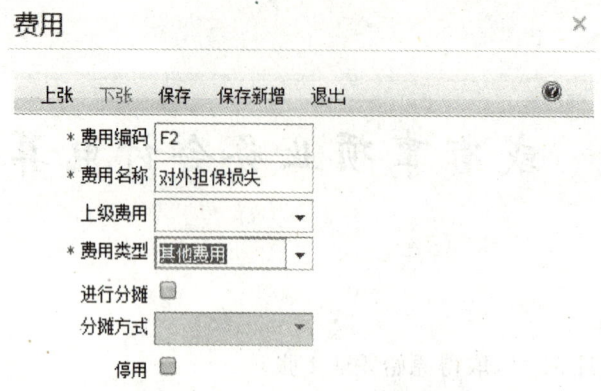

图 3-1-1　[业务 3-1]费用设置

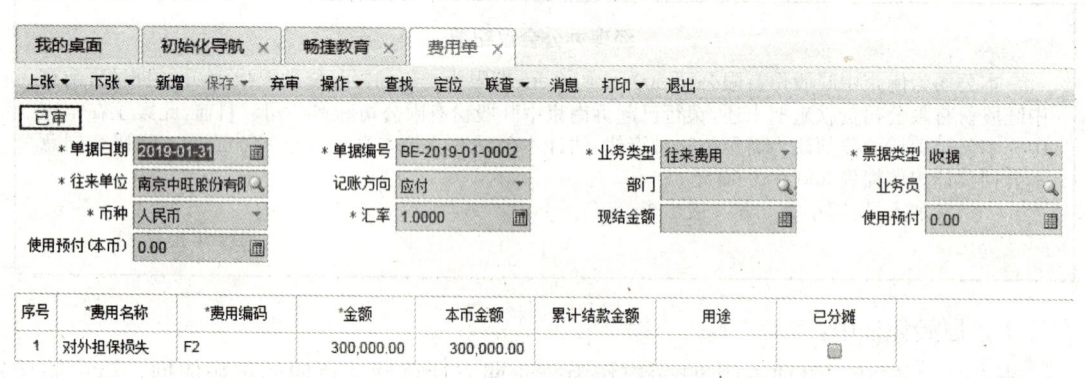

图 3-1-2　[业务 3-1]费用单

"日常业务"中选择"科目设置",在费用科目扩展设置中,费用类型选择"其他费用",费用选择"对外担保损失",科目选择"营业外支出——担保支出";在其他应付科目扩展设置中,单位名称选择"南京中旺股份有限公司",科目选择"预计负债——对外担保";保存并退出。

(4) 生成凭证:以存货会计"805104"于玉明的身份于 2019-01-31 登录。在"总账"——"日常业务"中选择"单据生凭证",在选择来源单据中勾选"费用单";单击"下一步",在选择查询条件中默认,单击"下一步",在查询结果中出现一条记录,单击"生成凭证"命令,摘要均改为"预计担保损失",凭证保存,如图 3-1-3 所示。

记账凭证

*凭证类别 记账凭证　　*凭证编号 0010　　*制单日期 2019-01-31　　附单据数 1

序号	*摘要	*科目名称	辅助项	借方(本币)	贷方(本币)
				亿 千 百 十 万 千 百 十 元 角 分	亿 千 百 十 万 千 百 十 元 角 分
1	预计担保损失	营业外支出——担保支出		3 0 0 0 0 0 0 0	
2	预计担保损失	预计负债——对外担保	南京中旺股份…		3 0 0 0 0 0 0 0

图 3-1-3　[业务 3-1]凭证

【业务 3-2】 1月8日,取得原始凭证3张。

表 3-2-1

经理办公会议纪要
根据南京市中级人民法院关于公司采购合同违约的判决,应赔南京立志有限公司 95 000.00 元(金额大写:玖万伍仟元整),冲减 2018 年已计提预计负债 120 000.00 元,同时冲减 2018 年度营业外支出 25 000 元。 　　参加人员:闵小雯　姜　敏　李　玉 　　　　　　　　　　　　　　　　　　　　　　　　　　　　　2019 年 01 月 08 日

表 3-2-2　　　　　　　　　以前年度损益调整结转表

2019 年 01 月 08 日

项　　　目	金　　　额
以前年度利润总额	25 000.00
以前年度所得税费用	30 000.00
以前年度净利润	−5 000.00

编制:周晓明　　　　　　　　　　　　　　　　　　　　　　　审核:李玉

表 3-2-3　　　　　　　法定盈余公积计提及利润分配明细项目结转表

2019 年 01 月 08 日

项　　　目	金　　　额
提取盈余公积	−500.00

编制:周晓明　　　　　　　　　　　　　　　　　　　　　　　审核:李　玉

上述原始凭证中:

表 3-2-1 是经理办公会议纪要,此表应作为企业期末冲减预计负债及调整以前年度损益的记账依据。该原始凭证注明的内容表明,2018 年因未决诉讼确认的预计负债 120 000.00元现已获得法院需赔偿 95 000.00 元的判决,该事项属于资产负债表日后调整事项,原预计负债 95 000.00 元已成为现时义务,2018 年度多计提了预计负债 25 000.00 元应予以冲回,同时冲减 2018 年度营业外支出 25 000 元。

表 3-2-2 是以前年度损益调整结转表,应作为调整以前年度损益的记账依据。该原始凭证注明的内容表明,应调增 2018 年利润总额 25 000.00 元,应调增 2018 年度所得税费用30 000.00 元,调减 2018 年度净利润 5 000.00 元,并相应调减 2018 年年末未分配利润5 000.00 元。

表 3-2-3 是法定盈余公积计提及利润分配明细项目结转表,应作为根据以前年度净利润调整而相应调整法定盈余公积和未分配利润的记账依据。该原始凭证注明的内容表明,应调减 2018 年年末法定盈余公积 500.00 元,并相应调增 2018 年年末未分配利润500.00 元。

　　根据表 3-2-1 至表 3-2-3 进行会计核算时,首先,金额 120 000.00 元应分别记入"预计负债——未决诉讼"科目的借方,以 95 000.00 元记入"其他应付款——南京立志有限公司"科目的贷方;两者的差额 25 000.00 元应记入"以前年度损益调整——营业外支出"的贷方。其次,追溯调整 2018 年度已确认的递延所得税资产,金额 12 000.00 元乘 25%的所得税税率得出所得税金额 30 000.00 元应分别记入"以前年度损益调整——所得税费用"科目的借方以及"递延所得税资产——预计负债——未决诉讼"科目的贷方。再次,追溯调整未分配利润,金额 500.00 元应记入"利润分配——未分配利润"科目的借方;金额 25 000.00 元应记入"以前年度损益调整——营业外支出"科目的借方,金额 30 000.00 元应记入"以前年度损益调整——所得税费用"科目的贷方。最后,追溯调整法定盈余公积,按 5 000.00 元计提的 10%法定盈余公积金金额 500.00 元应分别记入"盈余公积——法定盈余公积"科目的借方以及"利润分配——未分配利润"科目的贷方。

　　根据上述分析,该笔业务在 T+系统中的操作流程如下:

　　(1) 录入项目分类及档案:以存货会计"805104"于玉明的身份于 2019-01-08 登录。在"基础设置"——"基本信息"中选择"项目",单击"增加分类"图标(），录入分类编号"X1",分类名称为"未决诉讼",在此分类下,单击"新增"按钮,录入项目编号"X101",项目名称"诉讼赔款"。

　　(2) 填制费用单:以存货会计"805104"于玉明的身份于 2019-01-08 登录。在"往来现金"——"单据"中选择"其他应付单",业务类型等默认,往来单位选择"南京立志有限公司",部门选择"财务部",业务员选择"李玉",项目选择"诉讼赔款",摘要录入"应赔诉讼款",金额录入"95 000.00",其他信息默认,保存并审核,如图 3-2-1 所示。

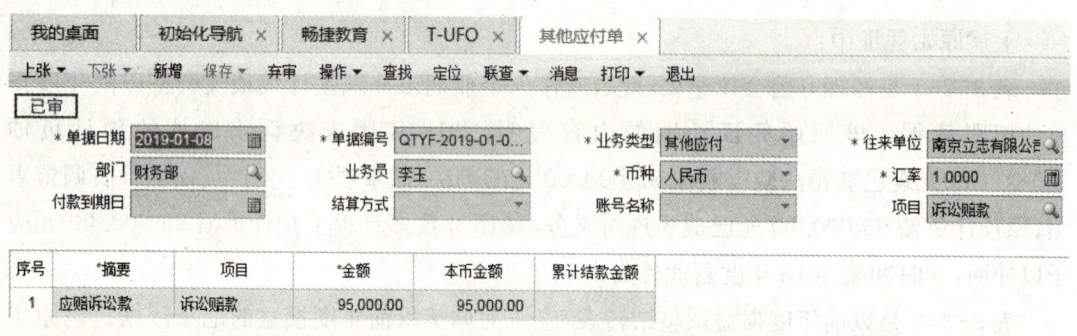

图 3-2-1　其他应付单

　　(3) 应付冲应付:以存货会计"805104"于玉明的身份于 2019-01-08 登录。在"往来现金"——"往来冲销"中选择"应付冲应付",业务类型等默认,转出供应商和转入供应商均选择"南京立志有限公司",部门选择"财务部",业务员选择"李玉",冲销金额录入"120 000.00",选单,勾选期初应付,单击"分摊"按钮,保存,如图 3-2-2 所示。

　　(4) 设置科目:以存货会计"805104"于玉明的身份于 2019-01-08 登录。在"总账"——"日常业务"中选择"科目设置",在其他应付科目扩展设置中,增行,往来单位选择"南京立志

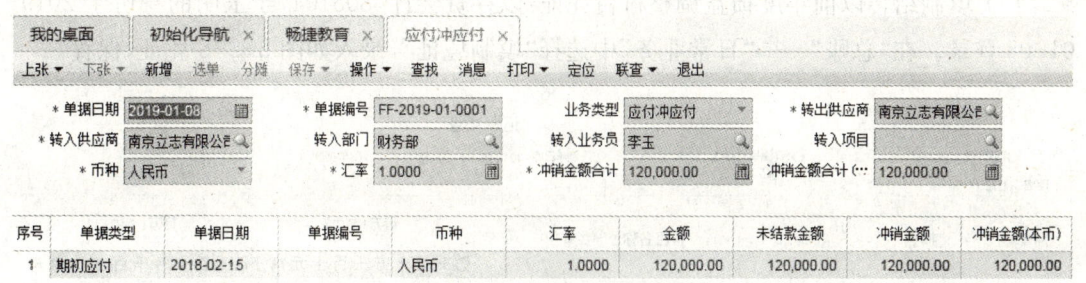

图 3-2-2　应付冲应付

有限公司",科目选择"其他应付款——应付赔款",保存并退出。

(5)生成应赔诉讼款凭证:以存货会计"805104"于玉明的身份于 2019-01-08 登录。在"总账"——"日常业务"中选择"单据生凭证",在选择来源单据中勾选"其他应付单"和"应付冲应付";单击"下一步"按钮,在选择查询条件中默认,单击"下一步"按钮,在查询结果中出现两条记录,勾选"按合并规则设置合并号",合并号均改为"1",单击"生成凭证"命令,附单据数改为"1",摘要均改为"调整诉讼赔款","预计负债——未决诉讼"科目借方金额改为"120 000.00",在第三行录入科目"以前年度损益调整——营业外支出",借方金额录入"-25 000",凭证保存,如图 3-2-3 所示。

记账凭证

| | 凭证类别 | 记账凭证 | | 凭证编号 | 0011 | | 制单日期 | 2019-01-08 | | 附单据数 | 1 | |

序号	*摘要	*科目名称	辅助项	借方(本币) 亿千百十万千百十元角分	贷方(本币) 亿千百十万千百十元角分
1	调整诉讼赔款	预计负债——未决诉讼	南京立志有限公司	1 2 0 0 0 0 0 0	
2	调整诉讼赔款	其他应付款——应付赔款	南京立志有限公司		9 5 0 0 0 0 0
3	调整诉讼赔款	以前年度损益调整——营业外支出		2 5 0 0 0 0 0	

图 3-2-3　调整诉讼赔款凭证

(6)填制结转递延所得税凭证:以存货会计"805104"于玉明的身份于 2019-01-08 登录。在"总账"——"日常业务"中选择"填制凭证",录入如图 3-2-4 凭证,保存。

记账凭证

| | 凭证类别 | 记账凭证 | | 凭证编号 | 0012 | | 制单日期 | 2019-01-08 | | 附单据数 | | |

序号	*摘要	*科目名称	借方(本币) 亿千百十万千百十元角分	贷方(本币) 亿千百十万千百十元角分
1	结转递延所得税	以前年度损益调整——所得税费用——递延所得税费用	3 0 0 0 0 0 0	
2	结转递延所得税	递延所得税资产——预计负债——未决诉讼		3 0 0 0 0 0 0

图 3-2-4　结转递延所得税凭证

(7) 填制结转以前年度损益调整科目凭证:以存货会计"805104"于玉明的身份于 2019-01-08 登录。在"总账"——"日常业务"中选择"填制凭证",录入如图 3-2-5 凭证,保存。

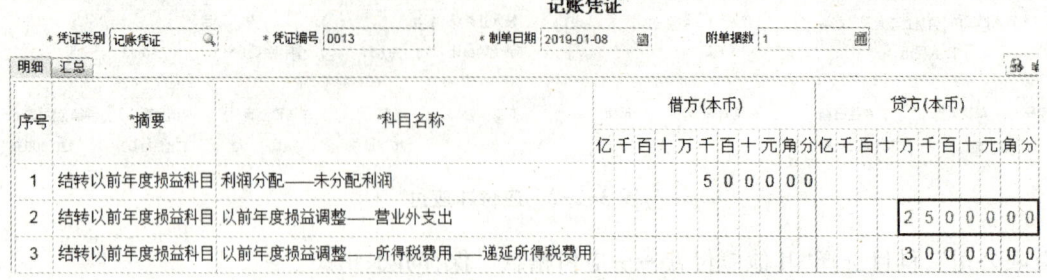

记账凭证

序号	摘要	科目名称	借方(本币)	贷方(本币)
1	结转以前年度损益科目	利润分配——未分配利润	5 0 0 0 0 0	
2	结转以前年度损益科目	以前年度损益调整——营业外支出		2 5 0 0 0 0 0
3	结转以前年度损益科目	以前年度损益调整——所得税费用——递延所得税费用		3 0 0 0 0 0 0

凭证类别 记账凭证　*凭证编号 0013　制单日期 2019-01-08　附单据数 1

图 3-2-5　结转以前年度损益调整凭证

(8) 填制提取法定盈余公积凭证:以存货会计"805104"于玉明的身份于 2019-01-08 登录。在"总账"——"日常业务"中选择"填制凭证",录入如图 3-2-6 凭证,保存。

记账凭证

凭证类别 记账凭证　*凭证编号 0014　制单日期 2019-01-08　附单据数 1

序号	摘要	科目名称	借方(本币)	贷方(本币)
1	提取法定盈余公积	盈余公积——法定盈余公积	5 0 0 0 0	
2	提取法定盈余公积	利润分配——未分配利润		5 0 0 0 0

图 3-2-6　提取法定盈余公积凭证

【业务 3-3】　1 月 31 日,取得原始凭证 6 张。

表 3-3-1　　　　　　　　　　**差旅费报销单**

2019 年 1 月 12 日　　　　　　　　　　　　　附件 3 张

姓　名	吴晓波		工作部门		车间		出差事由		三包期内上门维修产品			
日期		地点		车船费		深夜补贴	途中补贴	住勤费			旅馆费	公交费	金额合计
起	讫	起	讫	车次或船名	时间	金额			地区	天数	补贴			
10	11	南京	常州	火车		129			江苏	2	80	400		689.00
报销金额(大写)		陆佰捌拾玖元整							¥689.00					
补付金额:						退回金额:								

领导批准:闵小雯　　　会计主管:李玉　　　部门负责人:赵红德　　　审核:周晓明　　　报销人:吴晓波

表 3-3-1-1

R529120 检票：二层 1 号检票口
南京 站 G7505 次 常州 站
Nanjing　→　ChangZhou
2019 年 1 月 10 日 07:13 开　8 车 16C 号
￥64.5 元　　网折　　二等座
限乘当日当次车

3201115989****0515　吴晓波

买票请到 12306 发货请到 95306
中国铁路祝您旅途愉快

238192102505R22189513　　　南京售

表 3-3-1-2

R912000 检票：一层 13 号检票口
常州站 G1228 次 南京 站
ChangZhou　→　Nanjing
2019 年 1 月 1 日 18:30 开　12 车 09B 号
￥64.5 元　　网折　　二等座
限乘当日当次车

3201115989****0515　吴晓波

买票请到 12306 发货请到 95306
中国铁路祝您旅途愉快

238192102505R27643524　　　常州售

表 3-3-1-3

3204982989

江苏增值税专用发票　　　NO. 43261291

发票联

开票日期：2019年01月11日

购买方	名　　称：南京大唐股份有限公司 纳税人识别号：913201981927430131 地址、电话：大同路 980 号　80981888 开户行及账号：南京市建邺区支行 23636442090	密码区	2<77/50/7912<98+1*0198<<-0621/32101 16983/9826*>091651<092-12810*<09121 87/29824/*90-12/*12+08-0911-*408134 54+091/872-0916+8226-/87261+86282-0

货物或应税劳务、服务名称	规格型号	单位	数量	单价	金　额	税率	税　额
*住宿服务*住宿费		天	2	188.68	377.36	6%	22.64
合　　计					￥377.36		￥22.64

价税合计（大写）		肆佰元整		（小写）　￥400.00	

销售方	名　　称：马格酒店有限公司（常州店） 纳税人识别号：913204023076499091 地址、电话：常州大桥南路 16 号 83183315 开户行及账号：中行常州分行 2130181345662	备注	

收款人：　　　　复核：　　　　开票人：李凡　　　销货单位（章）

第三联　发票联　购买方记账凭证

表 3-3-2

江苏增值税专用发票　　　NO. 43261291

3205982989　　　抵扣联　　　开票日期：2019年01月11日

购买方	名　称：南京大唐股份有限公司 纳税人识别号：913201981927430131 地址、电话：大同路 980 号　80981888 开户行及账号：南京市建邺区支行 23636442090	密码区	2<77/50/7912<98+1*0198<<-0621/32101 16983/9826*>091651<092-12810*<09121 87/29824/*90-12/*12+08-0911-*408134 54+091/872-0916+8226-/87261+86282-0

货物或应税劳务、服务名称	规格型号	单位	数量	单价	金额	税率	税额
*住宿服务*住宿费		天	2	188.68	377.36	6%	22.64
合　计					¥377.36		¥22.64

价税合计（大写）	肆佰元整	（小写）　¥400.00

销售方	名　称：马格酒店有限公司（常州店） 纳税人识别号：913204023076499091 地址、电话：常州大桥南路 16 号 83183315 开户行及账号：中行常州分行 2130181345662	备注

收款人：　　　复核：　　　开票人：李凡　　　销货单位（章）

第二联　抵扣联　购买方扣税凭证

表 3-3-3

中国建设银行
现金支票存根

10502146
09091325
附加信息 ＿＿＿＿＿＿＿＿

＿＿＿＿＿＿＿＿＿＿＿

出票日期 2019 年 1 月 12 日

收款人：吴晓波
金额：¥689.00
用途：报销款
备注：(23636442090)

单位主管　　　会计

上述原始凭证中：

表 3-3-1 是差旅费报销单，此单应作为本公司核算差旅费的记账依据。该原始凭证注明，"姓名"是吴晓波，"工作部门"是车间，"出差事由"是三包期内上门维修产品，"报销金额"是 689.00 元，表 3-3-1-1 和表 3-3-1-2 是南京到常州的往返动车票，表明报销单中的车船费是 129.00 元；表 3-3-1-3 是江苏增值税专用发票的第三联发票联，此联应作为购买方的记账依据，该原始凭证注明，"购买方"是本公司，"销售方"是嘉兴寻梅酒店有限公司，"货物或应税劳务、服务名称"是住宿费，表明报销单中的旅馆费金额是 400.00 元。进行会计核算时，"车船费"

"补贴"和增值税专用发票上的"金额"合计 666.36 元应记入"预计负债——产品质量保证"科目的借方,"税额"22.64 元应记入"应交税费——应交增值税——进项税额"科目的借方。

表 3-2-2 是江苏增值税专用发票的第二联抵扣联,此联应作为购买方抵扣进项税额的依据。该抵扣联不能作为记账凭证的附件,专门用于在规定期限内到税务机关办理认证或在平台办理勾选确认,并在认证通过或勾选确认的次月申报期内,向主管税务机关申报抵扣进项税额。

表 3-3-3 是中国建设银行现金支票存根,应作为付款方支付款项的记账依据。该原始凭证注明,"收款人"是吴晓波、"用途"是报销款,这表明本公司已经按照"报销金额"支付了差旅费,金额 689.00 应记入"银行存款——人民币户——中国建设银行南京市建邺区支行(23636442090)"科目的贷方。

根据上述分析,该笔业务在 T+系统中的操作流程如下:

(1) 录入费用项目:以出纳"805103"陈明真的身份于 2019-01-12 登录。"基础设置"——"收付结算"中选择"费用",单击"新增"命令,录入费用编号"F3",名称为"差旅费",费用类型选择"其他费用";选择"差旅费",单击"新增"命令,依次增加以下费用编码及名称:"F301","车船费";"F302","补贴";"F303","旅馆费"。保存并退出。

(2) 填制费用单:以出纳"805103"陈明真的身份于 2019-01-12 登录。在"往来现金"——"单据"中选择"费用单",单击"操作——设置"按钮,勾选"项目",确定,业务类型选择"现金费用",票据类型选择"专用发票",部门选择"生产车间",费用名称依次选择"车船费""补贴""旅馆费",税率分别改为"0""0"和"6",金额分别录入"129.00""160""377.36",现结金额中选择结算方式为"现金支票",账号选择"基本结算户",票据号录入"09091325";保存并审核,如图 3-3-1 所示。

图 3-3-1　[业务 3-3]费用单

(3) 设置科目:以资产会计"805102"周晓明的身份于 2019-01-12 登录。在"总账"——"日常业务"中选择"科目设置",在费用科目扩展设置中,增行,费用类型选择"其他费用",费用选择"差旅费",项目选择"三包费用"(在"选项设置"勾选"项目",确定),科目选择"预计负债——产品质量保证",保存并退出。

(4) 生成凭证:以资产会计"805102"周晓明的身份于 2019-01-12 登录。在"总账"——

"日常业务"中选择"单据生凭证",在选择来源单据中勾选"费用单";单击"下一步"按钮,在选择查询条件中默认,单击"下一步"按钮,在查询结果中出现一条记录,单击"生成凭证"命令,附单据数改为"2",摘要均改为"报销产品三包差旅费",银行存款科目完善其辅助核算项,并选择流量项目为"07",凭证保存,如图 3-3-2 所示。

记账凭证

凭证类别	记账凭证	凭证编号	0015	制单日期	2019-01-12	附单据数	2

明细　汇总

序号	摘要	科目名称	辅助项	借方(本币) 亿千百十万千百十元角分	贷方(本币) 亿千百十万千百十元角分
1	报销产品三包差旅费	预计负债——产品质量保证		6 6 6 3 6	
2	销产品三包差旅费	应交税费——应交增值税——进项税额		2 2 6 4	
3	销产品三包差旅费	银行存款——建行人民币户23636442090 现金支票 09091325…			6 8 9 0 0

图 3-3-2　[业务 3-3]凭证

【业务 3-4】　1 月 31 日,取得原始凭证 1 张。

表 3-4-1　　　　　　　　　预计产品质量保证损失计算表

2019 年 1 月 31 日

本月销售收入	计提比例	金额
1 622 423.00	5‰	8 112.12

编制:　　　　　　　　　　　　　　　　　　　　　　　　审核:

上述原始凭证中:

表 3-4-1 是预计产品质量保证损失计算表,此表应作为企业期末计算产品质量保证费用的记账依据。该原始凭证注明,"本月销售收入"为 1 622 423.00 元,公司政策规定计提比例为 0.5%,本期计提金额是 8 112.12 元。进行会计核算时,"金额"8 112.12 元应记入"销售费用——预计商品质量保证损失"科目的借方以及"预计负债——产品质量保证"科目的贷方。

根据上述分析,该笔业务在 T＋系统中的操作流程如下:

填制凭证:以资产会计"805102"周晓明的身份于 2019-01-31 登录。在"总账"——"日常业务"中选择"填制凭证",录入如图 3-4-1 所示的凭证内容,保存。

记账凭证

凭证类别	记账凭证	凭证编号	0016	制单日期	2019-01-31	附单据数	1

明细　汇总

序号	摘要	科目名称	借方(本币) 亿千百十万千百十元角分	贷方(本币) 亿千百十万千百十元角分
1	计算产品质量保证费用	销售费用——预计商品质量保证损失	8 1 1 2 1 2	
2	计算产品质量保证费用	预计负债——产品质量保证		8 1 1 2 1 2

图 3-4-1　[业务 3-4]凭证

【业务 3-5】　1 月 31 日,取得原始凭证 1 张。

表 3-5-1

经理办公会议纪要

　　本公司于 2018 年 11 月 31 日与南京大洋股份有限公司签订了不可撤销的 L012 产品销售合同,如公司违约,将支付违约金 150 000.00 元。目前,产品尚未生产完成,因材料价格大幅上涨原因,预计生产成本将超过合同价 110 000.00 元。经研究同意本公司预计亏损合同损失 110 000.00 元。

　　参加人员:闵小雯　姜　敏　李　玉

2019 年　1 月 31 日

上述原始凭证中:

　　表 3-5-1 是经理办公会议纪要,此表应作为企业期末计算亏损合同预计损失的记账依据。该原始凭证注明,2018 年签订的不可撤销 L012 产品销售合同,如果公司违约将支付违约金 150 000.00 元,如果继续生产,因材料价格大幅上涨预计生产成本将超过合同价 110 000.00 元,两者比较取损失较低者,所以确认预计亏损合同损失 110 000.00 元,金额 110 000.00 元分别应记入"营业外支出——亏损合同"科目的借方以及"预计负债——亏损合同"科目的贷方。

　　根据上述分析,该笔业务在 T+系统中的操作流程如下:

　　填制凭证:以资产会计"805102"周晓明的身份于 2019-01-31 登录。在"总账"——"日常业务"中选择"填制凭证",录入如图 3-5-1 所示的凭证内容,保存。

记账凭证

* 凭证类别 记账凭证　　* 凭证编号 0017　　* 制单日期 2019-01-31　　附单据数 1

明细　汇总

序号	摘要	科目名称	借方(本币)										贷方(本币)										
			亿	千	百	十	万	千	百	十	元	角	分	亿	千	百	十	万	千	百	十	元	角	分
1	预计亏损合同损失	营业外支出—亏损合同			1	1	0	0	0	0	0	0												
2	预计亏损合同损失	预计负债—亏损合同														1	1	0	0	0	0	0	0	

图 3-5-1　[业务 3-5]凭证

第四章 非货币性资产交换业务会计电算化处理

【业务 4-1】 1 月 11 日,取得原始凭证 1 张。

表 4-1-1   固定资产处置申请单

2019 年 1 月 11 日

固定资产名称	设备 N	单位	台	型号	略	数量	1
资产编号	01-02-0012	停用时间	2019 年 1 月	购建时间	2015 年 4 月	存放地点	车间
已提折旧月数	44 月	原值	60 000.00	累计折旧		21 120.00	
有效使用年限	10 年	月折旧额	480.00	净值		38 880.00	
处置原因:与林峰有限责任公司资产交换材料。							
财务部门意见: 同意处置 李玉 2019 年 1 月 11 日				公司领导意见: 同意处置 闵小雯 2019 年 1 月 11 日			

编制人:周贵昌   使用部门负责人:赵红德

上述原始凭证中:

表 4-1-1 是固定资产处置申请单,应作为处置固定资产的记账依据。该原始凭证注明,拟与林峰有限责任公司资产交换的固定资产是生产车间的设备 N,"原值"是 60 000.00 元,截至 2018 年 12 月 31 日,"累计折旧"是 21 120.00 元,这表明本公司将换出设备 N,进行会计核算时,首先,应计提 1 月份的折旧 480.00 元,其分录与本月计提折旧/摊销的分录合并完成,连同截至上月月末"累计折旧"21 600.00 元,应记入"累计折旧"科目的借方;其次,应将截至 2019 年 1 月 11 日设备 N 的账面净值转入固定资产清理,即"原值"60 000.00 元应记入"固定资产——生产设备——N"科目的贷方,截至 2019 年 1 月 11 日的累计折旧账面余额 21 600.00 元应记入"累计折旧"科目的借方,差额 38 400.00 元为设备 N 的账面净值,应记入"固定资产清理——生产设备——N"科目的借方。

根据上述分析,该笔业务在 T+系统中的操作流程如下:

(1)填制资产处置单:以资产会计"805102"周晓明的身份于 2019-01-11 登录。在"资产管理"——"业务处理"中选择"资产处置",处置方式选择"交换转出",资产编码选择"01-02-0012",单击"保存"按钮,如图 4-1-1 所示。

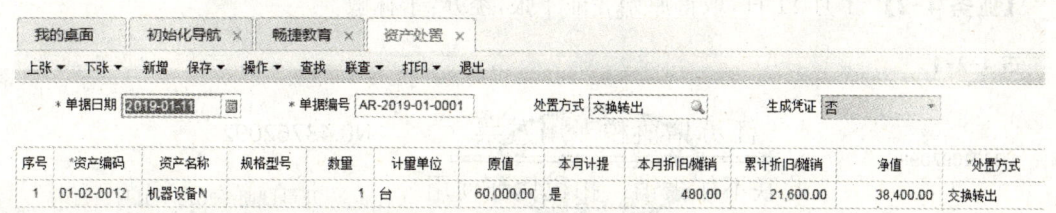

图 4-1-1　资产处置页面

（2）项目设置：以资产会计"805102"周晓明的身份于 2019-01-11 登录。在"基础设置"——"基本信息"中单击"项目"，根据表 4-1-2 增加项目一级分类编码"X3"及名称"非货币性交换"，在此一级分类下增加二级分类编码"X301"及名称"固定资产换存货"，选择该二级分类，增加具体的项目；其他类别的项目依次增加并保存。

表 4-1-2　　　　　　　　　　非货币性资产交换项目一览表

一级项目 分类编码	一级项目 分类名称	二级项目 分类编码	二级项目 分类名称	具体项目 编码	具体项目 名称
X3	非货币性 资产交换	X301	固定资产换存货	X30101	设备 N
				X30102	设备 P
				X30103	设备 Q
		X302	无形资产换存货	X30201	专利

（3）科目设置并生成凭证：以资产会计"805102"周晓明的身份于 2019-01-11 登录。在"总账"——"日常业务"中单击"科目设置"，在资产对方科目中增行，单据类型选择"处置单"，业务类型选择"交换转出"，

资产属性选择"固定资产"，科目设置为"固定资产清理"；在"总账"——"日常业务"中单击"单据生凭证"，在选择来源单据中勾选"处置单"；单击"下一步"，在选择查询条件中默认，单击"下一步"，在查询结果中出现一条记录，单击"生成凭证"命令，对固定资产清理科目选择辅助项为"设备 N"，凭证保存，如图 4-1-2 所示。

记账凭证

*凭证类别 记账凭证　　*凭证编号 0018　　*制单日期 2019-01-11　　附单据数 1

序号	*摘要	*科目名称	辅助项	借方(本币)	贷方(本币)
				亿千百十万千百十元角分	亿千百十万千百十元角分
1	交换转出	累计折旧		2 1 6 0 0 0 0	
2	交换转出	固定资产清理	设备N	3 8 4 0 0 0 0	
3	交换转出	固定资产			6 0 0 0 0 0 0

图 4-1-2　［业务 4-1］凭证

【业务 4-2】 1 月 11 日，取得原始凭证 4 张，经办：于林敏。

表 4-2-1

江苏增值税专用发票　　　　　NO.43762092

3201092098

此联不作报销、扣税凭证使用

开票日期：2019年01月11日

购买方	名　　　　称：林峰有限责任公司 纳税人识别号：913202368453676011 地　址、电话：梅花西路 76 号　85499890 开户行及账号：建行无锡新区支行 2356766459				密码区	1<09/50/7912<98+1*0198<<-0621/32101 16983/9826*>091651<092-12810*<09121 87/29824/*90-12/*12+83-0911-*408134 54+091/872-0916+8226-/81261+86282-0			
货物或应税劳务、服务名称	规格型号	单位	数量	单价	金　额		税率	税　额	
*塑料加工设备*N		台	1	45500.00	45500.00		16%	7280.00	
合　　　计					¥ 45500.00			¥7280.00	
价税合计（大写）		伍万贰仟柒佰捌拾元整　　（小写）¥52780.00							
销售方	名　　　称：南京大唐股份有限公司 纳税人识别号：913201981927430131 地　址、电话：大同路 980 号　80981888 开户行及账号：南京市建邺区支行 23636442090				备注				

收款人：　　　　复核：　　　　开票人：周晓明　　　销货单位（章）

第一联　记账联　销售方记账凭证

表 4-2-2

江苏增值税专用发票　　　　　NO. 90762187

3202091291

报税抵扣联

开票日期：2019年01月11日

购买方	名　　　　称：南京大唐股份有限公司 纳税人识别号：913201981927430131 地　址、电话：大同路 980 号　80981888 开户行及账号：南京市建邺区支行 23636442090				密码区	0<09/50/7902<98+1*0198<<-0621/32101 16983/9826*>091651<092-12810*<09121 87/29824/*90-10/*12+83-0911-*408134 54+091/872-0916+8226-/81261+86282-0			
货物或应税劳务、服务名称	规格型号	单位	数量	单价	金　额		税率	税　额	
塑料制品 HJ			350	130.00	45500.00		16%	7280.00	
合　　　计					¥ 45500.00			¥7280.00	
价税合计（大写）		伍万贰仟柒佰捌拾元整				（小写）¥52780.00			
销售方	名　　　称：林峰有限责任公司 纳税人识别号：913202368453676011 地　址、电话：梅花西路 76 号　85499890 开户行及账号：建行无锡新区支行 2356766459				备注	913202368453676011 发票专用章			

收款人：　　　　复核：　　　　开票人：红明月　　　销货单位（章）

第二联　抵扣联　购买方扣税凭证

表 4-2-3

江苏增值税专用发票

3202091291　　　　　　　　　　　　　　　　　　　　　　　NO.90762187

开票日期：2019年01月11日

购买方	名　　　　称：南京大唐股份有限公司 纳税人识别号：913201981927430131 地址、电话：大同路 980 号　80981888 开户行及账号：南京市建邺区支行 23636442090	密码区	0<09/50/7902<98+1*0198<<-0621/32101 16983/9826*>091651<092-12810<*09121 87/29824/*90-10/*12+83-0911-*408134 54+091/872-0916+8226-/81261+86282-0

货物或应税劳务、服务名称	规格型号	单位	数量	单价	金　额	税率	税　额
塑料制品 HJ			350	130.00	45500.00	16%	7280.00
合　计					¥45500.00		¥7280.00

价税合计（大写）	伍万贰仟柒佰捌拾元整	（小写）¥52780.00

销售方	名　　　　称：林峰有限责任公司 纳税人识别号：913202368453676011 地址、电话：梅花西路 76 号　85499890 开户行及账号：建行无锡新区支行 2356766459	备注	913202368453676011 发票专用章

收款人：　　　复核：　　　　开票：红明月　　〔销货单位（章）

第三联　发票联　购买方记账凭证

表 4-2-4　　　　　　　收　料　单

供应单位：林峰有限责任公司　　　　　　2019 年 1 月 11 日　　　　　　编号：230005

材料编号	名称	单位	规格	数　量		实际成本			
				应收	实收	单价	发票价格	运杂费	合计
C1001	HJ	千克		350	350				

备注：

收料人：邹明珠　　　　　　　　　　　　交料人：王月李

第二联　记账联

上述原始凭证中：

表 4-2-1 是江苏增值税专用发票的第一联记账联，此联应作为销售方的记账依据。该原始凭证注明，"销售方"是本公司，"购买方"是林峰有限责任公司，"货物或应税劳务、服务名称"是 N，结合表 4-1-1，表明本公司将设备 N 换给了林峰有限责任公司，应视同销售，进行会计核算时，"金额"45 500.00 元应记入"固定资产清理——生产设备——N"科目的贷方，"税额"7 280.00 元应记入"应交税费——应交增值税——销项税额"科目的贷方。

表 4-2-2 是江苏增值税专用发票的第二联抵扣联，此联应作为购买方抵扣进项税额的依据。该抵扣联不能作为记账凭证的附件，专门用于在规定期限内到税务机关办理认证或在平台办理勾选确认，并在认证通过或勾选确认的次月申报期内，向主管税务机关申报抵扣进项税额。

表 4-2-3 是江苏增值税专用发票的第三联发票联，此联应作为购买方的记账依据。该

原始凭证注明,"购买方"是本公司,"销售方"是林峰有限责任公司,"货物或应税劳务、服务名称"是 HJ,结合表 4-1-1 及表 4-2-1 表明本公司从林峰有限责任公司换入了 HJ。

表 4-2-4 是收料单的第二联记账联,此联应作为收到材料的记账依据。该原始凭证注明,"供应单位"是林峰有限责任公司,"材料名称"是材料 HJ,"数量"是 350 千克,这表明本公司从林峰有限责任公司换入的 350 千克原材料 HJ 已经全部验收入库。

根据表 4-2-2 至表 4-2-4 进行会计核算时,"金额"45 500.00 元应记入"原材料——HJ"科目的借方,"税额"合计 7 280.00 元应记入"应交税费——应交增值税——进项税额"科目的借方。

根据上述分析,该笔业务在 T十系统中的操作流程如下:

(1)填制收入单:以存货会计"805104"的身份于 2019-01-11 登录。在"往来现金"——"单据"中选择"收入单",单击"操作——设置"按钮,选择显示"项目";业务类型选择"往来收入",票据类型选择"专用发票",往来单位选择"林峰有限责任公司"(在"基础设置"——"基本信息"中选择"往来单位",增加分类,其编号"FH",名称为"非货币资产交换单位",在此分类下,新增往来单位"林峰有限责任公司",属性为"客户/供应商",报价含税,保存后选择),项目选择"设备 N",收入名称选择"固定资产"(在"基础设置"——"收付结算"中选择"收入",新增编号为"J3",名称为"资产交换"的收入,并在此收入下新增加编号为"J301"名称为"固定资产"及编号为"J302"名称为"无形资产"的具体收入,保存),税率改为"16",金额录入"45 500.00",其他信息自动生成,保存并审核,如图 4-2-1 所示。

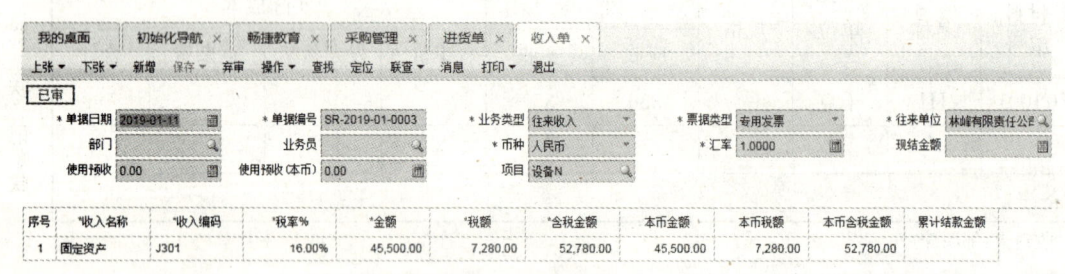

图 4-2-1　收入单页面

(2)填制进货单:以存货会计"805104"的身份于 2019-01-11 登录。在"采购管理"——"单据"中选择"进货单",供应商选择"林峰有限责任公司",业务员选择"于林敏",存货名称选择"HJ",数量录入"350.00",单价录入"130.00",保存并审核,如图 4-2-2 所示。

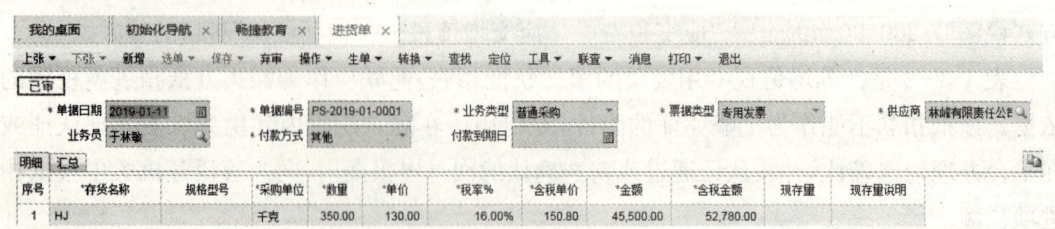

图 4-2-2　[业务 4-2]进货单

(3) 生成采购发票：以存货会计“805104”的身份于 2019-01-11 登录。在“采购管理”——“单据”中选择供应商为“林峰有限责任公司”的已存在“进货单”，选择“生单——生成采购发票(普通采购)”，发票号录入“90762187”，保存并审核，如图 4-2-3 所示。

我的桌面 | 初始化导航 × | 畅捷教育 × | 采购管理 × | 采购发票 ×
上张▼ 下张▼ 新增 选单▼ 保存▼ 弃审 操作▼ 查找 定位 工具▼ 联查▼ 消息 打印▼ 退出
已审
*单据日期 2019-01-11　*单据编号 PB-2019-01-0001　*发票类型 专用发票　发票号 90762187
*供应商 林峰有限责任公司　业务员 于林敏　付款方式 其他
付款到期日　使用预付 0.00　现结金额 0.00
明细 | 汇总

序号	*存货名称	规格型号	*采购单位	*数量	*单价	*税率%	*含税单价	*金额	*含税金额
1	HJ		千克	350.00	130.00	16.00%	150.80	45,500.00	52,780.00

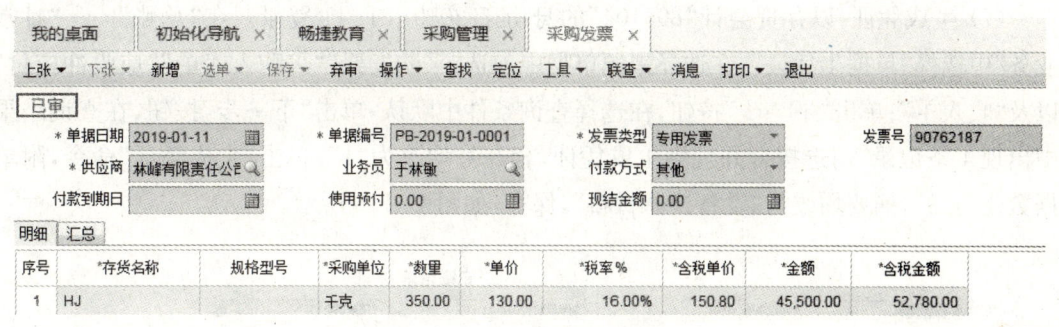

图 4-2-3　[业务 4-2]采购发票

(4) 生成采购入库单：以存货会计“805104”的身份于 2019-01-11 登录。在“采购管理”——“单据”中选择供应商为“林峰有限责任公司”的已存在“进货单”，选择“生单——生成采购采购入库单(普通采购)”，单据编号改为“230005”，仓库选择“综合库”，保存并审核，如图 4-2-4 所示。

我的桌面 | 初始化导航 × | 畅捷教育 × | 采购管理 × | 采购入库单 ×
上张▼ 下张▼ 新增 选单▼ 保存▼ 弃审 操作▼ 生单▼ 转换▼ 查找 定位 工具▼ 联查▼ 消息 打印▼ 退出
已审　已核算
*单据日期 2019-01-11　*单据编号 230005　*业务类型 普通采购　*供应商 林峰有限责任公司
经手人 于林敏　仓库 综合库
明细 | 汇总

序号	*仓库	*存货名称	规格型号	*计量单位	*实收数量	单价	金额	现存量	现存量说明
1	综合库	HJ		千克	350.00	130.00	45,500.00		

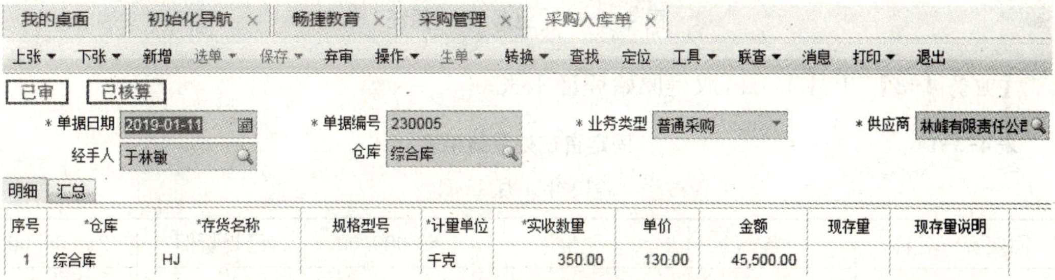

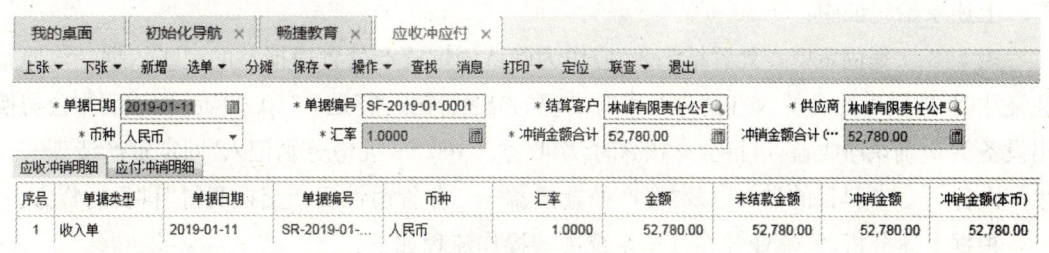

图 4-2-4　[业务 4-2]采购入库单

(5) 应收冲应付：以存货会计“805104”的身份于 2019-01-11 登录。在“往来现金”——“往来冲销”中选择“应收冲应付”，结算客户和供应商均选择“林峰有限责任公司”，在应收冲销明细中“选单”，选择“收入单”，在应付冲销明细中“选单”，选择“采购发票”，在冲销金额合计中录入“52 780.00”，单击“分摊”按钮，然后保存，如图 4-2-5 所示。

我的桌面 | 初始化导航 × | 畅捷教育 × | 应收冲应付 ×
上张▼ 下张▼ 新增 选单▼ 分摊 保存▼ 操作▼ 查找 消息 打印▼ 定位 联查▼ 退出
*单据日期 2019-01-11　*单据编号 SF-2019-01-0001　*结算客户 林峰有限责任公司　*供应商 林峰有限责任公司
*币种 人民币　*汇率 1.0000　*冲销金额合计 52,780.00　冲销金额合计(… 52,780.00
应收冲销明细 | 应付冲销明细

序号	单据类型	单据日期	单据编号	币种	汇率	金额	未结款金额	冲销金额	冲销金额(本币)
1	收入单	2019-01-11	SR-2019-01-...	人民币	1.0000	52,780.00	52,780.00	52,780.00	52,780.00

图 4-2-5　[业务 4-2]应收冲应付

(6) 科目设置：以存货会计“805104”的身份于 2019-01-11 登录。在“总账”——“日常业务”中选择“科目设置”，在收入科目扩展设置中，增行，项目分类选择“固定资产换存货”，科目设置为“固定资产清理”；在其他应收科目扩展设置中，往来单位分类选择“非货币性资产交换单位”，科目选择“应收账款——人民币户”。

(7) 生成凭证：以存货会计“805104”的身份于 2019-01-11 登录。在“总账”——“日常业务”中选择“单据生凭证”，在选择来源单据中勾选“采购发票”“采购入库单”“应收冲应付”以及“收入单”；单击“下一步”按钮，在选择查询条件中默认，单击“下一步”按钮，在查询结果中出现 4 条记录，勾选按合并规则生成凭证，合并号均改为“1”，单击“生成凭证”命令，附单据数改为“3”，摘要均改为“设备换原材料”，保存，如图 4-2-6 所示。

记账凭证

*凭证类别 记账凭证　　*凭证编号 0019　　*制单日期 2019-01-11　　附单据数 3

明细　汇总

序号	*摘要	*科目名称	辅助项	计量...	借方(本币)	贷方(本币)
1	设备换原材料	原材料	HJ	千克	4550000	
2	设备换原材料	应交税费——应交增值税——进项税额			728000	
3	设备换原材料	固定资产清理	设备N			4550000
4	设备换原材料	应交税费——应交增值税——销项税额				728000

图 4-2-6　[业务 4-2]凭证

【业务 4-3】 1 月 11 日，取得原始凭证 1 张。

表 4-3-1　　**固定资产处置结果表**

2019 年 1 月 11 日

固定资产名称	设备 N	原价	60 000.00	已提折旧	21 600.00
净值	38 400.00	出售价格(不含税)	45 500.00	清理费用	
出售净损益	7 100.00				
财务部门意见： 净损益按《企业会计准则》处理　李玉 2019 年 1 月 11 日			公司领导意见： 同意　闵小雯 2019 年 1 月 11 日		

上述原始凭证中：

表 4-3-1 是固定资产处置结果表，应作为确认固定资产处置净损益的记账依据。该原始凭证注明，被换出的设备 N 在清理结束时出现的“出售净损益”是 7 100.00 元，这表明本公司换出设备 N 应确认净收益，进行会计核算时，净收益 7 100.00 元应分别记入“固定资产清理——生产设备——N”科目的借方以及“资产处置损益——非货币性资产交换利得”科目的贷方。

根据上述分析，该笔业务在 T+系统中的操作流程如下：

填制凭证：以资产会计“805102”周晓明的身份于 2019-01-11 登录。在“总账”——“日常业务”中选择“填制凭证”，填制如图 4-3-1 所示的凭证并保存。

记账凭证

*凭证类别 记账凭证	*凭证编号 0020	*制单日期 2019-01-11	附单据数 1	

明细　汇总

序号	*摘要	*科目名称	辅助项	借方(本币) 亿千百十万千百十元角分	贷方(本币) 亿千百十万千百十元角分
1	结转设备清理净损益	固定资产清理	设备N	7 1 0 0 0 0	
2	结转设备清理净损益	资产处置损益—非货币性资产交换利得			7 1 0 0 0 0

图 4-3-1　[业务 4-3]凭证

【业务 4-4】　1 月 11 日,取得原始凭证 5 张,经办:杨琳。

表 4-4-1　　　　　　　　　　　**无形资产处置申请单**

2019 年 1 月 11 日

无形资产名称	原价	累计摊销额	净值	处置原因
专利 T	480 000.00	92 000.00	388 000.00	交换材料
专利 K	120 000.00	43 000.00	77 000.00	交换材料

无形资产管理部门意见: 同意交换 姜敏 2019 年 1 月 11 日	财务部门意见: 同意 李玉 2019 年 1 月 11 日	单位领导意见: 同意 闵小雯 2019 年 1 月 11 日

表 4-4-2

江苏增值税专用发票　　　　　　NO.43762093

3201092098

此联不作报销、扣税凭证使用

开票日期: 2019年01月11日

购买方	名　　　称:镇江网淘有限责任公司 纳税人识别号:91321136105367676 地　址、电话:大明路 76 号　85599890 开户行及账号:建行镇江新区支行 2356766459	密 码 区	8<09/50/7912<98+1*0101<<-0621/32101 16983/9826*>091651<092-12810*<09121 87/29824/*90-12/*12+83-0911-*408134 54+091/872-0916+8226-/81361+86282+1

货物或应税劳务、服务名称	规格型号	单位	数量	单价	金额	税率	税额
*无形资产*专利 T		件	1	452400.00	452400.00	6%	27144.00
*无形资产*专利 K		件	1	111360.00	111360.00	6%	6681.60
合　　计					¥563760.00		¥33825.60

价税合计（大写）	伍拾玖万柒仟伍佰捌拾伍元陆角整　（小写）¥597585.60	

销售方	名　　　称:南京大唐股份有限公司 纳税人识别号:913201981927430131 地　址、电话:大同路 980 号　80981888 开户行及账号:南京市建邺区支行 23636442090	备 注

收款人:　　　复核:　　　开票人:周晓明　　　销货单位（章）

第一联 记账联 销售方记账凭证

表 4-4-3

江苏增值税专用发票

3202091291　　　　抵扣联　　　　NO. 90762187

开票日期：2019年01月11日

购买方	名　　称：南京大唐股份有限公司 纳税人识别号：913201981927430131 地 址、电 话：大同路 980 号　80981888 开户行及账号：南京市建邺区支行 23636442090			密码区	0<09/50/7902<98+1*0198<<-0621/32101 16983/9826*>091651<092-12810*<09121 87/29824/*90-10/*12+83-0911-*408134 54+091/872-0916+8226-/81261+86282-0		
货物或应税劳务、服务名称	规格型号	单位	数量	单价	金　额	税率	税　额
*塑料制品*HJ		千克	3000	137.80	413400.00	16%	66144.00
*塑料制品*S11		千克	800	127.20	101760.00	16%	16281.60
合　计					¥515160.00		¥82425.60
价税合计（大写）	伍拾玖万柒仟伍佰捌拾伍元陆角整　（小写）¥597585.60						
销售方	名　　称：镇江网淘有限责任公司 纳税人识别号：91321136105367676 地 址、电 话：大明路 76 号　85599890 开户行及账号：建行镇江新区支行 2356766459			备注			

收款人：　　　复核：　　　开票人：红明月　　　销货单位（章）

第二联　抵扣联　购买方扣税凭证

表 4-4-4

江苏增值税专用发票

3202091291　　　　发票联　　　　NO. 90762187

开票日期：2019年01月11日

购买方	名　　称：南京大唐股份有限公司 纳税人识别号：913201981927430131 地 址、电 话：大同路 980 号　80981888 开户行及账号：南京市建邺区支行 23636442090			密码区	0<09/50/7902<98+1*0198<<-0621/32101 16983/9826*>091651<092-12810*<09121 87/29824/*90-10/*12+83-0911-*408134 54+091/872-0916+8226-/81261+86282-0		
货物或应税劳务、服务名称	规格型号	单位	数量	单价	金　额	税率	税　额
*塑料制品*HJ		千克	3000	137.80	413400.00	16%	66144.00
*塑料制品*S11		千克	800	127.20	101760.00	16%	16281.60
合　计					¥515160.00		¥82425.60
价税合计（大写）	伍拾玖万柒仟伍佰捌拾伍元陆角整　（小写）¥597585.60						
销售方	名　　称：镇江网淘有限责任公司 纳税人识别号：91321136105367676 地 址、电 话：大明路 76 号　85599890 开户行及账号：建行镇江新区支行 2356766459			备注			

收款人：　　　复核：　　　开票人：红明月　　　销货单位（章）

第三联　发票联　购买方记账凭证

表 4-4-5

收 料 单

供应单位:镇江网淘有限责任公司　　　　2019 年 1 月 11 日　　　　　　　　编号:230006

材料编号	名称	单位	规格	数量		实际成本				
				应收	实收	单价	发票价格	运杂费	合计	
C1001	HJ	千克		3 000	3 000					第二联　记账联
C1002	S11	千克		800	800					

备注:

收料人:邹明珠　　　　　　　　　　　　　　　　　　　　　交料人:陈小月

上述原始凭证中:

表 4-4-1 是无形资产处置申请单,应作为处置无形资产的记账依据。该原始凭证注明,用于交换材料的无形资产专利 K 和 T,"原价"分别是 480 000.00 元和 120 000.00 元,"累计摊销额"分别是 9 200.00 元和 43 000.00 元,"处置原因"是用于交换材料,这表明本公司将减少无形资产 K 和 T,进行会计核算时,"原价"480 000.00 元和 120 000.00 元应分别记入"无形资产——专利权——K"和"无形资产——专利权——T"科目的贷方,"累计摊销额"9 200.00 元和 43 000.00 元应记入"累计摊销——专利权——K"和"累计摊销——专利权——T"科目的借方。

表 4-4-2 是江苏增值税专用发票的第一联记账联,此联应作为销售方的记账依据。该原始凭证注明,"销售方"是本公司,"购买方"是镇江网淘有限责任公司,"货物或应税劳务、服务名称"是专利 T 和专利 K,结合表 4-4-1 表明本公司将专利 T 和专利 K 换给了镇江网淘有限责任公司,应视同销售,进行会计核算时,"税额"82 425.00 元应记入"应交税费——应交增值税——销项税额"科目的贷方。

表 4-4-3 是江苏增值税专用发票的第二联抵扣联,此联应作为购买方抵扣进项税额的依据。该抵扣联不能作为记账凭证的附件,专门用于在规定期限内到税务机关办理认证或在平台办理勾选确认,并在认证通过或勾选确认的次月申报期内,向主管税务机关申报抵扣进项税额。

表 4-4-4 是江苏增值税专用发票的第三联发票联,此联应作为购买方的记账依据。该原始凭证注明,"购买方"是本公司,"销售方"镇江网淘有限责任公司,"货物或应税劳务、服务名称"是 HJ 和 S11,结合表 4-4-1 表明本公司从镇江网淘有限责任公司换入了 HJ 和 S11。

表 4-4-5 是收料单的第二联记账联,此联应作为收到材料的记账依据。该原始凭证注明,"供应单位"是镇江网淘有限责任公司,"材料名称"分别是材料 HJ 和 S11,"数量"分别是 3 000 千克和 800 千克,这表明本公司向镇江网淘有限责任公司的 3 000 千克原材料 HJ 和 800 千克原材料 S11 已经全部验收入库。

根据表 4-4-3 至表 4-4-5 进行会计核算时,"金额"413 400.00 元应记入"原材料——HJ"科目的借方;"金额"10 176.00 元应记入"原材料——S11"科目的借方,"税额"合计

82 425.60 元应记入"应交税费——应交增值税——进项税额"科目的借方。

根据上述分析,该笔业务在 T+系统中的操作流程如下:

(1)填制资产处置单:以资产会计"805102"周晓明的身份于 2019-01-11 登录。在"资产管理"——"业务处理"中选择"新增资产",选择"专有技术"分类,资产名称录入"专有技术 MJF"处置方式选择"交换转出",资产名称分别选择"专利 T"和"专利 K",单击"保存"按钮,如图 4-4-1 所示。

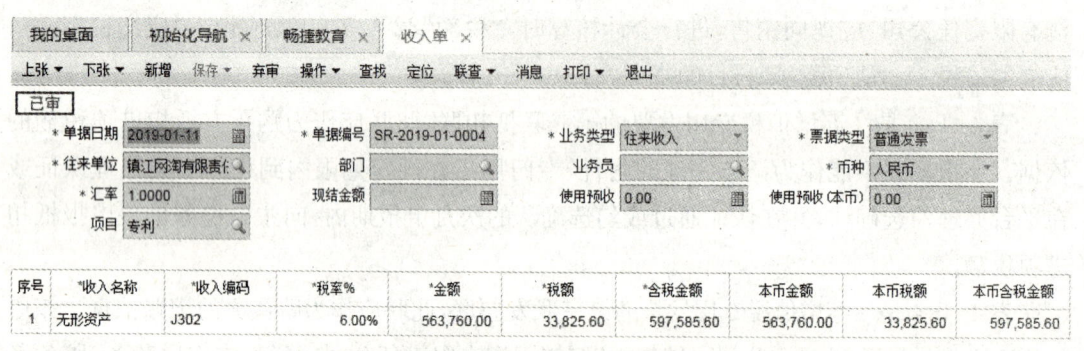

序号	*资产编码	资产名称	规格型号	数量	计量单位	原值	本月计提	本月折旧摊销	累计折旧摊销	净值	*处置方式
1	03-31-0001	专利T		1	件	480,000.00	否	0.00	92,000.00	388,000.00	交换转出
2	03-31-0002	专利K		1	件	120,000.00	否	0.00	43,000.00	77,000.00	交换转出

图 4-4-1 专利处置单

(2)填制收入单:以存货会计"805104"的身份于 2019-01-11 登录。在"往来现金"——"单据"中选择"收入单",业务类型选择"往来收入",票据类型选择"专用发票",往来单位选择"镇江网淘有限责任公司"(在"基础设置——基本信息"中选择"往来单位",选择分类为"非货币资产交换单位",新增往来单位"镇江网淘有限责任公司",属性为"客户/供应商",报价含税,保存后选择),项目选择"专利",收入名称选择"无形资产"税率改为"6",金额录入"563 760.00",其他信息自动生成,保存并审核,如图 4-4-2 所示。

序号	*收入名称	*收入编码	*税率%	*金额	*税额	*含税金额	本币金额	本币税额	本币含税金额
1	无形资产	J302	6.00%	563,760.00	33,825.60	597,585.60	563,760.00	33,825.60	597,585.60

图 4-4-2 收入单页面

(3)填制进货单:以存货会计"805104"的身份于 2019-01-11 登录。在"采购管理"——"单据"中选择"进货单",供应商选择"镇江网淘有限责任公司",业务员选择"杨琳",项目选择"专利",存货名称分别选择"HJ"和"S11",数量分别录入"3 000.00"和"800.00",单价分别录入"137.80"和"127.20",保存并审核,如图 4-4-3 所示。

需要说明的是:采购管理各单据均列示并选择了非货币性资产交换项目,只是说明发生了非货币性资产交换业务事项,与会计核算无必然的联系,此项目可省略。

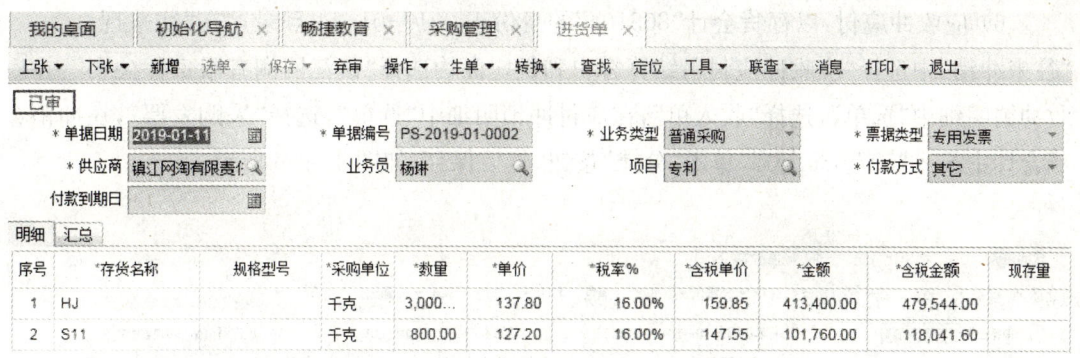

图 4-4-3　[业务 4-4]进货单

（4）生成采购发票：以存货会计"805104"的身份于 2019-01-11 登录。在"采购管理"——"单据"中选择供应商为"镇江网淘有限责任公司"的已存在"进货单"，选择"生单——生成采购发票（普通采购）"，发票号录入"90762187"，保存并审核，如图 4-4-4 所示。

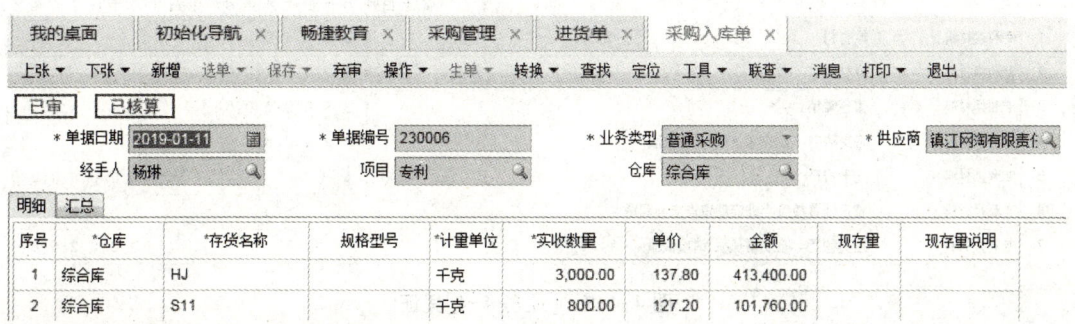

图 4-4-4　[业务 4-4]采购发票

（5）生成采购入库单：以存货会计"805104"的身份于 2019-01-11 登录。在"采购管理"——"单据"中选择供应商为"镇江网淘有限责任公司"的已存在"进货单"，选择"生单——生成采购采购入库单（普通采购）"，单据编号改为"230006"，仓库选择"综合库"，保存并审核，如图 4-4-5 所示。

序号	*仓库	存货名称	规格型号	*计量单位	*实收数量	单价	金额	现存量	现存量说明
1	综合库	HJ		千克	3,000.00	137.80	413,400.00		
2	综合库	S11		千克	800.00	127.20	101,760.00		

图 4-4-5　[业务 4-4]采购入库单

(6) 应收冲应付:以存货会计"805104"的身份于 2019-01-11 登录。在"往来现金"——"往来冲销"中选择"应收冲应付",结算客户和供应商均选择"镇江网淘有限责任公司",在应收冲销明细中"选单",选择"收入单",在应付冲销明细中"选单",选择"采购发票",在冲销金额合计中录入"597 585.60",单击"分摊"按钮,然后保存,如图 4-4-6 所示。

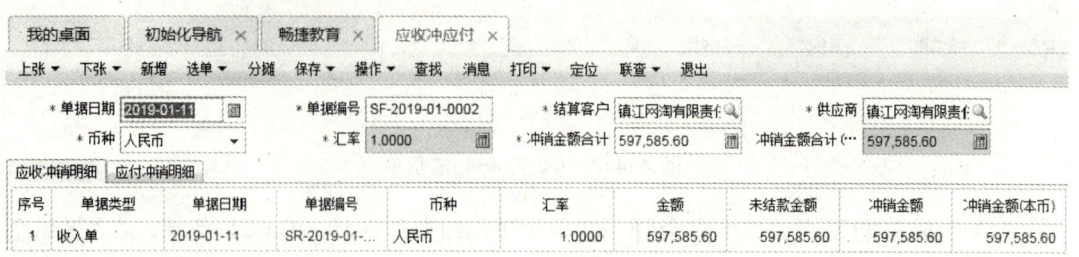

图 4-4-6　[业务 4-4]应收冲应付

(7) 科目设置:以存货会计"805104"的身份于 2019-01-11 登录。在"总账"——"日常业务"中选择"科目设置",在收入科目扩展设置中,增行,项目选择"专利",科目设置为"资产处置损益——非货币性资产交换利得";在资产对方科目扩展设置中,单据类型选择"处置单",业务类型选择"交换转出",资产属性选择"无形资产",科目选择"资产处置损益——非货币性资产交换利得"。

(8) 生成凭证:以存货会计"805104"的身份于 2019-01-11 登录。在"总账"——"日常业务"中选择"单据生凭证",在选择来源单据中勾选"采购发票""采购入库单""应收冲应付""收入单"及"处置单";单击"下一步"按钮,在选择查询条件中默认,单击"下一步"按钮,在查询结果中出现 4 条记录,勾选按合并规则生成凭证,合并号均改为"1",单击"生成凭证"命令,附单据数改为"4",摘要均改为"专利换原材料",保存,如图 4-4-7 所示。

记账凭证

凭证类别 记账凭证　凭证编号 0021　制单日期 2019-01-11　附单据数 4

序号	摘要	科目名称	辅助项	计量	借方(本币)	贷方(本币)
1	专利换材料	原材料	S11	千克	101760 00	
2	专利换材料	原材料	HJ	千克	413400 00	
3	专利换材料	累计摊销			135000 00	
4	专利换材料	应交税费—应交增值税-进项税额			82425 60	
5	专利换材料	无形资产				600000 00
6	专利换材料	资产处置损益—非流动资产交换利得				98760 00
7	专利换材料	应交税费—应交增值税-销项税额				33825 60

图 4-4-7　[业务 4-4]凭证

【业务 4-5】 1 月 11 日,取得原始凭证 2 张。

表 4-5-1 　　　　　　　　　　　　　固定资产处置申请单

2019 年 1 月 11 日

固定资产名称	设备 P	单位	台	型号	略	数量	1
资产编号	01-02-0004	停用时间	2019 年 1 月	购建时间	2013 年 2 月	存放地点	车间
已提折旧月数	70 月	原值	80 000.00	累计折旧	44 800.00		
有效使用年限	10 年	月折旧额	640.00	净值	35 200.00		
处置原因:与苏州致诚有限公司资产交换材料。							
财务部门意见: 同意处置　李玉 　　　　　　　　　2019 年 1 月 11 日				公司领导意见: 同意处置　闵小雯 　　　　　　　　　2019 年 1 月 11 日			

编制人:周贵昌　　　　　　　　　　　　　　　　　　使用部门负责人:赵红德

表 4-5-2 　　　　　　　　　　　　　固定资产处置申请单

2019 年 1 月 11 日

固定资产名称	设备 Q	单位	台	型号	略	数量	1
资产编号	01-02-0005	停用时间	2019 年 1 月	购建时间	2013 年 2 月	存放地点	车间
已提折旧月数	70 月	原值	75 000.00	累计折旧	42 000.00		
有效使用年限	10 年	月折旧额	600.00	净值	33 000.00		
处置原因:与苏州至诚有限公司资产交换材料。							
财务部门意见: 同意处置　李玉 　　　　　　　　　2019 年 1 月 11 日				公司领导意见: 同意处置　闵小雯 　　　　　　　　　2019 年 1 月 11 日			

上述原始凭证中:

表 4-5-1 是固定资产处置申请单,应作为处置固定资产的记账依据。该原始凭证注明,拟与苏州致诚有限公司资产交换的固定资产是生产车间的设备 P,"原值"是 80 000.00 元,截至 2018 年 12 月 31 日,"累计折旧"是 44 800.00 元,这表明本公司将换出设备 P,进行会计核算时,首先,应计提 1 月份的折旧 640.00 元,其分录与本月计提折旧/摊销的分录合并完成,连同截至上月月末"累计折旧"42 000.00 元,应记入"累计折旧"科目的借方;其次,应将截至 2019 年 1 月 11 日设备 P 的账面净值转入固定资产清理,即"原值"80 000.00 元应记入"固定资产——生产设备——P"科目的贷方,截至 2019 年 1 月 11 日的累计折旧账面余额 45 440.00 元应记入"累计折旧"科目的借方,差额 34 560.00 元为设备 P 的账面净值,应记入"固定资产清理——生产设备——P"科目的借方。

表 4-5-2 是固定资产处置申请单,应作为处置固定资产的记账依据。该原始凭证注明,

拟与苏州致诚有限公司资产交换的固定资产是生产车间的设备 Q,“原值”是 75 000.00 元,截至 2018 年 12 月 31 日,“累计折旧”是 42 000.00 元,这表明本公司将换出设备 Q,进行会计核算时,首先,应计提 1 月份的折旧 600.00 元,其分录与本月计提折旧/摊销的分录合并完成,连同截至上月月末“累计折旧”42 000.00 元,应记入“累计折旧”科目的借方;其次,应将截至 2019 年 1 月 11 日设备 Q 的账面净值转入固定资产清理,即“原值”80 000.00 元应记入“固定资产——生产设备——Q”科目的贷方,截至 2019 年 1 月 11 日的累计折旧账面余额 42 600.00 元应记入“累计折旧”科目的借方,差额 32 400.00 元为设备 Q 的账面净值,应记入“固定资产清理——生产设备——Q”科目的借方。

根据上述分析,该笔业务在 T+系统中的操作流程如下:

(1) 填制资产处置单:以资产会计“805102”周晓明的身份于 2019-01-11 登录。在“资产管理”——“业务处理”中选择“资产处置”,处置方式选择“交换转出”,资产编码分别选择“01-02-004”和“01-02-005”,单击“保存”按钮,如图 4-5-1 所示。

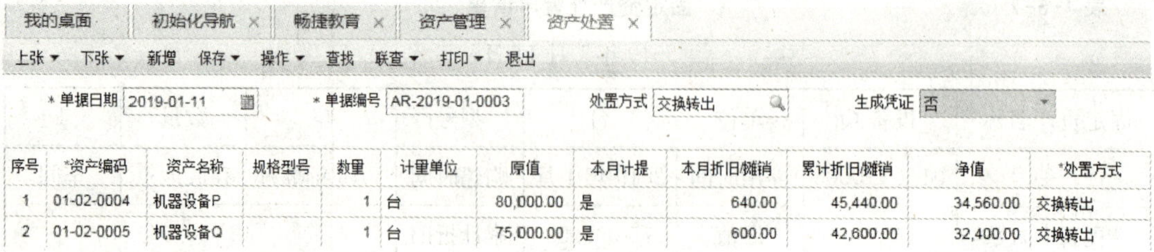

序号	*资产编码	资产名称	规格型号	数量	计量单位	原值	本月计提	本月折旧/摊销	累计折旧/摊销	净值	*处置方式
1	01-02-0004	机器设备P		1	台	80,000.00	是	640.00	45,440.00	34,560.00	交换转出
2	01-02-0005	机器设备Q		1	台	75,000.00	是	600.00	42,600.00	32,400.00	交换转出

图 4-5-1　资产处置页面

(2) 生成凭证:以资产会计“805102”周晓明的身份于 2019-01-11 登录。在“总账”——“日常业务”中单击“单据生凭证”,在选择来源单据中勾选“处置单”;单击“下一步”按钮,在选择查询条件中默认,单击“下一步”按钮,在查询结果中出现一条记录,单击“生成凭证”命令,附单据数改为“2”,对固定资产清理科目分别选择辅助项为“设备 P”和“设备 Q”,凭证保存,如图4-5-2所示。

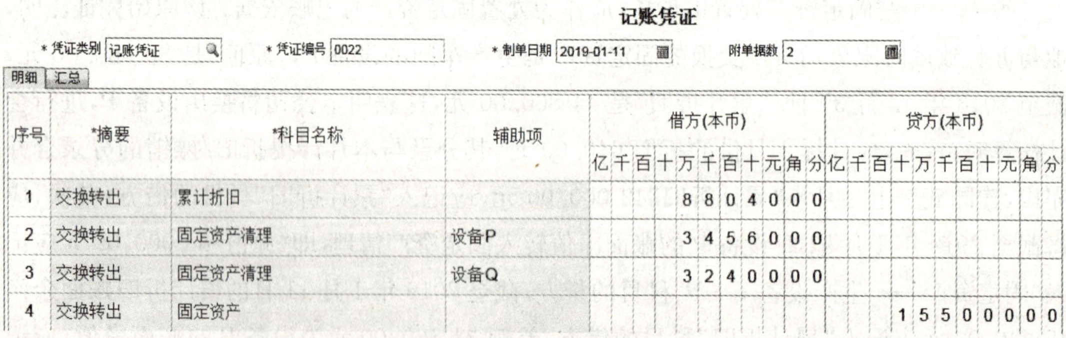

序号	*摘要	*科目名称	辅助项	借方(本币)	贷方(本币)
1	交换转出	累计折旧		8804000	
2	交换转出	固定资产清理	设备P	3456000	
3	交换转出	固定资产清理	设备Q	3240000	
4	交换转出	固定资产			15500000

图 4-5-2　[业务 4-5]凭证

【业务 4-6】 1 月 11 日,取得原始凭证 5 张,经办:杨琳。

表 4-6-1

江苏增值税专用发票　　　　NO.43762094

3201092098

此联不作报销、扣税凭证使用

开票日期：2019年01月11日

购买方	名　　称：无锡智远有限责任公司 纳税人识别号：913202568450654101 地址、电话：长河东路 176 号　85390891 开户行及账号：建行无锡三联支行 09275242412				密码区	1<09/50/7012<98+1*0198<<-0621/32101 16983/9826*>091221<092-12810*<09121 87/29824/*90-12/*11+83-0911-*408134 54/091/872-0916+8206-/81261+86282-0		
货物或应税劳务、服务名称	规格型号	单位	数量	单价	金　额	税率	税　额	
*塑料加工设备*P		台	1	52400.00	52400.00	16%	8384.00	
*塑料加工设备*Q		台	1	42000.00	42000.00	16%	6720.00	
合　　计					¥94400.00		¥15104.00	
价税合计（大写）　　　壹拾万玖仟伍佰零肆元整　（小写）¥109504.00								
销售方	名　　称：南京大唐股份有限公司 纳税人识别号：913201981927430131 地址、电话：大同路 980 号　80981888 开户行及账号：南京市建邺区支行 23636442090				备注			

收款人：　　　　复核：　　　　　开票人：周晓明　　　销货单位（章）

第一联　记账联　销售方记账凭证

表 4-6-2

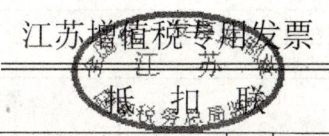

江苏增值税专用发票　　　　NO.90762187

3202091291

抵　扣　联

开票日期：2019年01月11日

购买方	名　　称：南京大唐股份有限公司 纳税人识别号：913201981927430131 地址、电话：大同路 980 号　80981888 开户行及账号：南京市建邺区支行 23636442090				密码区	0<09/50/7902<98+1*0198<<-0621/32101 13383/9826*>091651<092-12810*<09121 87/29824/*90-10/*12+83-0911-*408134 54/091/872-0916+8226-/81261+86282-0		
货物或应税劳务、服务名称	规格型号	单位	数量	单价	金　额	税率	税　额	
*塑料制品*HJ		千克	350	140.00	49000.00	16%	7840.00	
*塑料制品*S11		千克	300	129.00	38700.00	16%	6192.00	
合　　计					¥87700.00		¥14032.00	
价税合计（大写）　　　壹拾万壹仟柒佰叁拾贰元整　（小写）¥101732.00								
销售方	名　　称：无锡智远有限责任公司 纳税人识别号：913202568450654101 地址、电话：长河东路 176 号　85390891 开户行及账号：建行无锡三联支行 09275242412				备注	无锡智远有限责任公司 913202568450654101 发票专用章		

收款人：　　　　复核：　　　　　开票人：黄明雨　〔1〕销货单位（章）

第二联　抵扣联　购买方扣税凭证

表 4-6-3

3202091291

NO. 90762187

开票日期：2019年01月11日

购买方	名　　称：南京大唐股份有限公司 纳税人识别号：913201981927430131 地址、电话：大同路 980 号　80981888 开户行及账号：南京市建邺区支行 23636442090	密码区	0<09/50/7902<98+1*0198<<-0621/32101 13383/9826*>091651<092-12810*<09121 87/29824/*90-10/*12+83-0911-*408134 54+091/872-0916+8226-/81261+86282-0

货物或应税劳务、服务名称	规格型号	单位	数量	单价	金　额	税率	税　额
塑料制品 HJ		千克	350	140.00	49000.00	16%	7840.00
塑料制品 S11		千克	300	129.00	38700.00	16%	6192.00
合　　计					¥87700.00		¥14032.00

价税合计（大写）	壹拾万壹仟柒佰叁拾贰元整　　（小写）¥101732.00

销售方	名　　称：无锡智远有限责任公司 纳税人识别号：913202568450654101 地址、电话：长河东路 176 号　85390891 开户行及账号：建行无锡三联支行 09275242412	备注	无锡智远有限责任公司 913202568450654101 发票专用章

收款人：　　　　　　复核：　　　　　　开票人：黄时雨　　　　销货单位（章）

第三联　发票联　购买方记账凭证

表 4-6-4　　　　　　　　　收 料 单

供应单位：无锡智远有限责任公司　　　　2019 年 1 月 11 日　　　　　　编号：230007

材料编号	名称	单位	规格	数　量		实际成本			
				应收	实收	单价	发票价格	运杂费	合计
C1001	HJ	千克		350	350				
C1002	S11	千克		300	300				
备注：									

收料人：邹明珠　　　　　　　　　　　　　　　　　交料人：林菊

第二联　记账联

表 4-6-5

中国建设银行进 账 单（收款通知）3

2019 年 1 月 11 日

出票人	全称	无锡智远有限责任公司	收款人	全称	南京大唐股份有限公司
	账号	09275242412		账号	23636442090
	开户银行	建行无锡三联支行		开户银行	南京市建邺区支行

金额	人民币（大写）　柒仟柒佰柒拾贰元整	亿	千	百	十	万	千	百	十	元	角	分
							7	7	7	2	0	0

票据种类	转账支票	票据张数	1
票据号码	3200456764009172		
复核		记账	

中国建设银行股份有限公司
建邺区支行
2019.01.11
办讫章
（1）

开户银行签章

此联是收款人开户银行交给收款人的收账通知

注：该项业务既涉及非货币性资产又涉及货币性资产，且货币性资产占整个资产交换金额的比例为 7 772/(52 400＋42 000＋15 104)＝3.81%＜25%，因此该业务为非货币资产交换业务。

上述原始凭证中：

表 4-6-1 是江苏增值税专用发票的第一联记账联，此联应作为销售方的记账依据。该原始凭证注明，"销售方"是本公司，"购买方"是无锡智远有限责任公司，"货物或应税劳务、服务名称"是 P 和 Q，结合表 4-5-1 和表 4-5-2 表明本公司将设备 P 和 Q 换给了无锡智远有限责任公司，应视同销售，进行会计核算时，"金额"52 400.00 元和 42 000.00 元应分别记入"固定资产清理——生产设备——P"和"固定资产清理——生产设备——Q"科目的贷方，"税额"合计 15 104.00 元应记入"应交税费——应交增值税——销项税额"科目的贷方。

表 4-6-2 是江苏增值税专用发票的第二联抵扣联，此联应作为购买方抵扣进项税额的依据。该抵扣联不能作为记账凭证的附件，专门用于在规定期限内到税务机关办理认证或在平台办理勾选确认，并在认证通过或勾选确认的次月申报期内，向主管税务机关申报抵扣进项税额。

表 4-6-3 是江苏增值税专用发票的第三联发票联，此联应作为购买方的记账依据。该原始凭证注明，"购买方"是本公司，"销售方"无锡智远有限责任公司，"货物或应税劳务、服务名称"是 HJ 和 S11，结合表 4-5-1 和表 4-5-2 表明本公司从无锡智远有限责任公司换入了 HJ 和 S11。

表 4-6-4 是收料单的第二联记账联，此联应作为收到材料的记账依据。该原始凭证注明，"供应单位"是无锡智远有限责任公司，"材料名称"分别是材料 HJ 和 S11，"数量"分别是 350 千克和 300 千克，这表明本公司向镇江网淘有限责任公司的 350 千克原材料 HJ 和 300 千克原材料 S11 已经全部验收入库。

根据表 4-6-2 至表 4-6-4 进行会计核算时，"金额"49 000.00 元应记入"原材料——HJ"科目的借方；"金额"38 700.00 元应记入"原材料——S11"科目的借方，"税额"合计 14 032.00 元应记入"应交税费——应交增值税——进项税额"科目的借方。

表 4-6-5 是中国建设银行进账单收款通知，此联应作为收款方收款的记账依据。"出票人"是无锡智远有限责任公司，"收款人"是本公司，"收款人账号"是 23636442090，这表明本公司建行基本户 23636442090 收到了无锡智远有限责任公司支付的款项，进行会计核算时，"金额"7 772.00 元应记入"银行存款——人民币户——中国建设银行南京市建邺区支行（23636442090）"科目的借方。

根据上述分析，该笔业务在 T＋系统中的操作流程如下：

（1）填制收入单：以存货会计"805104"的身份于 2019-01-11 登录。在"往来现金——单据"中选择"收入单"，业务类型选择"往来收入"，票据类型选择"专用发票"，往来单位选择"无锡智远有限责任公司"（在"基础设置——基本信息"中选择"往来单位"，在"非货币资产交换单位"分类下，新增往来单位"无锡智远有限责任公司"，属性为"客户/供应商"，报价含税，保存后选择），在表体中显示项目，项目选择"设备 P"，收入名称选择"固定资产"，税率改为"16"，金额录入"52 400.00"，在下一行，项目选择"设备 Q"，收入名称选择"固定资产"，税率改为"16"，金额录入"42 000.00"其他信息自动生成，在现结金额栏中，选择结算方式为

"转账支票",账号选择"基本结算户",金额录入"7 772.00",票据号录入"64009172"(支票结算方式票据号取后 8 位,其他结算方式票据号全部录入),保存并审核,如图 4-6-1 所示。

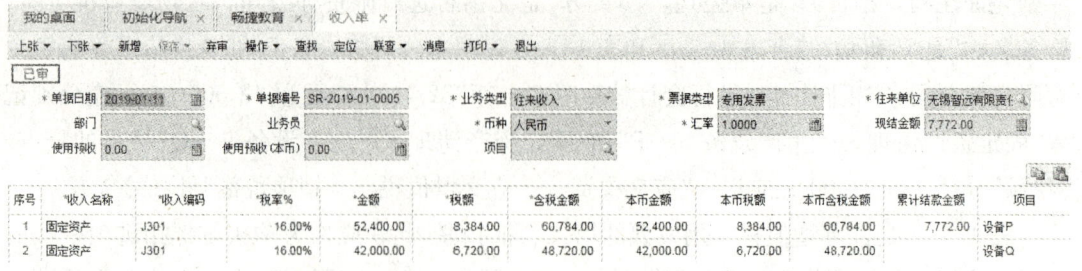

图 4-6-1 收入单页面

(2) 填制进货单:以存货会计"805104"的身份于 2019-01-11 登录。在"采购管理"——"单据"中选择"进货单",供应商选择"无锡智远有限责任公司",业务员选择"杨琳",存货名称分别选择"HJ"和"S11",数量分别录入"350.00"和"300.00",单价分别录入"140.00"和"129.00",保存并审核,如图 4-6-2 所示。

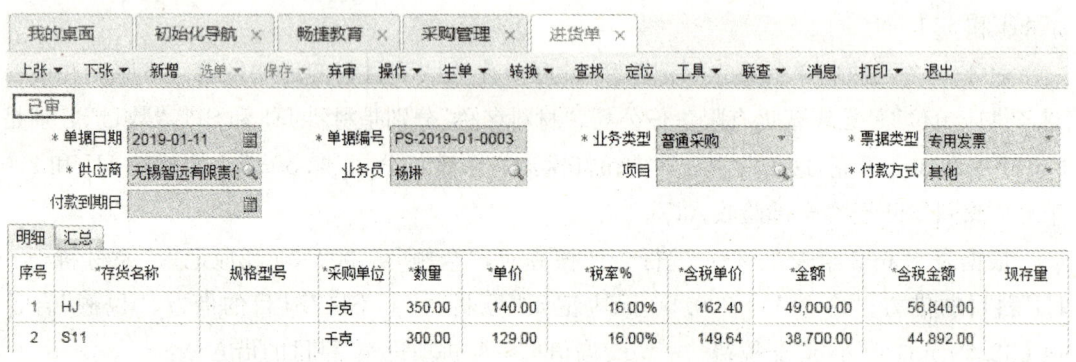

图 4-6-2 [业务 4-6]进货单

(3) 生成采购发票:以存货会计"805104"的身份于 2019-01-11 登录。在"采购管理"——"单据"中选择供应商为"无锡智远有限责任公司"的已存在"进货单",选择"生单——生成采购发票(普通采购)",发票号录入"90762187",保存并审核,如图 4-6-3 所示。

图 4-6-3 [业务 4-6]采购发票

（4）生成采购入库单：以存货会计"805104"的身份于 2019-01-11 登录。在"采购管理"——"单据"中选择供应商为"无锡智远有限责任公司"的已存在"进货单"，选择"生单——生成采购采购入库单（普通采购）"，单据编号改为"230007"，仓库选择"综合库"，保存并审核，如图 4-6-4 所示。

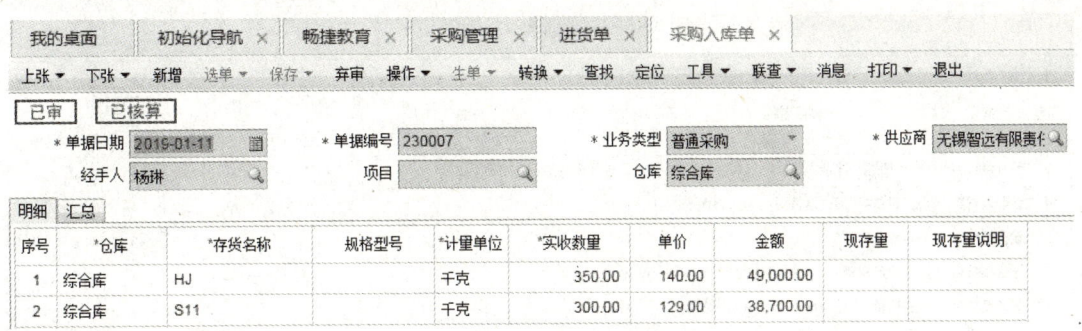

图 4-6-4　[业务 4-6]采购入库单

（5）应收冲应付：以存货会计"805104"的身份于 2019-01-11 登录。在"往来现金"——"往来冲销"中选择"应收冲应付"，结算客户和供应商均选择"无锡智远有限责任公司"，在应收冲销明细中"选单"，选择"收入单"，在应付冲销明细中"选单"，选择"采购发票"，在冲销金额合计中录入"101 732.00"，单击"分摊"按钮，然后保存，如图 4-6-5 所示。

序号	单据类型	单据日期	单据编号	币种	汇率	金额	未结款金额	冲销金额	冲销金额(本币)
1	收入单	2019-01-11	SR-2019-01-...	人民币	1.0000	109,504.00	101,732.00	101,732.00	101,732.00

图 4-6-5　[业务 4-6]应收冲应付

（6）生成凭证：以存货会计"805104"的身份于 2019-01-11 登录。在"总账"——"日常业务"中选择"单据生凭证"，在选择来源单据中勾选"采购发票""采购入库单""应收冲应付"及"收入单"；单击"下一步"按钮，在选择查询条件中默认，单击"下一步"按钮，在查询结果中出现 4 条记录，勾选按合并规则生成凭证，合并号均改为"1"，单击"生成凭证"命令，附单据数改为"4"，摘要均改为"设备换原材料"，银行存款科目完美辅助核算并选择流量项目为"10"，保存，如图 4-6-6 和图 4-6-7 所示。

记账凭证

凭证类别 记账凭证　　凭证编号 0023　　制单日期 2019-01-11　　附单据数 4

明细 汇总

序号	*摘要	*科目名称	辅助项	计量	借方(本币) 亿 千 百 十 万 千 百 十 元 角 分	贷方(本币) 亿 千 百 十 万 千 百 十 元 角 分
1	设备换材料	原材料	S11	千克	3 8 7 0 0 0 0	
2	设备换材料	原材料	HJ	千克	4 9 0 0 0 0 0	

图 4-6-6　[业务 4-6]凭证一

序号	*摘要	*科目名称	辅助项	计量	借方(本币) 亿 千 百 十 万 千 百 十 元 角 分	贷方(本币) 亿 千 百 十 万 千 百 十 元 角 分
3	设备换材料	银行存款——建行人民币户23636442090	转账支票 64009172 …		7 7 7 2 0 0	
4	设备换材料	应交税费——应交增值税——进项税额			1 4 0 3 2 0 0	
5	设备换材料	固定资产清理	设备P			5 2 4 0 0 0 0
6	设备换材料	固定资产清理	设备Q			4 2 0 0 0 0 0
7	设备换材料	应交税费——应交增值税——销项税额				1 5 1 0 4 0 0

图 4-6-7　[业务 4-6]凭证二

【业务 4-7】　1 月 11 日,取得原始凭证 2 张。

表 4-7-1　　　　　　　固定资产处置结果表

2019 年 1 月 11 日

固定资产名称	设备 P	原价	80 000.00	已提折旧	45 440.00
净值	34 560.00	出售价格(不含税)	52 400.00	清理费用	
出售净损益	17 840.00				
财务部门意见: 净损益按《企业会计准则》处理　李玉 2019 年 1 月 11 日			公司领导意见: 同意　闵小雯 2019 年 1 月 11 日		

表 4-7-2　　　　　　　固定资产处置结果表

2019 年 1 月 11 日

固定资产名称	设备 Q	原价	75 000.00	已提折旧	42 600.00
净值	32 400.00	出售价格(不含税)	42 000.00	清理费用	
出售净损益	9 600.00				
财务部门意见: 净损益按《企业会计准则》处理　李玉 2019 年 1 月 11 日			公司领导意见: 同意　闵小雯 2019 年 1 月 11 日		

上述原始凭证中:

表 4-7-1 是固定资产处置结果表,应作为确认固定资产处置净损益的记账依据。该原始

凭证注明,被换出的设备 P 在清理结束时出现的"出售净损益"是 17 840.00 元,这表明本公司换出设备 P 应确认净收益,进行会计核算时,净收益 17 840.00 元应分别记入"固定资产清理——生产设备——P"科目的借方以及"资产处置损益——非货币性资产交换利得"科目的贷方。

表 4-7-2 是固定资产处置结果表,应作为确认固定资产处置净损益的记账依据。该原始凭证注明,被换出的设备 Q 在清理结束时出现的"出售净损益"是 9 600.00 元,这表明本公司换出设备 Q 应确认净收益,进行会计核算时,净收益 9 600.00 元应分别记入"固定资产清理——生产设备——Q"科目的借方以及"资产处置损益——非货币性资产交换利得"科目的贷方。

根据上述分析,该笔业务在 T+系统中的操作流程如下:

填制凭证:以资产会计"805102"周晓明的身份于 2019-01-11 登录。在"总账"——"日常业务"中选择"填制凭证",填制如图 4-7-1 所示的凭证并保存。

记账凭证

*凭证类别 记账凭证　　*凭证编号 0024　　*制单日期 2019-01-11　　附单据数 2　　张

明细　汇总

序号	*摘要	*科目名称	辅助项	借方(本币)	贷方(本币)
1	结转设备清理净损益	固定资产清理	设备P	1784000	
2	结转设备清理净损益	固定资产清理	设备Q	960000	
3	结转设备清理净损益	资产处置损益——非货币性资产交换利得			2744000

图 4-7-1　[业务 4-7]凭证

【业务 4-8】　1 月 12 日,取得原始凭证 3 张,经办:黄晓琴。

表 4-8-1

江苏增值税专用发票　　NO.43762095

3201092098

此联不作报销、扣税凭证使用

开票日期:2019年01月12日

购买方	名　称: 南京成玖有限公司 纳税人识别号: 913201568459824123 地址、电话: 莫愁东路 32 号　89830891 开户行及账号: 招行南京大风支行 9725249823	密码区	2<11/21/7012<98+1*0193<<+1621/32101 16983/9826*>091221<092-12810<<09121 87/29824/*90-12/*11+21-0911-*408134 54+872/872-0916+8206-/81261+86282-0
货物或应税劳务、服务名称	规格型号	单位	数量	单价	金额	税率	税额
*塑料制品*MS02		件	100	1166.00	116600.00	16%	18656.00
合　计					¥116600.00		¥18656.00
价税合计(大写)	壹拾叁万伍仟贰佰伍拾陆元整　(小写)¥135256.00						
销售方	名　称: 南京大唐股份有限公司 纳税人识别号: 913201981927430131 地址、电话: 大同路 980 号　80981888 开户行及账号: 南京市建邺区支行 23636442090	备注	换入专有技术 MJF

收款人:　　复核:　　开票人:周晓明　　销货单位(章)

第一联　记账联　销售方记账凭证

表 4-8-2

江苏增值税专用发票   NO. 76209543

3201097802

开票日期：2019年01月12日

购买方	名　　　称：南京大唐股份有限公司 纳税人识别号：913201981927430131 地址、电话：大同路 980 号　80981888 开户行及账号：南京市建邺区支行 23636442090	密码区	0<09/50/7902<98+1*0198<<-0621/32101 13383/9826*>091651<092-12810*<09121 87/29824/*90-10/*12+83-0911-*408134 54+091/872-0916+8226-/81261+86282-0

货物或应税劳务、服务名称	规格型号	单位	数量	单价	金　额	税率	税　额
*无形资产*专有技术 MJF		件	1	127600.00	127600.00	6%	7656.00
合　　计					¥127600.00		¥7656.00

价税合计（大写）	壹拾叁万伍仟贰佰伍叁拾陆元整	（小写）¥135256.00

销售方	名　　　称：南京成玖有限公司 纳税人识别号：913201568459824123 地址、电话：莫愁东路 32 号　89830891 开户行及账号：招行南京大风支行 9725249823	备注	913201568459824123 发票专用章

收款人：　　　　复核：　　　　开票人：戴京天　　　　销货单位(章)

第二联　抵扣联　购买方扣税凭证

表 4-8-3

江苏增值税专用发票   NO. 43762095

3201097802

开票日期：2019年01月12日

购买方	名　　　称：南京大唐股份有限公司 纳税人识别号：913201981927430131 地址、电话：大同路 980 号　80981888 开户行及账号：南京市建邺区支行 23636442090	密码区	3<11/50/7902<98+1*0198<<-7521/32101 13383/9826*>091651<092-12810*<13121 87/29824/*90-10/+12+83-0911-*408134 54+091/872-0916+8226-/81261+86282-0

货物或应税劳务、服务名称	规格型号	单位	数量	单价	金　额	税率	税　额
*无形资产*专有技术 MJF		件	1	127600.00	127600.00	6%	7656.00
合　　计					¥127600.00		¥7656.00

价税合计（大写）	壹拾叁万伍仟贰佰伍叁拾陆元整	（小写）¥135256.00

销售方	名　　　称：南京成玖有限公司 纳税人识别号：913201568459824123 地址、电话：莫愁东路 32 号　89830891 开户行及账号：招行南京大风支行 9725249823	备注	913201568459824123 发票专用章

收款人：　　　　复核：　　　　开票人：戴京天　　　　销货单位(章)

第三联　发票联　购买方记账凭证

　　表 4-8-2 是江苏增值税专用发票的第二联抵扣联,此联应作为购买方抵扣进项税额的依据。该抵扣联不能作为记账凭证的附件,专门用于在规定期限内到税务机关办理认证或在平台办理勾选确认,并在认证通过或勾选确认的次月申报期内,向主管税务机关申报抵扣

进项税额。

表 4-8-3 是江苏增值税专用发票的第三联发票联,此联应作为购买方的记账依据。该原始凭证注明,"购买方"是本公司,"销售方"南京成玖有限公司,"货物或应税劳务、服务名称"是专有技术 MJF,结合表 4-8-1 的备注表明本公司从南京成玖有限公司换入了专有技术 MJF。因此,进行会计核算时,"金额"127 600.00 元应记入"无形资产——专有技术 MJF"科目的借方;"税额"7 656.00 应记入"应交税费——应交增值税(进项税额)"科目的借方。

根据上述分析,该笔业务在 T+系统中的操作流程如下:

(1)填制资产卡片:以资产会计"805102"周晓明的身份于 2019-01-11 登录。在"资产管理"——"业务处理"中选择"新增资产",选择"专有技术"分类,资产名称录入"专有技术 MJF",使用状况选择"在用",使用部门选择"办公室",增加方式选择"交换转入",原值录入"127 600.00",往来单位选择"南京成玖有限公司"(在"基础设置——基本信息"选择"往来单位",选择"非货币性资产交换单位",新增单位"南京成玖有限公司"并保存),单击"保存"按钮,如图 4-8-1 所示。

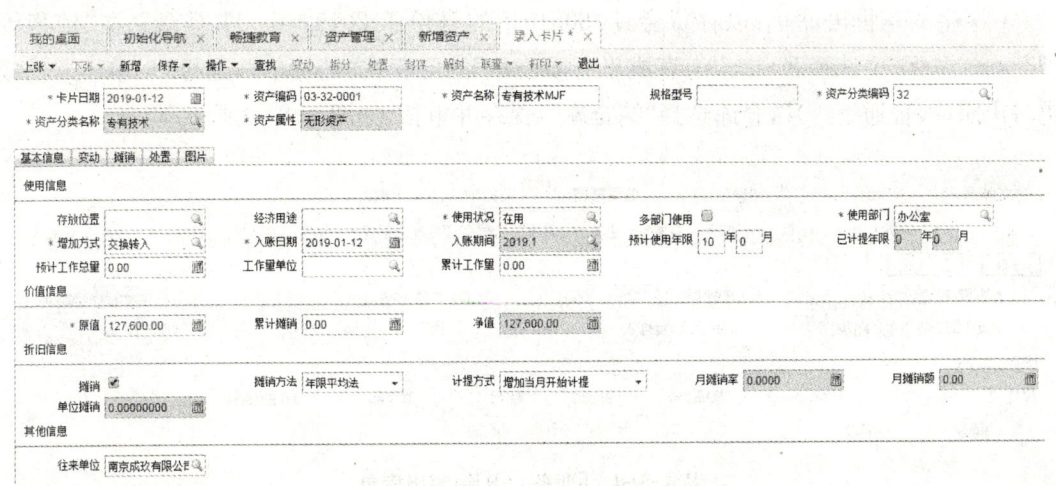

图 4-8-1　新增资产卡片

(2)填制销货单:以存货会计"805104"的身份于 2019-01-11 登录。在"销售管理"——"单据"中选择"销货单",客户选择"南京成玖有限公司",业务员选择"黄晓琴",存货名称选择"MS02",数量录入"100.00",单价录入"1 166.00",保存并审核,如图 4-8-2 所示。

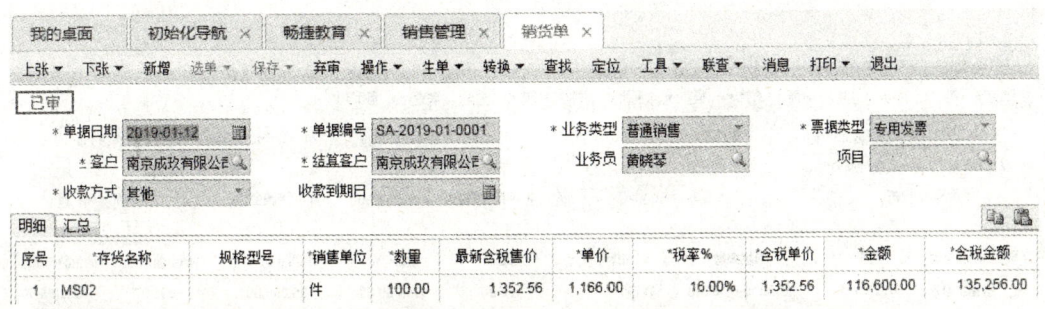

图 4-8-2　[业务 4-8]销货单

(3) 生成销售发票：以存货会计"805104"的身份于 2019-01-11 登录。在"销售管理"——"单据"中选择客户为"南京成玖有限公司"的已存在"销货单"，选择"生单——生成销售发票(普通销售)"，发票号录入"43762095"，保存并审核，如图 4-8-3 所示。

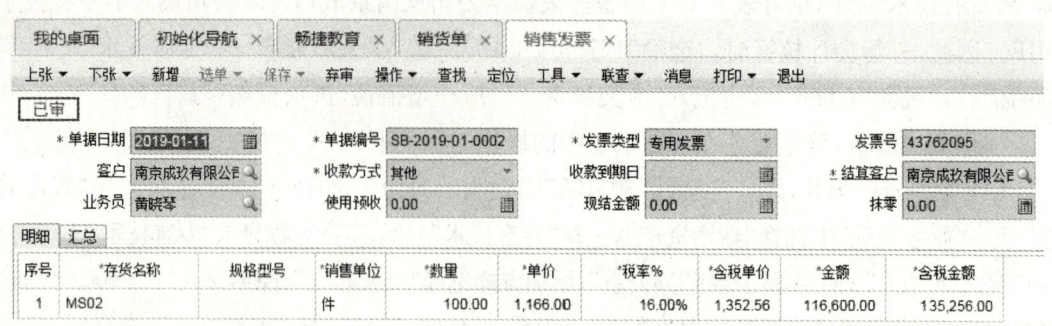

图 4-8-3　[业务 4-8]销售发票

(4) 生成销售出库单：以存货会计"805104"的身份于 2019-01-11 登录。在"销售管理"——"单据"中选择客户为"南京成玖有限公司"的已存在"销货单"，选择"生单——生成销售出库单(普通销售)"，仓库选择"综合库"，保存并审核，如图 4-8-4 所示。

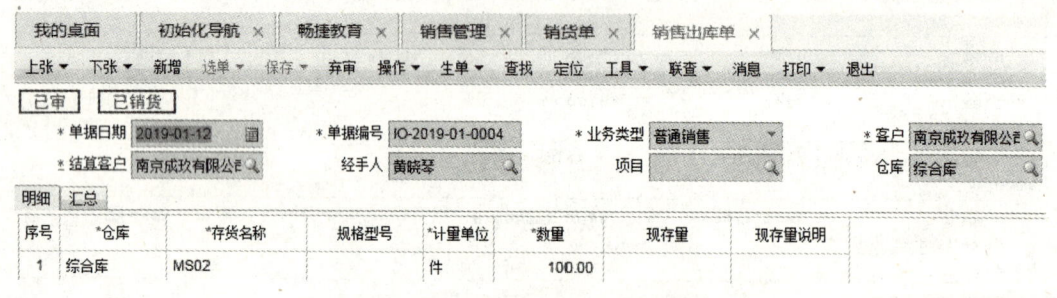

图 4-8-4　[业务 4-8]销售出库单

(5) 应收冲应收：以存货会计"805104"的身份于 2019-01-11 登录。在"往来现金"——"往来冲销"中选择"应收冲应收"，转出和转入结算客户均选择"南京成玖有限公司"，单击"选单"按钮，选择"销售发票"，转入项目选择"专利"，在冲销金额合计中录入"135 256.00"，单击"分摊"按钮，然后保存，如图 4-8-5 所示。

图 4-8-5　[业务 4-8]应收冲应收

（6）生成凭证：以存货会计"805104"的身份于 2019-01-11 登录。在"总账"——"日常业务"中选择"科目设置"，在资产对方科目扩展设置中，单据类型选择"资产卡片"，业务类型选择"交换转入"，科目设置为"应收账款——人民币户"；在"总账——日常业务"中选择"单据生凭证"，在选择来源单据中勾选"销售发票""应收冲应收""资产卡片"；单击"下一步"按钮，在选择查询条件中默认，单击"下一步"按钮，在查询结果中出现 2 条记录，勾选按合并规则生成凭证，合并号均改为"1"，单击"生成凭证"命令，附单据数改为"2"，摘要均改为"产品换专有技术"，保存，如图 4-8-6 所示。

记账凭证

| 凭证类别 记账凭证 | 凭证编号 0025 | * 制单日期 2019-01-12 | 附单据数 2 |

序号	*摘要	科目名称	辅助项	计量	借方(本币)	贷方(本币)
					亿千百十万千百十元角分	亿千百十万千百十元角分
1	产品换专有技术	无形资产			1 2 7 6 0 0 0 0	
2	产品换专有技术	应交税费—应交增值税—进项税额			7 6 5 6 0 0	
3	产品换专有技术	主营业务收入—人民币户	MS02	件		1 1 6 6 0 0 0 0
4	产品换专有技术	应交税费—应交增值税—销项税额				1 8 6 5 6 0 0

图 4-8-6　[业务 4-8]凭证

第五章 债务重组业务会计电算化处理

【业务5-1】 1月12日，取得原始凭证4张。

表 5-1-1　　　　　　　　　　　　债务重组协议

甲方:南京大唐股份有限公司
地址:南京市国家高新区大同路 980 号　　　　法定代表人:闵小雯　电话:025-80981888
乙方:苏州明风股份有限公司
地址:苏州吴中区纪念路 13 号　　　　　　　　法定代表人:龙小吕　电话:0512-86092721

　　截至本协议签署日,乙方欠甲方货款合计 60 000.00 元。乙方发生财务困难,今协议各方有意就其之间债权债务关系进行债务重组,达成如下协议:

　　1. 甲方同意乙方以专有技术 TV(含税价格 42 400.00 元)抵偿债务,专有技术应于 2019 年 1 月 11 日独家许可甲方使用,且乙方不得再使用。

　　2. 甲方取得后专有技术 TV 独家使用权后,乙方与甲方之间债务消灭,不再具有债权债务关系。

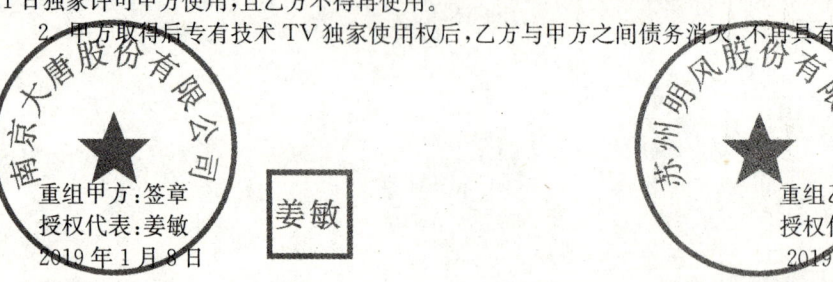

重组甲方:签章　　　　　　　　　　　　　　　　　　重组乙方:签章
授权代表:姜敏　　　　　　　　　　　　　　　　　　授权代表:黄晓明
2019 年 1 月 8 日　　　　　　　　　　　　　　　　　2019 年 1 月 8 日

表 5-1-2　　　　　　　　　　　　债务重组损失计算表
2019 年 1 月 12 日

项　　　目	金　　　额
重组债权账面价值	60 000.00
减:收到的现金	
减:受让非现金资产公允价值(加不单独支付的增值税)	42 400.00
减:股份的公允价值	
减:重组后债权账面价值	0
减:已计提坏账准备	3 000.00
债务重组损失	14 600.00

表 5-1-3

江苏增值税专用发票

抵 扣 联

3205087034

NO. 53017625

开票日期：2019年01月12日

购买方	名　　　称：南京大唐股份有限公司 纳税人识别号：913201981927430131 地址、电话：南京市国家高新区大同路 980 号 开户行及账号：南京市建邺区支行 23636442090			密码区	3<11/50/7902<98+1*0198<<-7521/32101 13383/9826*>091651<092-12810*<09121 87/29824/*90-10/*12+83-0911-*408134 54+091/872-0916+8226-/81261+86282+1				
货物或应税劳务、服务名称	规格型号	单位	数量	单价	金　额	税率	税　额		
*无形资产*专有技术 TV		件	1	40000.00	40000.00	6%	2400.00		
合　　　计					¥40000.00		¥2400.00		
价税合计（大写）		肆万贰仟肆佰元整		（小写）¥42400.00					
销售方	名　　　称：苏州明风股份有限公司 纳税人识别号：913205568450124118 地址、电话：吴中区纪念路 13 号　86092721 开户行及账号：中行苏州分行 8760283011			备注	苏州明风股份有限公司 913205568450124118 发票专用章				

收款人：　　　复核：　　　开票人：何大鹏　　　销货单位（章）

（第二联　抵扣联　购买方扣税凭证）

表 5-1-4

江苏增值税专用发票

发 票 联

3205087034

NO. 53017625

开票日期：2019年01月12日

购买方	名　　　称：南京大唐股份有限公司 纳税人识别号：913201981927430131 地址、电话：大同路 980 号　80981888 开户行及账号：南京市建邺区支行 23636442090			密码区	3<11/50/7902<98+1*0198<<-7521/32101 13383/9826*>091651<092-12810*<13121 87/29824/*90-10/+12+83-0911-*408134 54+091/872-0916+8226-/81261+86282+1				
货物或应税劳务、服务名称	规格型号	单位	数量	单价	金　额	税率	税　额		
*无形资产*专有技术 TV		件	1	40000.00	40000.00	6%	2400.00		
合　　　计					¥40000.00		¥2400.00		
价税合计（大写）		肆万贰仟肆佰元整		（小写）¥42400.00					
销售方	名　　　称：苏州明风股份有限公司 纳税人识别号：913205568450124118 地址、电话：吴中区纪念路 13 号　86092721 开户行及账号：中行苏州分行 8760283011			备注	苏州明风股份有限公司 913205568450124118 发票专用章				

收款人：　　　复核：　　　开票人：何大鹏　　　销货单位（章）

（第三联　发票联　购买方记账凭证）

　　表 5-1-1 是本公司的债务重组协议，应作为债务重组的依据。该原始凭证注明，苏州明风股份有限公司欠本公司的货款 60 000.00 元，因苏州明风股份有限公司财务困难双方进行债务重组。本公司同意苏州明风股份有限公司以专有技术 TV（含税价格 42 400.00 元）

抵偿债务。

表5-1-2是债务重组损失计算表,应作为确认本公司债务重组损失的记账依据。该原始凭证注明,"重组债权账面价值"为 60 000.00 元,减去"受让非现金资产公允价值"42 400.00 元、"已计提坏账准备"3 000.00 元,应确认"债务重组损失"14 600.00 元。

表5-1-3是江苏增值税专用发票的第二联抵扣联,此联应作为购买方抵扣进项税额的依据。该抵扣联不能作为记账凭证的附件,专门用于在规定期限内到税务机关办理认证或在平台办理勾选确认,并在认证通过或勾选确认的次月申报期内,向主管税务机关申报抵扣进项税额。

表5-1-4是江苏增值税专用发票的第三联发票联,此联应作为购买方的记账依据。该原始凭证注明,"购买方"是本公司,"销售方"是苏州明风股份有限公司,"货物或应税劳务、服务名称"专有技术 TV,这表明本公司从苏州明风股份有限公司取得了专有技术 TV,进行会计核算时,"金额"40 000.00 应记入"无形资产——专有技术——TV"科目的借方,"税额"2 400.00 元应记入"应交税费——应交增值税(进项税额)"科目的借方。

根据表5-1-1和表5-1-2进行会计核算时,"重组债权账面价值"60 000.00 元应当记入"应收账款——南京江北有限公司"科目的贷方,"已计提的坏账准备"3 000.00 元应当记入"坏账准备——应收账款坏账准备"科目的借方,"债务重组损失"14 600.00 元应记入"营业外支出——债务重组损失"科目的借方。

根据上述分析,该笔业务在 T＋系统中的操作流程如下:

(1)填制资产卡片:以资产会计"805102"周晓明的身份于 2019-01-12 登录。在"资产管理"——"业务处理"中选择"新增资产",选择"专有技术"分类,资产名称录入"专有技术 TV",使用状况选择"在用",使用部门选择"办公室",增加方式选择"抵债转入",原值录入"40 000.00",往来单位选择"苏州明风股份有限公司",单击"保存"按钮,如图 5-1-1 所示。

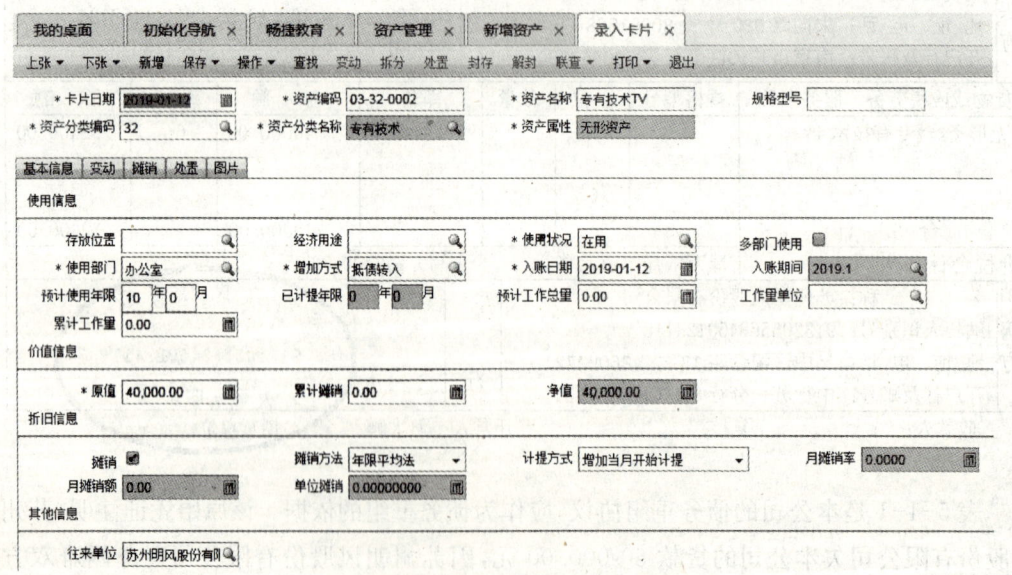

图 5-1-1　[业务 5-1]新增资产卡片

（2）应收冲应收：以存货会计"805104"的身份于 2019-01-12 登录。在"往来现金"——"往来冲销"中选择"应收冲应收"，转出和转入结算客户均选择"苏州明风股份有限公司"，单击"选单"按钮，选择"期初应收"，转入项目选择"专利"，在冲销金额合计中录入"60 000.00"，单击"分摊"按钮，然后保存，如图 5-1-2 所示。

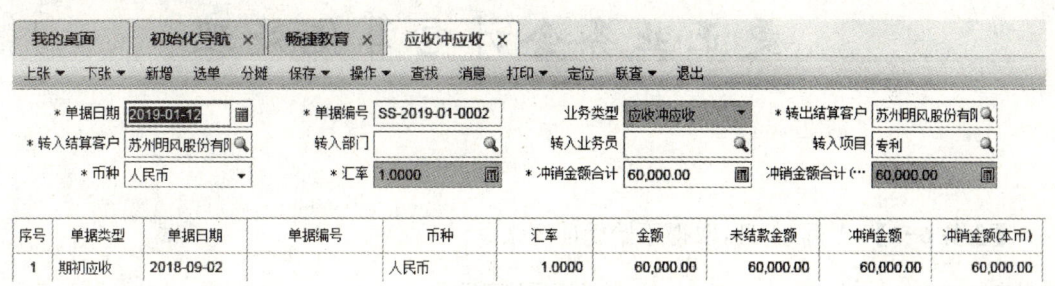

图 5-1-2　[业务 5-1]应收冲应收

（2）生成凭证：以资产会计"805102"周晓明的身份于 2019-01-12 登录。在"总账"——"日常业务"中选择"科目设置"，在资产对方科目扩展设置中，单据类型选择"资产卡片"，业务类型选择"抵债转入"，科目设置为"应收账款——人民币户"；在"总账——日常业务"中选择"单据生凭证"，在选择来源单据中勾选"应收冲应收"和"资产卡片"；单击"下一步"按钮，在选择查询条件中默认，单击"下一步"按钮，在查询结果中出现 2 条记录，勾选"按合并规则设置凭证号"，合并号均设为"1"，单击"生成凭证"命令，附单据数改为"3"，应收账款科目金额改为"60 000.00"，并插入 2 行，分别录入"坏账准备——应收账款坏账准备"科目借方金额"3 000.00"，及录入"营业外支出——债务重组损失"科目借方金额"14 600.00"，保存，如图 5-1-3 所示。

记账凭证

				借方(本币)											贷方(本币)									
序号	*摘要	*科目名称	辅助项	亿	千	百	十	万	千	百	十	元	角	分	亿	千	百	十	万	千	百	十	元	角	分
1	抵债转入	无形资产						4	0	0	0	0	0	0												
2	抵债转入	应交税费——应交增值税——进项税额						2	4	0	0	0	0	0												
3	抵债转入	坏账准备——应收账款坏账准备							3	0	0	0	0	0												
4	抵债转入	营业外支出——债务重组损失						1	4	6	0	0	0	0												
5	抵债转入	应收账款——人民币户	苏州明风股份有限公司																6	0	0	0	0	0	0

图 5-1-3　[业务 5-1]凭证

第六章 会计政策、会计估计变更和差错更正业务会计电算化处理

【业务 6-1】 1 月 31 日,取得原始凭证 3 张。

表 6-1-1　　　　　　　　　　　**特殊事项处理说明**

日期:2019 年 1 月 31 日

说明事项	本公司于 2019 年 1 月 31 日发现销售部 2018 年 2 月购入的设备 L 原值 30 000.00 元,直接列作费用,现将其调整为固定资产,并按月折旧率 0.008 补提以前年度折旧 2 400.00 元,并追溯调整以前年度未分配利润及法定盈余公积。

批准:闵小雯　　　　　　　　审核:李玉　　　　　　　　说明人:于玉明

表 6-1-2　　　　　　　　　　**以前年度损益调整结转表**

2019 年 1 月 31 日

项　　目	金　　额
以前年度利润总额	27 600.00
以前年度所得税费用	6 900.00
以前年度净利润	20 700.00

编制:于玉明　　　　　　　　　　　　　　　　　　　　审核:李玉

表 6-1-3　　　　　　　**法定盈余公积计提及利润分配明细项目结转表**

2019 年 1 月 31 日

项　　目	金　　额
提取法定盈余公积	2 070.00

编制:于玉明　　　　　　　　　　　　　　　　　　　　审核:李玉

上述原始凭证中:

表 6-1-1 是特殊事项说明,此表应作为调增固定资产和补提固定资产折旧的记账依据。该原始凭证的内容表明,本公司应调增固定资产——设备 L 的原值 30 000.00 元,并计补提 2018 年 3~12 月的折旧 2 400.00 元。

表 6-1-2 是以前年度损益调整结转表,此表作为追溯调整未分配利润记账依据。该原始凭证注明的内容表明,应调减 2018 年度利润总额 27 600.00 元及净利润 20 700.00 元,并

相应调减 2018 年年末未分配利润 20 700.00 元。

　　表 6-1-3 是法定盈余公积计提及利润分配明细项目结转表,应作为根据以前年度净利润调整而相应调整法定盈余公积和未分配利润的记账依据。该原始凭证注明的内容表明,应调增 2018 年法定盈余公积 2 070.00 元,并相应调减 2018 年年末未分配利润 2 070.00 元。

　　根据表 6-1-1 至表 6-3-3 进行会计核算时,首先,"金额"30 000.00 元应记入"固定资产——设备 L"科目的借方,"金额"27 600.00 元应记入"以前年度损益调整——管理费用"科目的贷方,"金额"2 400.00 应记入"累计折旧"科目的贷方;其次,追溯调整 2018 年度的递延所得税资产,金额 27 600.00 元乘 25% 的所得税税率得出所得税金额 6 900.00 元应分别记入"以前年度损益调整——所得税费用"科目的借方以及"递延所得税资产——固定资产加速折旧"科目的贷方;再次,应追溯调整未分配利润,"金额"20 700.00 元应记入"利润分配——未分配利润"科目的贷方,"金额"27 600.00 元应记入"以前年度损益调整——管理费用"科目的借方,"金额"6 900.00 元应记入"以前年度损益调整——所得税费用"科目的贷方;最后,追溯调整法定盈余公积,"金额"2 070.00 元,分别记入"盈余公积——法定盈余公积"科目的贷方以及"利润分配——未分配利润"科目的借方。

　　根据上述分析,该笔业务在 T+系统中的操作流程如下:

　　(1)填制资产卡片:以资产会计"805102"周晓明的身份于 2019-01-31 登录。在"资产管理——业务处理"中选择"新增资产",选择"生产设备"分类,资产名称录入"设备 L",使用状况选择"在用",使用部门选择"销售部",增加方式选择"会计差错更正"(在"基础设置——财务信息"中选择"增减方式",选择"增加方式"分类,新增编号为"0115",名称"会计差错更正",保存并选择),原值录入"30 000.00",累计折旧录入"2 400.00",取消抵扣进项税的勾选,计提方式选择"增加当月开始计提",单击"保存"按钮,如图 6-1-1 所示。

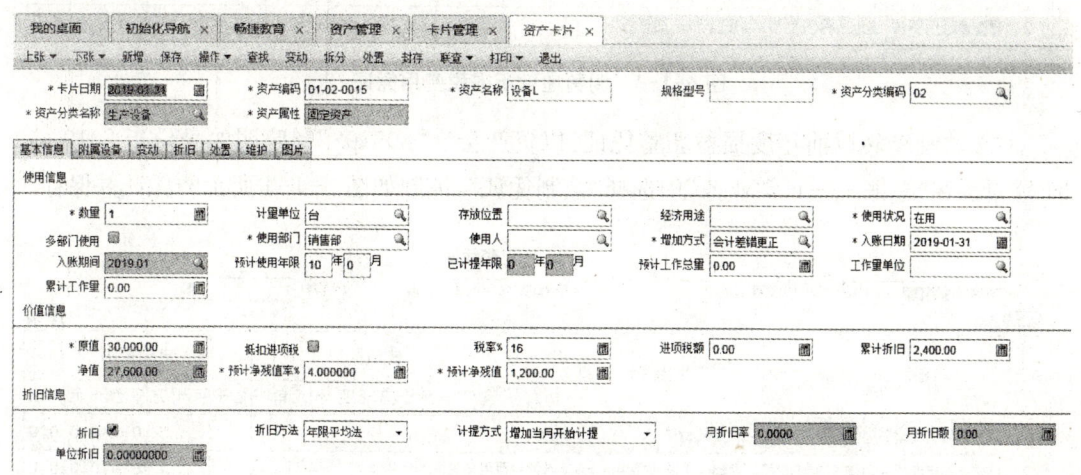

图 6-1-1　新增资产卡片

（2）生成凭证：以资产会计"805102"周晓明的身份于 2019-01-31 登录。在"总账——日常业务"中选择"科目设置"，在资产对方科目扩展设置中，单据类型选择"资产卡片"，业务类型选择"会计差错更正"，科目设置为"以前年度损益调整——管理费用"；在"总账——日常业务"中选择"单据生凭证"，在选择来源单据中勾选"资产卡片"；单击"下一步"按钮，在选择查询条件中默认，单击"下一步"按钮，在查询结果中出现 1 条记录，单击"生成凭证"命令，将"以前年度损益调整"科目的金额移至借方，金额改为"－27 600.00"，保存，如图 6-1-2 所示。

记账凭证

| *凭证类别 | *凭证编号 0027 | | *制单日期 2019-01-31 | 附单据数 1 |

序号	*摘要	*科目名称	借方(本币) 亿 千 百 十 万 千 百 十 元 角 分	贷方(本币) 亿 千 百 十 万 千 百 十 元 角 分
1	会计差错更正	固定资产	3 0 0 0 0 0 0	
2	会计差错更正	累计折旧		2 4 0 0 0 0
3	会计差错更正	以前年度损益调整——管理费用	2 7 6 0 0 0 0	

图 6-1-2 ［业务 6-1]改增设备凭证

（3）填制调整递延所得税费用凭证：以资产会计"805102"周晓明的身份于 2019-01-31 登录。在"总账——日常业务"中选择"填制凭证"，填制如图 6-1-3 所示的凭证并保存。

记账凭证

| *凭证类别 记账凭证 | *凭证编号 0028 | | *制单日期 2019-01-31 | 附单据数 |

序号	*摘要	*科目名称	借方(本币) 亿 千 百 十 万 千 百 十 元 角 分	贷方(本币) 亿 千 百 十 万 千 百 十 元 角 分
1	调整递延所得税	以前年度损益调整——所得税费用——递延所得税费用	6 9 0 0 0 0	
2	调整递延所得税	递延所得税负债——固定资产加速折旧		6 9 0 0 0 0

图 6-1-3 调整递延所得税费用凭证

（4）填制结转以前年度损益调整凭证：以资产会计"805102"周晓明的身份于 2019-01-31 登录。在"总账——日常业务"中选择"填制凭证"，填制如图 6-1-4 所示的凭证并保存。

记账凭证

| *凭证类别 记账凭证 | *凭证编号 0029 | | *制单日期 2019-01-31 | 附单据数 1 |

序号	*摘要	*科目名称	借方(本币) 亿 千 百 十 万 千 百 十 元 角 分	贷方(本币) 亿 千 百 十 万 千 百 十 元 角 分
1	结转以前年度损益调整	利润分配——未分配利润		2 0 7 0 0 0 0
2	结转以前年度损益调整	以前年度损益调整——所得税费用——递延所得税费用		6 9 0 0 0 0
3	结转以前年度损益调整	以前年度损益调整——管理费用		2 7 6 0 0 0 0

图 6-1-4 ［业务 6-1]结转以前年度损益调整凭证

（5）填制补提法定盈余公积凭证：以资产会计"805102"周晓明的身份于 2019-01-31 登录。在"总账"——"日常业务"中选择"填制凭证"，填制如图 6-1-5 所示的凭证并保存。

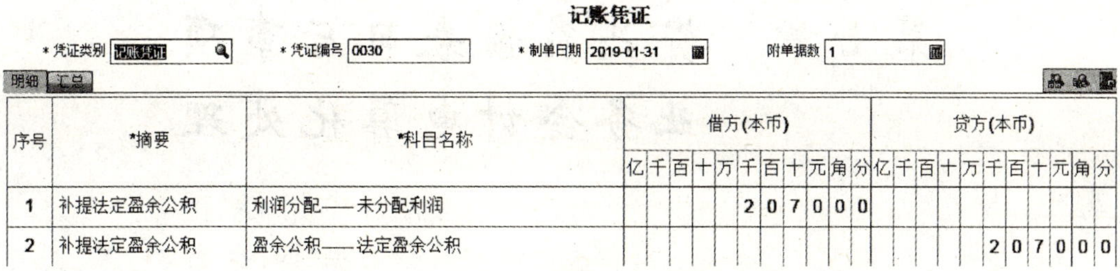

记账凭证

* 凭证类别 记账凭证 🔍 　　* 凭证编号 0030 　　* 制单日期 2019-01-31 🔲 　　附单据数 1 🔲

明细　汇总

序号	*摘要	*科目名称	借方(本币)											贷方(本币)										
			亿	千	百	十	万	千	百	十	元	角	分	亿	千	百	十	万	千	百	十	元	角	分
1	补提法定盈余公积	利润分配——未分配利润						2	0	7	0	0	0											
2	补提法定盈余公积	盈余公积——法定盈余公积																	2	0	7	0	0	0

图 6-1-5　[业务 6-1]补提法定盈余公积凭证

第七章　资产负债表日后事项业务会计电算化处理

【业务 7-1】 1 月 5 日，取得原始凭证 4 张，经办人：黄晓琴。

表 7-1-1

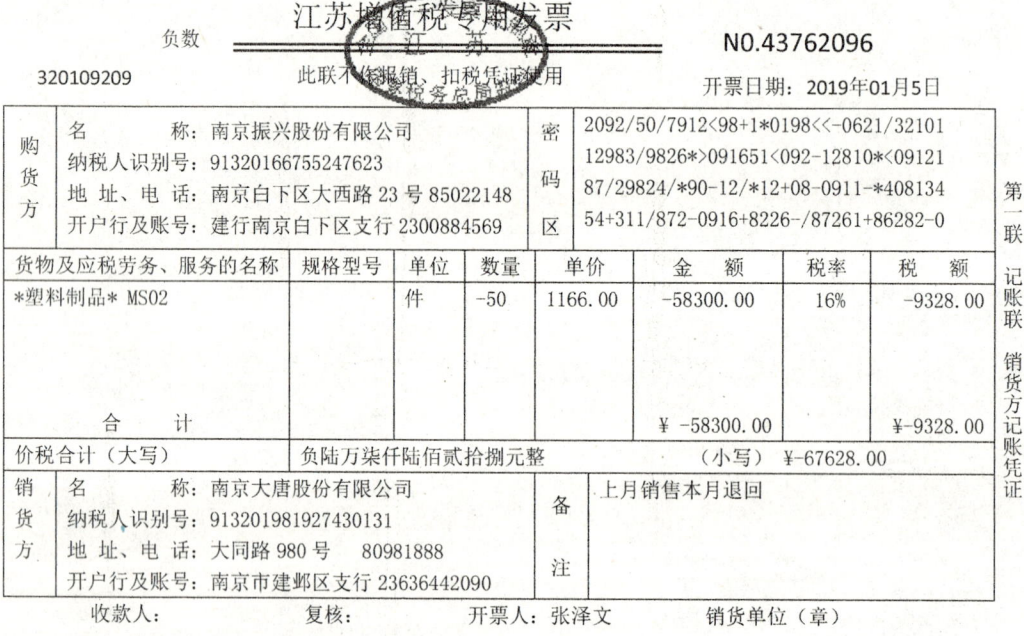

江苏增值税专用发票　　　　　　NO.43762096

负数　　　　　　　　　　　　　　　　开票日期：2019年01月5日

320109209　　　此联不作报销、扣税凭证使用

购货方	名　　　称：南京振兴股份有限公司 纳税人识别号：91320166755247623 地址、电话：南京白下区大西路 23 号 85022148 开户行及账号：建行南京白下区支行 2300884569	密码区	2092/50/7912<98+1*0198<<-0621/32101 12983/9826*>091651<092-12810*<09121 87/29824/*90-12/*12+08-0911-*408134 54+311/872-0916+8226-/87261+86282-0

货物及应税劳务、服务的名称	规格型号	单位	数量	单价	金　额	税率	税　额
塑料制品 MS02		件	-50	1166.00	-58300.00	16%	-9328.00
合　　计					￥-58300.00		￥-9328.00

价税合计（大写）	负陆万柒仟陆佰贰拾捌元整	（小写）　￥-67628.00

销货方	名　　　称：南京大唐股份有限公司 纳税人识别号：91320198192 7430131 地址、电话：大同路 980 号　80981888 开户行及账号：南京市建邺区支行 23636442090	备注	上月销售本月退回

收款人：　　　复核：　　　开票人：张泽文　　　销货单位（章）

表 7-1-2　　　　　　　　　产品入库单

2019 年 1 月 5 日　　　　　　　　　　　编号：109221

产品编号	名称	规格	计量单位	数量	单价	金额	备注
	MS02		件	50	719.36	35 968.00	上月销售
							本月退回

交库人：李金风　　　　　　　　　　　　　　收货人：邹明珠

表 7-1-3　　　　　　　　　　以前年度损益调整结转表

2019 年 01 月 5 日

项　目	金　额
以前年度利润总额	−18 950.60
以前年度所得税费用	−4 737.65
以前年度净利润	−14 212.95

编制:于玉明　　　　　　　　　　　　　　　　　　　　　　　审核:李玉

表 7-1-4　　　　　　　法定盈余公积计提及利润分配明细项目结转表

2019 年 01 月 5 日

项　目	金　额
提取盈余公积	−1 421.30

编制:于玉明　　　　　　　　　　　　　　　　　　　　　　　审核:李玉

上述原始凭证中:

表 7-1-1 是增值税专用发票第一联记账联,此联应作为销售方的记账依据。该原始凭证注明,日期是 2019 年 1 月 5 日,"销售方"是本公司,"购买方"是南京振兴股份有限公司,"货物或应税劳务、服务名称"是 MS02,"数量"是 −50,"金额"是 −58 300.00,"税额"是 −9 328.00,"备注栏"是上月销售本月退回,这表明上月销售的 MS02 产品本月被退回,该事项属于资产负债表日后调整事项。

表 7-1-2 是产品入库单的会计联,此联应作为收到库存商品的记账依据。该原始凭证注明,入库存货"名称"是 MS02,"数量"是 50 件,"金额"是 35 968.00 元,"备注"内容是上月销售本月退回,这表明本公司上月销售给南京振兴股份有限公司 MS02 产品因发生销售退回已经验收入库。

表 7-1-3 是以前年度损益调整结转表,应作为调整以前年度损益的记账依据。该原始凭证注明的内容表明,因调减 2018 年度主营业务收入 58 300.00 元,调减 2018 年度主营业务成本 35 968.00 元,调减资产减值损失 3 381.40 元而形成应调减 2018 年度利润总额 18 950.60 元,调减 2018 年度所得税费用 4 737.65 元,调减 2018 年度净利润 14 212.95 元,并相应调减 2018 年年末未分配利润 14 212.95 元。

表 7-1-4 是法定盈余公积计提及利润分配明细项目结转表,应作为根据以前年度净利润调整而相应调整法定盈余公积和未分配利润的记账依据。该原始凭证注明的内容表明,应调减 2018 年年末法定盈余公积 1 421.30 元,并相应调增 2018 年年末未分配利润1 421.30 元。

根据表 7-1-1 至表 7-1-4 进行会计核算时,第一,"金额"58 300.00 元应记入"以前年度损益调整——主营业务收入"科目的借方,其 16% 的增值税额 14 400.00 元,应记入"应交税费——应交增值税(销项税额)"科目的借方,因 2018 年 12 月 31 日南京振兴股份有限公司有应收账款余额,表明前期销售产品给南京振兴股份有限公司的货款尚未收回,所以合计金额 67 628.00 元,应记入"应收账款——南京振兴股份有限公司"科目的贷方,同时,金额 35 968.00 元应分别记入"库存商品——MS02"科目的借方以及"以前年度损益调整——主营业务成本"科目的贷方。第二,追溯调整所得税费用,按金额 58 300.00 元减去 35 968.00 元的差额 22 332.00 元乘 25％的所得税税率得出所得税金额 5 583.00 元,应分别记入"应交税费——应交所得税"科目的借方及"以前年度损益调整——所得税费用——当期所得税费用"科目的贷方。第三,追溯调整资产减值损失,因减少应收账款 67 628.00 元,按 5％计算坏账准备的金额为 3 381.40 元,应分别记入"坏账准备——应收账款坏账准备"科目的借方和"以前年度损益调整——资产减值损失"科目的贷方。第四,追溯调整冲减的坏账准备而冲减的递延所得税资产对所得税费用的影响,按冲减的坏账准备的金额 3 381.40 元按 25％计算的金额 845.35 元,应分别记入"以前年度损益调整——所得税费用——递延所得税费用"科目的借方和"递延所得税资产——坏账准备"科目的贷方;第五,追溯调整未分配利润,按金额 14 212.95 元应记入"利润分配——未分配利润"科目的借方,金额 35 968.00 元记入"以前年度损益调整——主营业务成本"科目的借方,金额 3 381.40 元应记入"以前年度损益调整——资产减值损失"科目的借方,金额 5 583.00 应记入"以前年度损益调整——所得税费用——当期所得税费用"科目的借方,金额 58 300.00 元应记入"以前年度损益调整——主营业务收入"科目的贷方,金额 845.35 元应记入"以前年度损益调整——所得税费用——递延所得税费用"科目的贷方。第六,追溯调整法定盈余公积,按 14 212.95 元计提的 10％法定公积金金额 1 421.30 元应分别记入"盈余公积——法定盈余公积"科目的借方和"利润分配——未分配利润"科目的贷方。

根据上述分析,该笔业务在 T+系统中的操作流程如下:

(1) 设置项目:以存货会计"805104"的身份于 2019-01-05 登录。在"基础设置——基本信息"中选择"项目",在项目分类中增加编码为"X4",名称为"资产负债表日后事项"的分类;选择此分类,增加编码为"X401"名称为"销货退回"的具体项目。

(2) 设置单据生凭证的科目:以存货会计"805104"的身份于 2019-01-05 登录。在"总账——日常业务"中选择"科目设置",在销售科目扩展设置增行,选择项目为"销货退回",科目设置为"以前年度损益调整——主营业务收入";在存货对方科目扩展设置中增行,选择单据类型为"销售出库单",存货分类为"库存商品",项目为"销货退回",科目设置为"以前年度损益调整——主营业务成本"。

(3) 填制退货单:以存货会计"805104"的身份于 2019-01-05 登录。在"销售管理——单据"中选择"销货单",业务类型选择"销售退货",客户选择"南京振兴股份有限公司",业务员选择"黄晓琴",项目选择"X401 销货退回",存货选择"MS02",数量录入"-50.00",单价录入"1 166.00",保存并审核,如图 7-1-1 所示。

(4) 生成退货销售发票:以存货会计"805104"的身份于 2019-01-05 登录。在"销售管理"——"单据"中选择"销货单",选择客户"南京振兴股份有限公司"的已有退货单,选择"生

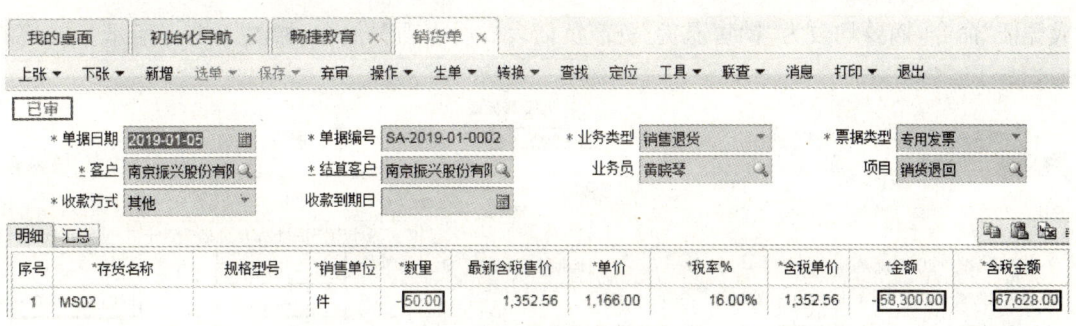

图 7-1-1　[业务 7-1]退货单

单"中的"生成销售发票(销售退货)",发票号录入"43762096",保存并审核,如图 7-1-2
所示。

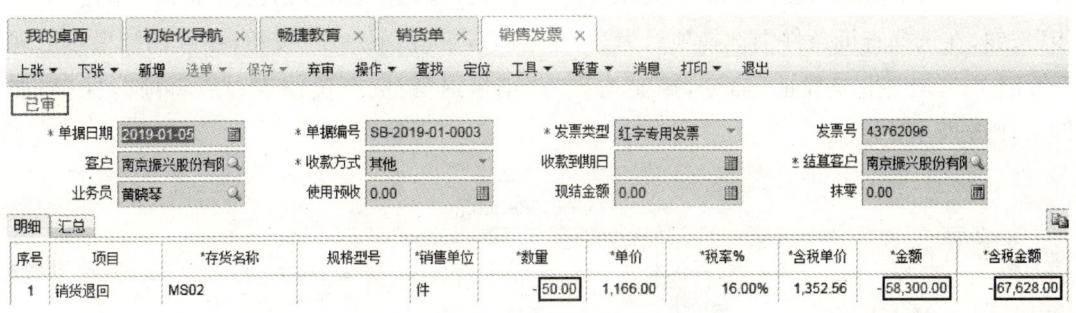

图 7-1-2　[业务 7-1]红字销售发票

(5) 生成红字销售出库单:以存货会计"805104"的身份于 2019-01-05 登录。在"销售
管理"——"单据"中选择"销货单",选择客户"南京振兴股份有限公司"的已有退货单,选择
"生单"中的"生成销售出库单(销售退货)",选择仓库为"综合库",保存并审核,如图 7-1-3
所示。

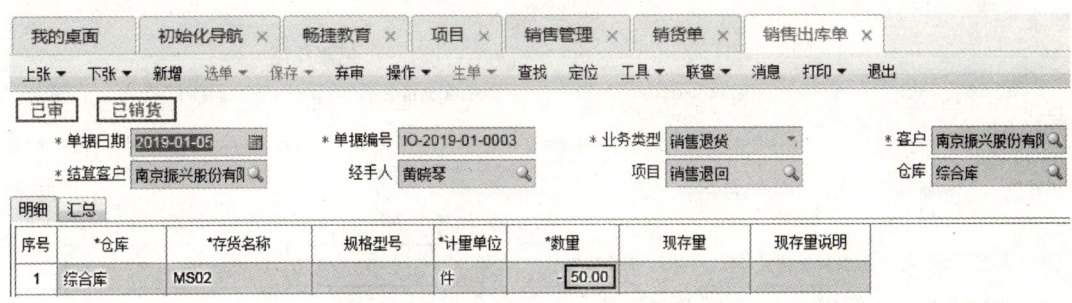

图 7-1-3　[业务 7-1]红字销售出库单

(6) 生成调整收入凭证:以存货会计"805104"的身份于 2019-01-05 登录。在"总
账"——"日常业务"中选择"单据生凭证",在选择来源单据中勾选"销售发票";单击"下一
步"按钮,在选择查询条件中默认,单击"下一步"按钮,在查询结果中出现 1 条记录,单击"生

成凭证"命令,摘要均改为"销售退货/资产负债表日后事项",保存,如图 7-1-4 所示。

记账凭证

* 凭证类别 记账凭证	* 凭证编号 0031	* 制单日期 2019-01-05　附单据数 1

| 序号 | *摘要 | *科目名称 | 辅助项 | 借方(本币) | 贷方(本币) |
				亿 千 百 十 万 千 百 十 元 角 分	亿 千 百 十 万 千 百 十 元 角 分
1	销售退货/资产负债表日后事项	应收账款 —— 人民币户	南京振兴股份有限公司	6 7 6 2 8 0 0	
2	销售退货/资产负债表日后事项	以前年度损益调整 —— 主营业务收入			5 8 3 0 0 0 0
3	销售退货/资产负债表日后事项	应交税费——应交增值税——销项税额			9 3 2 8 0 0

图 7-1-4　[业务 7-1]调整收入凭证

(7) 生成调整退货成本凭证:以存货会计"805104"的身份于 2019-01-05 登录。在"总账"——"日常业务"中选择"单据生凭证",在选择来源单据中勾选"销售出库单";单击"下一步"按钮,在选择查询条件中选择项目为"销货退回",单击"下一步"按钮,在查询结果中出现 1 条记录,单击"生成凭证"命令,摘要均改为"销售退货/资产负债表日后事项",保存,如图 7-1-5 所示。

记账凭证

* 凭证类别 记账凭证	* 凭证编号 0032	* 制单日期 2019-01-05　附单据数 1

| 序号 | *摘要 | *科目名称 | 辅助项 | 计量 | 借方(本币) | 贷方(本币) |
					亿 千 百 十 万 千 百 十 元 角 分	亿 千 百 十 万 千 百 十 元 角 分
1	销售退货/资产负债表日后事项	库存商品	MS02	件		3 5 9 6 8 0 0
2	销售退货/资产负债表日后事项	以前年度损益调整——主营业务成本			3 5 9 6 8 0 0	

图 7-1-5　[业务 7-1]调整退货成本凭证

(8) 填制调整坏账准备凭证:以存货会计"805104"的身份于 2019-01-05 登录。在"总账"——"日常业务"中选择"填制凭证",填制如图 7-1-6 所示凭证并保存。

记账凭证

* 凭证类别 记账凭证	* 凭证编号 0033	* 制单日期 2019-01-05　附单据数

| 序号 | 摘要 | *科目名称 | 借方(本币) | 贷方(本币) |
			亿 千 百 十 万 千 百 十 元 角 分	亿 千 百 十 万 千 百 十 元 角 分
1	调整坏账准备	以前年度损益调整——资产减值损失	3 3 8 1 4 0	
2	调整坏账准备	坏账准备——应收账款坏账准备		3 3 8 1 4 0

图 7-1-6　[业务 7-1]调整坏账准备凭证

(9) 填制调整所得税费用凭证:以存货会计"805104"的身份于 2019-01-05 登录。在"总账"——"日常业务"中选择"填制凭证",填制如图 7-1-7 所示凭证并保存。

记账凭证

　* 凭证类别 记账凭证　* 凭证编号 0034　* 制单日期 2019-01-05　附单据数 1

序号	*摘要	*科目名称	借方(本币) 亿	千	百	十	万	千	百	十	元	角	分	贷方(本币) 亿	千	百	十	万	千	百	十	元	角	分
1	调整所得税费用	以前年度损益调整——所得税费用——当期所得税费用						5	5	8	3	0	0											
2	调整所得税费用	应交税费——应交企业所得税																	5	5	8	3	0	0

图 7-1-7　[业务 7-1]调整所得税费用凭证

（10）填制调整递延所得税费用凭证：以存货会计"805104"的身份于 2019-01-05 登录。在"总账"——"日常业务"中选择"填制凭证"，填制如图 7-1-8 所示凭证并保存。

记账凭证

　* 凭证类别 记账凭证　* 凭证编号 0035　* 制单日期 2019-01-05　附单据数

序号	*摘要	*科目名称	借方(本币) 亿	千	百	十	万	千	百	十	元	角	分	贷方(本币) 亿	千	百	十	万	千	百	十	元	角	分
1	调整递延所得…	以前年度损益调整——所得税费用——递延所得税费用							8	4	5	3	5											
2	调整递延所得…	递延所得税资产——坏账准备																		8	4	5	3	5

图 7-1-8　[业务 7-1]调整递延所得税费用凭证

（11）填制结转以前年度损益调整凭证：以存货会计"805104"的身份于 2019-01-05 登录。在"总账"——"日常业务"中选择"填制凭证"，填制如图 7-1-9 所示凭证并保存。

记账凭证

　* 凭证类别 记账凭证　* 凭证编号 0036　* 制单日期 2019-01-05　附单据数 1

序号	*摘要	*科目名称	借方(本币) 亿	千	百	十	万	千	百	十	元	角	分	贷方(本币) 亿	千	百	十	万	千	百	十	元	角	分
1	结转以前年度损益调整	利润分配——未分配利润					1	4	2	1	2	9	5											
2	转以前年度损益调整	以前年度损益调整——所得税费用——当期所得税费用																	5	5	8	3	0	0
3	转以前年度损益调整	以前年度损益调整——所得税费用——递延所得税费用																		8	4	5	3	5
4	转以前年度损益调整	以前年度损益调整——主营业务收入					5	8	3	0	0	0	0											
5	转以前年度损益调整	以前年度损益调整——主营业务成本																3	5	9	6	8	0	0
6	转以前年度损益调整	以前年度损益调整——资产减值损失																	3	3	8	1	4	0

图 7-1-9　[业务 7-1]结转以前年度损益调整凭证

（12）填制提取法定盈余公积凭证：以存货会计"805104"的身份于 2019-01-05 登录。在"总账"——"日常业务"中选择"填制凭证"，填制如图 7-1-10 所示凭证并保存。

记账凭证

* 凭证类别 记账凭证 🔍　　* 凭证编号 0037　　* 制单日期 2019-01-05 📅　　附单据数 1 📋

明细 | 汇总

序号	*摘要	*科目名称	借方(本币)										贷方(本币)										
			亿	千	百	十	万	千	百	十	元	角	分	亿	千	百	十	万	千	百	十	元	角	分
1	提取法定盈余公积	盈余公积——法定盈余公积					1	4	2	1	3	0												
2	提取法定盈余公积	利润分配——未分配利润																1	4	2	1	3	0

图 7-1-10　[业务 7-1]提取法定盈余公积凭证

【业务 7-2】　1 月 22 日,取得原始凭证 3 张。

表 7-2-1

经理办公会议纪要

　　本公司对常州大光明股份有限公司的应收账款 120 000.00 元,由于常州大光明股份有限公司 1 月 10 日宣告破产,公司预计 60％的货款无法收回,为更真实地反映本公司截至 2018 年 12 月 31 日的财务状况、资产价值及经营成果,根据《企业会计准则》和本公司相关会计政策的规定,基于审慎的原则,本公司在资产负债表日后期间,再次对该项资产进行了减值测试,并补提 66 000.00 元资产减值损失。

　　参加人员： 闵小雯　姜　敏　李　玉

2019 年 1 月 22 日

表 7-2-2　　　　　　　　　　　　**以前年度损益调整结转表**

2019 年 01 月 22 日

项　　目	金　　额
以前年度利润总额	−66 000.00
以前年度所得税费用	−16 500.00
以前年度净利润	−49 500.00

编制:于玉明　　　　　　　　　　　　　　　　　　　　　　　　　审核:李玉

表 7-2-3　　　　　　　**法定盈余公积计提及利润分配明细项目结转表**

2019 年 01 月 22 日

项　　目	金　　额
提取盈余公积	−4 950.00

编制:于玉明　　　　　　　　　　　　　　　　　　　　　　　　　审核:李玉

　　上述原始凭证中:

　　表 7-2-1 是经理办公会议纪要,此表应作为企业计提坏账准备及调整以前年度损益的记账依据。该原始凭证注明的内容表明,截至 2018 年 12 月 31 日对常州大光明股份有限公司的应收账款 120 000.00 元由于常州大光明股份有限公司于 1 月 10 日宣告破产,预计 60％的货款无法收回。该事项属于资产负债表日后调整事项,由于 2018 年 12 月 31 日已按

5％计提了坏账准备,现在应按 60％计提坏账准备,补提的金额为 66 000 元。

表 7-2-2 是以前年度损益调整结转表,应作为调整以前年度损益的记账依据。该原始凭证注明的内容表明,因调增 2018 年度资产减值损失——坏账损失 66 000.00 元而形成应调减 2018 年度利润总额 66 000.00 元,调减 2018 年度所得税费用 16 500.00 元,调减 2018 年度净利润 49 500.00 元,并相应调减 2018 年年末未分配利润 49 500.00 元。

表 7-2-3 是法定盈余公积计提及利润分配明细项目结转表,应作为根据以前年度净利润调整而相应调整法定盈余公积和未分配利润的记账依据。该原始凭证注明的内容表明,应调减 2018 年年末法定盈余公积 4 950.00 元,并相应调增 2018 年年末未分配利润 4 950.00 元。

根据表 7-2-1 至表 7-2-3 进行会计核算时,首先,"金额"66 000.00 元应分别记入"以前年度损益调整——资产减值损失"科目的借方和"坏账准备——应收账款坏账准备"科目的贷方;其次,追溯调整增加坏账准备而增加的递延所得税资产对所得税费用的影响,按增加的坏账准备的金额 66 000.00 元按 25％计算的金额 16 500.00 元,应分别记入"以前年度损益调整——所得税费用——递延所得税费用"科目的借方和"递延所得税资产——坏账准备"科目的贷方;再次,追溯调整未分配利润,按金额 49 500.00 元应记入"利润分配——未分配利润"科目的借方,金额 16 500.00 应记入"以前年度损益调整——所得税费用——递延所得税费用"科目的借方,金额 66 000.00 应记入"以前年度损益调整——资产减值损失"科目的贷方;最后,追溯调整法定盈余公积,按 49 500.00 元计提的 10％法定盈余公积金额 4 950.00 元应分别记入"盈余公积——法定盈余公积"科目的借方和"利润分配——未分配利润"科目的贷方。

根据上述分析,该笔业务在 T＋系统中的操作流程如下:

(1)填制预计无法收回货款凭证:以资产会计"805102"周晓明的身份于 2019-01-22 登录。在"总账"——"日常业务"中选择"填制凭证",填制如图 7-2-1 所示的凭证并保存。

记账凭证

序号	摘要	*科目名称	借方(本币)											贷方(本币)										
			亿	千	百	十	万	千	百	十	元	角	分	亿	千	百	十	万	千	百	十	元	角	分
1	预计无法收回货款	以前年度损益调整——资产减值损失					6	6	0	0	0	0	0											
2	预计无法收回货款	坏账准备——应收账款坏账准备																6	6	0	0	0	0	0

*凭证类别 记账凭证　*凭证编号 0038　*制单日期 2019-01-22　附单据数 1

图 7-2-1　[业务 7-2]预计无法收回货款凭证

(2)填制调整递延所得税费用凭证:以资产会计"805102"周晓明的身份于 2019-01-22 登录。在"总账"——"日常业务"中选择"填制凭证",填制如图 7-2-2 所示的凭证并保存。

(3)填制结转以前年度损益调整凭证:以资产会计"805102"周晓明的身份于 2019-01-22 登录。在"总账"——"日常业务"中选择"填制凭证",填制如图 7-2-3 所示的凭证并保存。

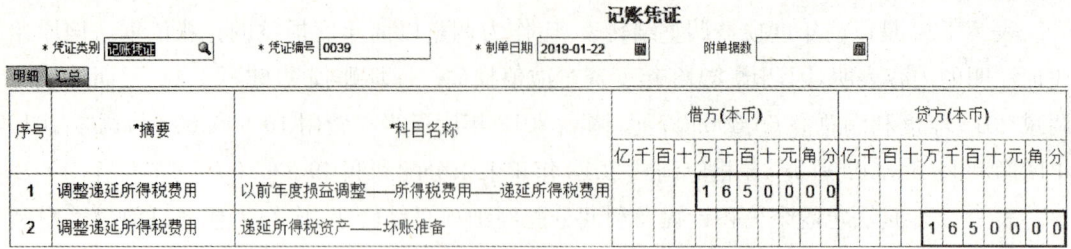

图 7-2-2　［业务 7-2]调整递延所得税费用凭证

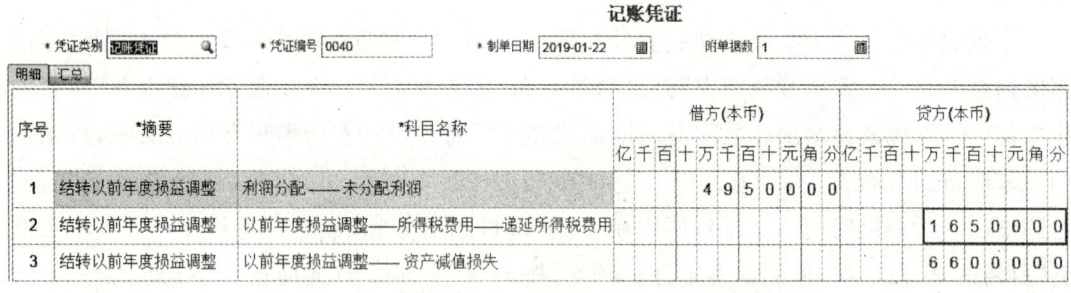

图 7-2-3　［业务 7-2]结转以前年度损益调整凭证

（4）填制提取法定盈余公积凭证：以资产会计"805102"周晓明的身份于 2019-01-22 登录。在"总账"——"日常业务"中选择"填制凭证"，填制如图 7-2-4 所示的凭证并保存。

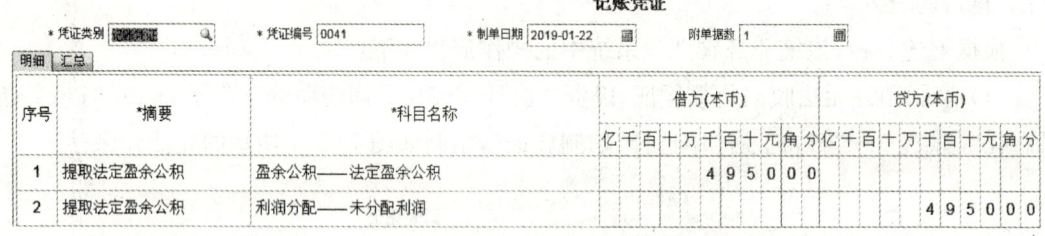

图 7-2-4　［业务 7-2]提取法定盈余公积凭证

第八章　所得税业务会计电算化处理

【业务 8-1】 1 月 4 日,取得原始凭证 3 张,经办人:于林敏。

表 8-1-1

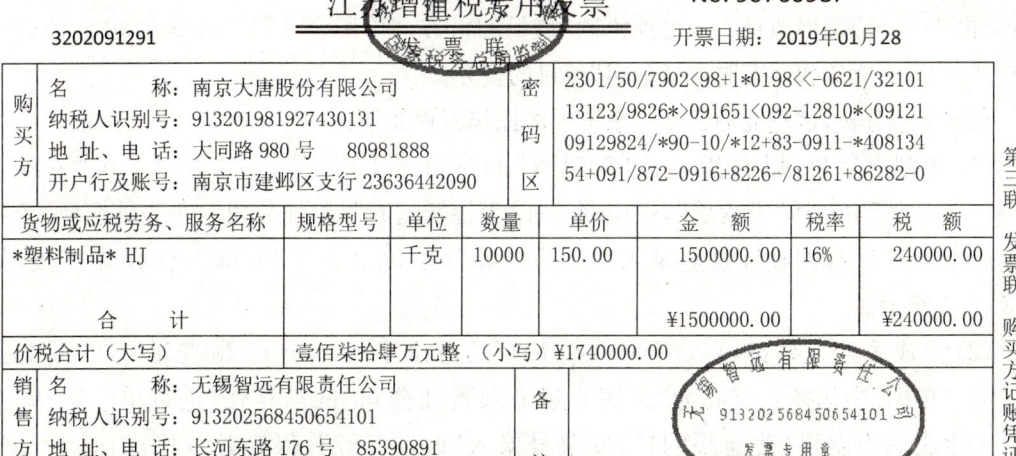

江苏增值税专用发票　　　　　　　NO. 90760987

抵扣联

3202091291　　　　　　　　　　　开票日期: 2019 年 01 月 28 日

购买方	名　　称: 南京大唐股份有限公司			密码区	2301/50/7902<98+1*0198<<-0621/32101 13123/9826*>091651<092-12810*<09121 87/29824/*90-10/*12+83-0911-*408134 54+091/872-0916+8226-/81261+86282-0				
	纳税人识别号: 913201981927430131								
	地址、电话: 大同路 980 号　80981888								
	开户行及账号: 南京市建邺区支行 23636442090								
货物或应税劳务、服务名称	规格型号	单位	数量	单价	金　额		税率	税　额	
塑料制品 HJ		千克	10000	150.00	1500000.00		16%	240000.00	
合　　计					¥1500000.00			¥240000.00	
价税合计(大写)	壹佰柒拾肆万元整　(小写)¥1740000.00								
销售方	名　　称: 无锡智远有限责任公司			备注					
	纳税人识别号: 913202568450654101								
	地址、电话: 长河东路 176 号　85390891								
	开户行及账号: 建行无锡三联支行 09275242412								

收款人:　　　　复核:　　　　开票人: 黄町雨　　　　销货单位(章)

第二联　抵扣联　购买方扣税凭证

表 8-1-2

江苏增值税专用发票　　　　　　　NO. 90760987

发票联

3202091291　　　　　　　　　　　开票日期: 2019 年 01 月 28

购买方	名　　称: 南京大唐股份有限公司			密码区	2301/50/7902<98+1*0198<<-0621/32101 13123/9826*>091651<092-12810*<09121 09129824/*90-10/*12+83-0911-*408134 54+091/872-0916+8226-/81261+86282-0				
	纳税人识别号: 913201981927430131								
	地址、电话: 大同路 980 号　80981888								
	开户行及账号: 南京市建邺区支行 23636442090								
货物或应税劳务、服务名称	规格型号	单位	数量	单价	金　额		税率	税　额	
塑料制品 HJ		千克	10000	150.00	1500000.00		16%	240000.00	
合　　计					¥1500000.00			¥240000.00	
价税合计(大写)	壹佰柒拾肆万元整　(小写)¥1740000.00								
销售方	名　　称: 无锡智远有限责任公司			备注					
	纳税人识别号: 913202568450654101								
	地址、电话: 长河东路 176 号　85390891								
	开户行及账号: 建行无锡三联支行 09275242412								

收款人:　　　　复核:　　　　开票人: 黄町雨　　　　销货单位(章)

第三联　发票联　购买方记账凭证

表 8-1-3　　　　　　　　收　料　单

供应单位:无锡智远有限责任公司　　　　2019 年 1 月 28 日　　　　　　　编号:230008

材料编号	名称	单位	规格	数　量		实际成本				
				应收	实收	单价	发票价格	运杂费	合计	第二联　记账联
C1001	HJ	千克		10 000	10 000					

备注:

收料人:邹明珠　　　　　　　　　　　　　　　　　　交料人:李晶

上述原始凭证中:

表 8-1-1 是江苏增值税专用发票的第二联抵扣联,此联应作为购买方抵扣进项税额的依据。该抵扣联不能作为记账凭证的附件,专门用于在规定期限内到税务机关办理认证或在平台办理勾选确认,并在认证通过或勾选确认的次月申报期内,向主管税务机关申报抵扣进项税额。

表 8-1-2 是江苏增值税专用发票的第三联发票联,此联应作为购买方的记账依据。该原始凭证注明,"购买方"是本公司,"销售方"是无锡智远有限责任公司,"货物或应税劳务、服务名称"是 HJ,这表明本公司从无锡智远有限责任公司购买了原材料 HJ。

表 8-1-3 是收料单的第二联记账联,此联应作为收到材料的记账依据。该原始凭证注明,"供应单位"是无锡智远有限责任公司,"材料名称"是材料 HJ,"数量"是 10 000 千克,这表明本公司向无锡智远有限责任公司购买的 10 000 千克原材料 HJ 已经全部验收入库。

该笔采购业务中没有相关付款的原始凭证,同时在此之前也没有发生相关的预付款业务,这表明本公司的该笔采购业务为赊购,根据表 8-1-1 至表 8-1-3 进行会计核算时,"金额"1 500 000.00 元应记入"原材料——HJ"科目的借方,"税额"合计 240 000.00 元应记入"应交税费——应交增值税——进项税额"科目的借方,"价税合计"1 740 000.00 元应记入"应付账款——无锡智远有限责任公司"科目的贷方。

根据上述分析,该笔业务在 T＋系统中的操作流程如下:

(1)填制进货单:以存货会计"805104"的身份于 2019-01-28 登录。在"采购管理"——"单据"中选择"进货单",供应商选择"无锡智远有限责任公司",业务员选择"于林敏",存货名称选择"HJ",数量录入"10 000.00",单价录入"150.00",保存并审核,如图 8-1-1 所示。

(2)生成采购发票:以存货会计"805104"的身份于 2019-01-28 登录。在"采购管理"——"单据"中选择供应商为"无锡智远有限责任公司"的已存在"进货单",选择"生单——生成采购发票(普通采购)",发票号录入"90760987",保存并审核,如图 8-1-2 所示。

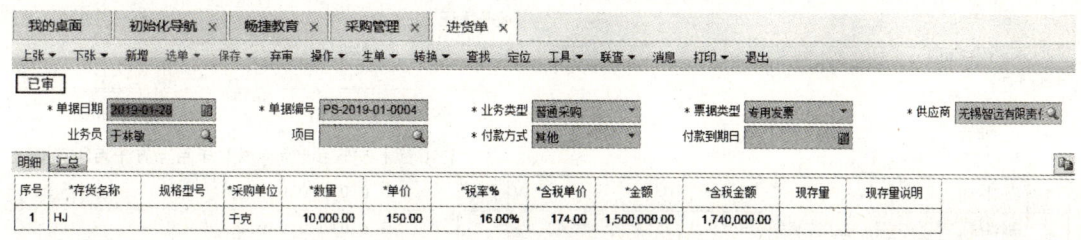

图 8-1-1　[业务 8-1]进货单

图 8-1-2　[业务 8-1]采购发票

（3）生成采购入库单：以存货会计"805104"的身份于 2019-01-28 登录。在"采购管理"——"单据"中选择供应商为"无锡智远有限责任公司"的已存在"进货单"，选择"生单——生成采购采购入库单（普通采购）"，单据编号改为"230008"，仓库选择"综合库"，保存并审核，如图 8-1-3 所示。

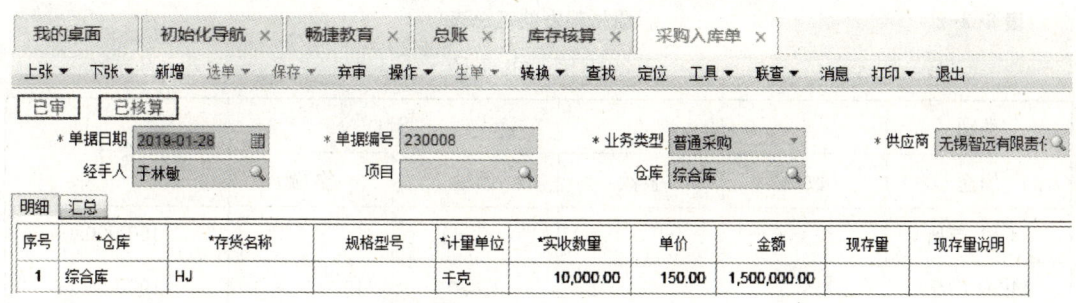

图 8-1-3　[业务 8-1]采购入库单

（4）生成凭证：以存货会计"805104"的身份于 2019-01-28 登录。在"总账"——"日常业务"中选择"单据生凭证"，在选择来源单据中勾选"采购发票""采购入库单"；单击"下一步"按钮，在选择查询条件中默认，单击"下一步"按钮，在查询结果中出现 2 条记录，勾选按合并规则生成凭证，合并号均改为"1"，单击"生成凭证"命令，附单据数改为"2"，摘要均改为"采购材料"，保存，如图 8-1-4 所示。

记账凭证

*凭证类别 记账凭证　　*凭证编号 0042　　*制单日期 2019-01-28　　附单据数 2

明细　汇总

序号	*摘要	*科目名称	辅助项	计量	借方(本币) 亿千百十万千百十元角分	贷方(本币) 亿千百十万千百十元角分
1	采购材料	原材料	HJ	千克	1 5 0 0 0 0 0 0	
2	采购材料	应交税费——应交增值税——进项税额			2 4 0 0 0 0 0	
3	采购材料	应付账款——国内供应商	无锡智远有限责任公司			1 7 4 0 0 0 0 0

图 8-1-4　[业务 8-1]凭证

【业务 8-2】　1 月 31 日,取得原始凭证 2 张。

表 8-2-1　　　　　　　　　发出材料单位成本计算单

2019 年 1 月 31 日

材料名称	单位	期初		本期入库		发出材料单价
		数量	金额	数量	金额	
HJ	千克	1 300	182 100.00	13 700	2 007 900.00	146.00
S11	千克	900	115 540.00	1 100	140 460.00	128.00
合　计			297 640.00		2 148 360.00	

编制:于玉明　　　　　　　　　　　　　　　　　　　　审核:李玉

表 8-2-2　　　　　　　　　　　原材料发料汇总表

2019 年 1 月 31 日

类别	HJ		S11		合计
用途	数量	金额	数量	金额	
LG01 产品	10 000	1 460 000.00			1 460 000.00
MS02 产品			1 500	192 000.00	192 000.00
合　计	10 000	1 460 000.00	1 500	192 000.00	1 652 000.00

编制:于玉明　　　　　　　　　　　　　　　　　　　　审核:李玉

上述原始凭证中:

表 8-2-1 是发出材料单位成本计算表,此表应作为期末材料单位成本的记账依据。该原始凭证的内容表明,原材料 HJ、S11 月末一次加权平均单位成本分别是 146.00 元、

128.00 元。

表 8-2-2 是原材料发出汇总表，此表应作为期末计算分配材料费用的记账依据。该原始凭证的内容表明，本月发出 HJ、S11 材料的成本分别为 1 460 000.00 元、192 000.00 元，进行会计核算时，应分别记入“原材料——HJ”“原材料——S11”科目的贷方；同时，生产 LG01、MS02 产品发生原材料费用为 1 460 000.00 元、192 000.00 元，进行会计核算时，应分别记入“生产成本——基本生产成本——LG01——直接材料”“生产成本——基本生产成本——MS02——直接材料”科目的借方。

根据上述分析，该笔业务在 T+系统中的操作流程如下：

(1) 填制材料出库单：以存货会计“805104”的身份于 2019-01-31 登录。在“库存核算”——“单据”中选择“材料出库单”，在“操作”中选择“设置”，在“明细”中勾选“项目”，保存并退出；业务类型选择“直接领料”，生产车间选择“生产车间”，仓库选择“综合库”，第一行项目选择“LG01 产品”，材料名称选择“HJ”，数量录入“10 000.00”；第二行项目选择“MS02”，材料名称选择“S11”，数量录入“1 500.00”，保存并审核，如图 8-2-1 所示。

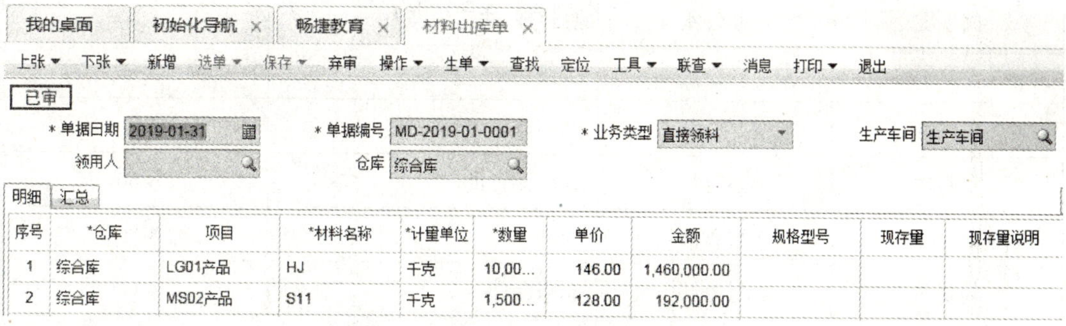

序号	*仓库	项目	*材料名称	*计量单位	*数量	单价	金额	规格型号	现存量	现存量说明
1	综合库	LG01产品	HJ	千克	10,00...	146.00	1,460,000.00			
2	综合库	MS02产品	S11	千克	1,500...	128.00	192,000.00			

图 8-2-1　[业务 8-2]材料出库单

(2) 生成凭证：以存货会计“805104”的身份于 2019-01-28 登录。在“总账”——“日常业务”中选择“单据生凭证”，在选择来源单据中勾选“材料出库单”；单击“下一步”按钮，在选择查询条件中默认，单击“下一步”按钮，在查询结果中出现 1 条记录，单击“生成凭证”命令，附单据数改为“2”，摘要均改为“结转领料成本”，保存，如图 8-2-2 所示。

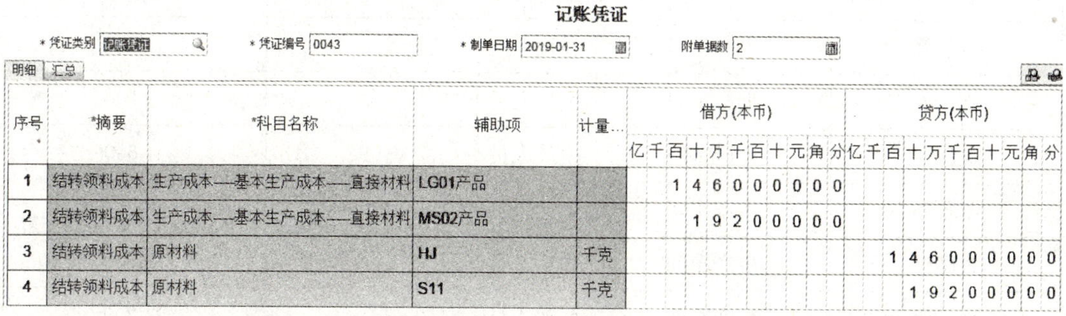

序号	*摘要	*科目名称	辅助项	计量...	借方(本币)	贷方(本币)
1	结转领料成本	生产成本——基本生产成本——直接材料	LG01产品		146000000	
2	结转领料成本	生产成本——基本生产成本——直接材料	MS02产品		19200000	
3	结转领料成本	原材料	HJ	千克		146000000
4	结转领料成本	原材料	S11	千克		19200000

图 8-2-2　[业务 8-2]凭证

【业务 8-3】　1 月 31 日,取得原始凭证 3 张。

表 8-3-1 　　　　　　　　　　生产工时明细表

2019 年 1 月 31 日

车间	产品	生产工时
生产车间	LG01	1 000
生产车间	MS02	600
合　计		1 600

编制:于玉明　　　　　　　　　　　　　　　　　　　　　　　审核:李玉

表 8-3-2 　　　　　　　　　　工 资 明 细 表

2019 年 1 月 31 日

姓　名	部门	职务	应付工资
闵小雯	办公室	总经理、法定代表人	6 500
姜　敏	办公室	主任	5 800
黄成林	办公室	办事员	4 600
邹明珠	办公室	仓库保管员	3 500
李　玉	财务部	经理	4 800
周晓明	财务部	总账会计	4 000
陈明真	财务部	出纳	3 600
于玉明	财务部	会计	3 500
杨　琳	采购部	经理	3 400
于林敏	采购部	采购员	3 400
黄晓琴	销售部	经理	4 000
李　震	销售部	销售员	3 400
赵红德	生产车间	经理	3 600
季　虹	生产车间	生产人员	3 000
吴程宇	生产车间	生产人员	3 600
刘雅静	生产车间	生产人员	4 400
吴晓波	生产车间	生产人员	3 000
大　明	生产车间	生产人员	3 200

（续表）

姓 名	部门	职务	应付工资
李长顺	生产车间	生产人员	3 400
周贵昌	生产车间	生产人员	3 400
蒋洪明	生产车间	生产人员	3 400
周 洁	生产车间	生产人员	3 400
陈林立	生产车间	生产人员	3 400
合 计			88 300

编制：于玉明   审核：李玉

表 8-3-3   工资费用分配表

2019 年 1 月 31 日

应借账户	直接计入	分配计入			合计
		生产工时	分配率	分配金额	
生产成本——LG01		1 000		21 375.00	21 375.00
——MS02		600		12 825.00	12 825.00
合 计		1 600	21.375	34 200.00	34 200.00
制造费用	3 600.00				3 600.00
管理费用	50 500.00				50 500.00
合 计	54 100			34 200.00	88 300.00

编制：于玉明   审核：李玉

上述原始凭证中：

表 8-3-1 是生产工时明细表，此表应作为期末计算分配人工费用和制造费用等的记账依据。该原始凭证的内容表明，本月生产产品 LG01、MS02 耗用的生产工时分别为 1 000 小时、600 小时。

表 8-3-2 是工资明细表，此表应作为期末计算分配工资费用的记账依据。该原始凭证注明的内容表明，本公司 1 月"应付工资"合计是 88 300.00 元。

表 8-3-3 是工资费用分配表，此表也应作为期末计算分配工资费用的记账依据。该原始凭证注明的内容表明，本月应支付给职工的工资总额是 88 300.00 元，进行会计核算时，应记入"应付职工薪酬——工资"科目的贷方；同时，管理部门、生产车间分别应承担工资费用 50 500.00 元、3 600.00 元，进行会计核算时，应分别记入"管理费用——工资""制造费用——工资"科目的借方；此外，生产 LG01、MS02 产品分别应承担工资费用 21 375.00 元和 12 825.00 元，应分别记入"生产成本——基本生产成本——LG01——直接人工"和"生产

成本——基本生产成本——MS02——直接人工"科目的借方。

根据上述分析,该笔业务在 T＋系统中的操作流程如下:

填制凭证:以资产会计"805102"周晓明的身份于 2019-01-31 登录。在"总账"——"日常业务"中选择"填制凭证",填制如图 8-3-1 所示的凭证并保存。

记账凭证

| *凭证类别 | 记账凭证 | *凭证编号 | 0044 | *制单日期 | 2019-01-31 | 附单据数 | 3 |

明细｜汇总

序号	*摘要	*科目名称	辅助项	借方(本币)	贷方(本币)
1	结转工资费用	生产成本——基本生产成本——直接人工	LG01产品	2137500	
2	结转工资费用	生产成本——基本生产成本——直接人工	MS02产品	1282500	
3	结转工资费用	制造费用——工资		360000	
4	结转工资费用	管理费用——工资		5050000	
5	结转工资费用	应付职工薪酬——工资			8830000

图 8-3-1　[业务 8-3]凭证

【业务 8-4】　1 月 31 日,取得原始凭证 1 张。

表 8-4-1　　　　　社会保险费及住房公积金计提表

2019 年 1 月 31 日

应借账户	养老保险	医疗保险	失业保险	生育保险	工伤保险	住房公积金	合计
生产成本——LG01	4 275.00	1 923.75	213.75	106.88	171.00	2 137.50	8 827.88
——MS02	2 565.00	1 154.25	128.25	64.12	102.60	1 282.50	5 296.72
合　计	6 840.00	3 078.00	342.00	171.00	273.60	3 420.00	14 124.60
制造费用	720.00	324.00	36.00	18.00	28.80	360.00	1 486.80
管理费用	10 100.00	4 545.00	505.00	252.50	4 040.00	5 050.00	20 856.50
合　计	17 660.00	7 947.00	883.00	441.50	706.40	8 830.00	36 467.90

编制:于玉明　　　　　　　　　　　　　　　　　　　　　　　　审核:李玉

表 8-4-1 是五险计算表,此表应作为期末计算分配五险的记账依据。该原始凭证注明的内容表明,本月管理部门、生产车间分别应承担五险一金费用 20 856.50 元、1 486.80 元,进行会计核算时,应分别记入"管理费用——五险一金""制造费用——五险一金"科目的借方;同时,生产 LG01、MS02 产品分别应承担五险一金 8 827.88 元和 5 296.72 元,应分别记入"生产成本——LG01——直接人工""生产成本——MS02——直接人工"科目的借方;此外,应上交的养老保险、医疗保险、失业保险、生育保险、工伤保险和住房公积金分别是 17 660.00 元、7 947.00 元、883.00 元、441.50 元、706.40 元和 8 830.00 元,应分别记入"应付职工薪酬——设定提存计划——养老保险""应付职工薪酬——社会保险费——医疗保险""应付职工薪酬——设定提存计划——失业保险""应付职工薪酬——社会保险费——生

育保险""应付职工薪酬——社会保险费——工伤保险""应付职工薪酬——住房公积金"科目的贷方。

根据上述分析,该笔业务在 T+系统中的操作流程如下:

填制凭证:以资产会计"805102"周晓明的身份于 2019-01-31 登录。在"总账——日常业务"中选择"填制凭证",填制如图 8-4-1 和图 8-4-2 所示的凭证并保存。

图 8-4-1　[业务 8-4]凭证一

图 8-4-2　[业务 8-4]凭证二

【业务 8-5】 1 月 31 日,取得原始凭证 1 张。

表 8-5-1

固定资产折旧计算表

2019 年 1 月 31 日

部门	品名	单位	数量	原价	月折旧率	月折旧额
车间	机器设备 T	台	1	40 000	0.008	320
车间	机器设备 T	台	1	40 000	0.008	320
车间	机器设备 T	台	1	40 000	0.008	320
车间	机器设备 P	台	1	80 000	0.008	640
车间	机器设备 Q	台	1	75 000	0.008	600
车间	机器设备 K	台	1	200 000	0.008	1 600
车间	机器设备 X	台	1	40 000	0.008	320
车间	机器设备 TP	台	1	90 000	0.008	720

(续表)

部门	品名	单位	数量	原价	月折旧率	月折旧额
车间	机器设备 TP	台	1	90 000	0.008	720
车间	机器设备 TP	台	1	90 000	0.008	720
车间	机器设备 TP	台	1	90 000	0.008	720
车间	机器设备 N	台	1	60 000	0.008	480
车间	机器设备 N	台	1	60 000	0.008	480
销售部	卡车	辆	1	180 000	0.02	3 600
办公室	空调 T	台	1	8 000	0.026 667	213.34
办公室	电脑 E	台	1	4 000	0.026 667	106.67
销售部	空调 T	台	1	8 000	0.026 667	213.34
采购部	设备 VB	台	1	80 000		3 840
销售部	设备 L	台	1	30 000	0.008	240
销售部	电脑 E	台	1	4 000	0.026 667	106.67
合计				1 309 000		16 280.02

编制:于玉明　　　　　　　　　　　　　　　　　　　　审核:李玉

上述原始凭证中:

表 8-5-1 是固定资产折旧表,此表应作为期末计提固定资产折旧的记账依据。该原始凭证的内容表明,本公司计提了折旧,进行会计核算时,"本月折旧额"16 280.02 元应记入"累计折旧"科目的贷方;同时,该原始凭证的内容还表明管理部门承担了折旧费用 8 320.02 元、生产车间承担了折旧费用 7 690.00 元,进行会计核算时,应分别记入"管理费用——折旧费""制造费用——折旧费"科目的借方。

根据上述分析,该笔业务在 T＋系统中的操作流程如下:

(1) 更改设备 VB 使用年限:以资产会计"805102"周晓明的身份于 2019-01-31 登录。在"资产管理"——"业务处理"中选择"资产变动",如图 8-5-1 所示;单击"新增"按钮,勾选"预计使用年限(月)",如图 8-5-2 所示;单击"确定"按钮,变动原因选择"使用信息变动",预计使用年限变动后录入"60",如图 8-5-3 所示,保存。

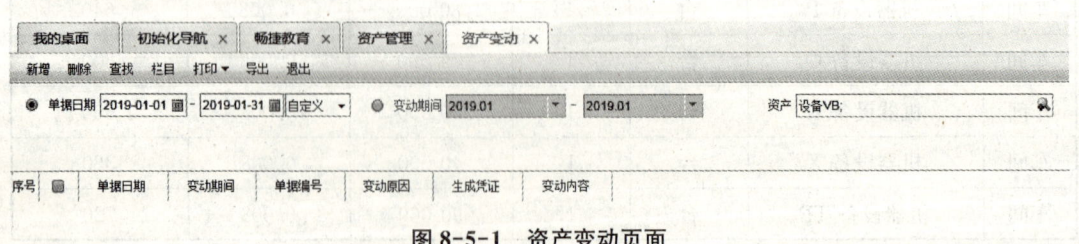

图 8-5-1　资产变动页面

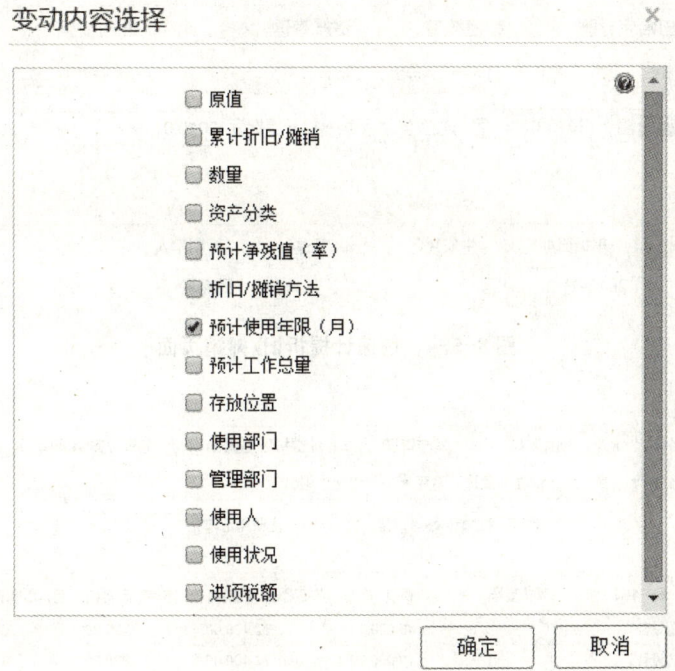

图 8-5-2　变动内容选择页面

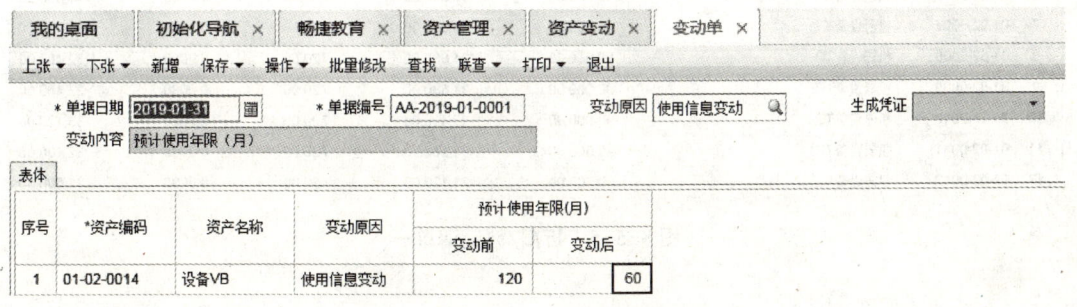

图 8-5-3　变动单页面

（2）计提折旧/摊销：以资产会计"805102"周晓明的身份于 2019-01-31 登录。在"资产管理"——"业务处理"中选择"计提折旧/摊销"，单击"快速计提"按钮，如图 8-5-4 所示，出现一条记录；双击该记录，检查每项资产本月计提折旧/摊销额是否与表 8-5-1 和表 8-6-1 原始凭证一致，其中"01-05-001"和"01-05-003"空调 T 的本月折旧额与原始凭证不一致，把本月折旧额的金额均改为"213.34"，修改后保存，如图 8-5-5 和图 8-5-6 所示。

需要说明的是：固定资产与无形资产同时计提折旧/摊销，同时生成凭证，因此，在全部原始凭证出现的那题中生成凭证。

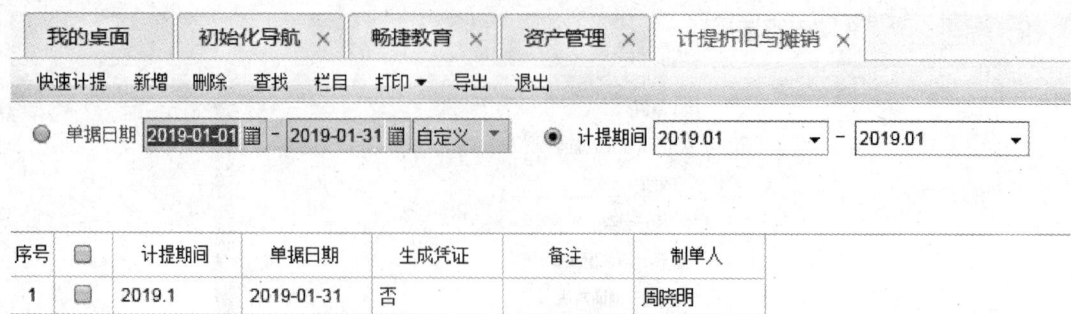

图 8-5-4　快速计提折旧/摊销页面

序号	资产编码	资产名称	规格型号	原值	期初累计折旧/摊销	*本月折旧/摊销	月折旧率/摊销率	期末累计折旧/摊销
1	01-02-0001	机器设备T		40,000.00	22,400.00	320.00	0.0080	22,720.00
2	01-02-0002	机器设备T		40,000.00	22,400.00	320.00	0.0080	22,720.00
3	01-02-0003	机器设备T		40,000.00	22,400.00	320.00	0.0080	22,720.00
4	01-02-0004	机器设备P		80,000.00	44,800.00	640.00	0.0080	45,440.00
5	01-02-0005	机器设备Q		75,000.00	42,000.00	600.00	0.0080	42,600.00
6	01-02-0006	机器设备K		200,000.00	112,000.00	1,600.00	0.0080	113,600.00
7	01-02-0007	机器设备X		40,000.00	14,080.00	320.00	0.0080	14,400.00
8	01-02-0008	机器设备TP		90,000.00	31,680.00	720.00	0.0080	32,400.00
9	01-02-0009	机器设备TP		90,000.00	31,680.00	720.00	0.0080	32,400.00
10	01-02-0010	机器设备TP		90,000.00	32,400.00	720.00	0.0080	33,120.00
11	01-02-0011	机器设备TP		90,000.00	31,680.00	720.00	0.0080	32,400.00
12	01-02-0012	机器设备N		60,000.00	21,120.00	480.00	0.0080	21,600.00

图 8-5-5　折旧/摊销清单一

序号	资产编码	资产名称	规格型号	原值	期初累计折旧/摊销	*本月折旧/摊销	月折旧率/摊销率	期末累计折旧/摊销
13	01-02-0013	机器设备N		60,000.00	21,120.00	480.00	0.008000	21,600.00
14	01-02-0014	设备VB		80,000.00	30,720.00	3,840.00	0.048000	34,560.00
15	01-02-0015	设备L		30,000.00	2,400.00	240.00	0.008000	2,640.00
16	01-04-0001	卡车		180,000.00	129,600.00	3,600.00	0.020000	133,200.00
17	01-05-0001	空调T		8,000.00	5,546.84	213.34	0.026668	5,760.18
18	01-05-0002	电脑E		4,000.00	2,773.42	106.67	0.026667	2,880.09
19	01-05-0003	空调T		8,000.00	5,546.84	213.34	0.026668	5,760.18
20	01-05-0004	电脑E		4,000.00	2,773.42	106.67	0.026667	2,880.09
21	03-31-0001	专利T		480,000.00	92,000.00	0.00	0.000000	92,000.00
22	03-31-0002	专利K		120,000.00	43,000.00	0.00	0.000000	43,000.00
23	03-32-0001	专有技术MJF		127,600.00	0.00	1,063.33	0.008333	1,063.33
24	03-32-0002	专有技术TV		40,000.00	0.00	333.33	0.008333	333.33

图 8-5-6　折旧/摊销清单二

【业务8-6】　1月31日,取得原始凭证1张。

表8-6-1　　　　　　　　　　　　　无形资产摊销计算表

2019年1月31日

名　称	账面原价	摊销期限(年)	月摊销额	类型	使用部门
MJF	12 7600	10	1 063.33	专有技术	办公室
TV	40 000	10	333.33	专有技术	办公室
合　计	167 600		1 396.66		

编制:于玉明　　　　　　　　　　　　　　　　　　　　　　　　审核:李玉

上述原始凭证中:

表8-6-1是无形资产摊销计算表,此表应作为期末摊销无形资产的记账依据。该原始凭证注明的内容表明,本公司摊销了专有技术MJF和TV的价值分别是1 063.33元和333.33元,使用部门是自用,进行会计核算时,应分别记入"管理费用——无形资产摊销费"科目的借方以及"累计摊销——非专利技术MJF"和"累计摊销——非专利技术TV"科目的贷方。

根据上述分析,该笔业务在T+系统中的操作流程如下:

生成凭证:以资产会计"805102"的身份于2019-01-31登录。在"总账——日常业务"中选择"单据生凭证",在选择来源单据中勾选"折旧/摊销清单";单击"下一步"按钮,在选择查询条件中默认,单击"下一步"按钮,在查询结果中出现1条记录,单击"生成凭证"命令,保存,如图8-6-1所示。

记账凭证

*凭证类别 记账凭证	*凭证编号 0052	*制单日期 2019-01-31	附单据数 1

明细　汇总

序号	*摘要	*科目名称	借方(本币) 亿千百十万千百十元角分	贷方(本币) 亿千百十万千百十元角分
1	计提折旧/摊销	制造费用——折旧费	7 9 6 0 0 0 0	
2	计提折旧/摊销	管理费用——无形资产摊销	1 3 9 6 6 6	
3	计提折旧/摊销	管理费用——折旧费	8 3 2 0 0 2	
4	计提折旧/摊销	累计折旧		1 6 2 8 0 0 2
5	计提折旧/摊销	累计摊销		1 3 9 6 6 6

图8-6-1　[业务8-5]和[业务8-6]合并凭证

【业务8-7】　1月31日,取得原始凭证2张。

表 8-7-1   生产工时明细表

2019 年 1 月 31 日

车间	产品	生产工时
生产车间	LG01	1 000
生产车间	MS02	600
合　计		1 600

编制:于玉明   审核:李玉

表 8-7-2   制造费用分配表

2019 年 1 月 31 日

产品名称	生产工时	分配率	分配金额
LG01	1 000		8 154.25
MS02	600		4 892.55
合　计	1 600	8.154 25	13 046.80

编制:于玉明   审核:李玉

上述原始凭证中:

表 8-7-1 是生产工时明细表,此表应作为期末计算分配人工费用和制造费用等的记账依据。该原始凭证的内容表明,本月生产产品 LG01、MS02 耗用的生产工时分别为 1 000 小时、600 小时。

表 8-7-2 是制造费用分配表,此表应作为期末计算分配制造费用的记账依据。该原始凭证注明的内容表明,本月生产 LG01、MS02 产品分别应承担制造费用 8 154.25 元和 4 892.55 元,应分别记入"生产成本——基本生产成本——LG01——制造费用""生产成本——基本生产成本——MS02——制造费用"科目的借方;此外,本月在"制造费用"科目借方归集的产品生产间接费用,应按照各明细科目的借方发生额分别记入"制造费用"各明细科目的贷方。

根据上述分析,该笔业务在 T+系统中的操作流程如下:

填制凭证:以资产会计"805102"的身份于 2019-01-31 登录。在"总账"——"日常业务"中选择"填制凭证",填制如图 8-7-1 所示的凭证并保存。

记账凭证

| * 凭证类别 记账凭证 | | * 凭证编号 0049 | | * 制单日期 2019-01-31 | | 附单据数 2 | |

明细　工总

序号	*摘要	*科目名称	辅助项	借方(本币)	贷方(本币)
				亿千百十万千百十元角分	亿千百十万千百十元角分
1	结转制造费用	生产成本——基本生产成本——制造费用	LG01产品	8 1 5 4 2 5	
2	结转制造费用	生产成本——基本生产成本——制造费用	MS02产品	4 8 9 2 5 5	
3	结转制造费用	制造费用——工资			3 6 0 0 0 0
4	结转制造费用	制造费用——五险——金			1 4 8 6 8 0
5	结转制造费用	制造费用——折旧费			7 9 6 0 0 0

图 8-7-1 ［业务 8-7］凭证

【业务8-8】 1月31日,取得原始凭证3张。

表8-8-1　　　　　　　　　　　　**产品产量明细表**

2019 年 1 月 31 日

产品	月初在产品数量	本月投产产品数量	本月完工产品数量	本月产品入库数量	月末在产品数量	投料率	期末在产品完工率
LG01		5 000	4 000	4 000	1 000	100%	50%
MS02		300	280	280	20	100%	50%

编制:于玉明　　　　　　　　　　　　　　　　　　　　　审核:李玉

表 8-8-2　　　　　　　　　　　　**产品成本计算单**

产品名称:LG01　　　　　　　　　2019 年 1 月 31 日

摘　要	直接材料	直接人工	制造费用	合　计
期初在产品成本				
本月发生费用	1 460 000.00	30 202.88	8 154.25	1 498 357.13
生产费用合计	1 460 000.00	30 202.88	8 154.25	1 498 357.13
约当产量	5 000.00	4 500.00	4 500.00	
单位成本	292.00	6.71	1.81	300.52
完工产品成本	1 168 000.00	26 840.00	7 240.00	1 202 080.00
月末在产品成本	292 000.00	3 362.88	914.25	296 277.13

编制:于玉明　　　　　　　　　　　　　　　　　　　　　审核:李玉

表 8-8-3　　　　　　　　　　　　**产品成本计算单**

产品名称:MS02　　　　　　　　　2019 年 1 月 31 日

摘　要	直接材料	直接人工	制造费用	合　计
期初在产品成本				
本月发生费用	192 000.00	18 121.72	4 892.55	215 014.27
生产费用合计	192 000.00	18 121.72	4 892.55	215 014.27
约当产量	300.00	290.00	290.00	

(续表)

摘　要	直接材料	直接人工	制造费用	合　计
单位成本	640.00	62.49	16.87	719.36
完工产品成本	179 200.00	17 497.20	4 723.60	201 420.80
月末在产品成本	12 800.00	624.52	168.95	13 593.47

编制:于玉明　　　　　　　　　　　　　　　　　　　　　　　　审核:李玉

上述原始凭证中:

表 8-8-1 是产品产量明细表,此表应作为期末计算分配产品生产成本的记账依据。该原始凭证的内容表明了 LG01、MS02 的月初在产品数量、本月投产数量、本月完工入库数量、月末在产品数量及其完工比率,其中本月本公司有 4 000 件 LG01 产品和 280 件 MS02 产品已经完工验收入库。

表 8-8-2 是产品成本计算单,此单应作为期末结转完工产品成本的记账依据。该原始凭证的内容表明,本月完工 LG01 产品的成本是 1 202 080.00 元。

表 8-8-3 是产品成本计算单,此单应作为期末结转完工产品成本的记账依据。该原始凭证的内容表明,本月完工 MS02 产品的成本是 201 420.80 元。

根据表 8-8-1 至表 8-8-3 进行会计核算时,完工入库的 4 000 件 LG01 产品和 280 件 MS02 产品的成本应分别记入"库存商品——LG01""库存商品——MS02"科目的借方;本月在"生产成本——LG01""生产成本——MS02"科目借方归集的产品生产费用中完工入库部分对应的直接材料、直接人工、制造费用,应按照各自的借方发生额分别记入"生产成本——基本生产成本——LG01"和"生产成本——基本生产成本——MS02"各明细科目的贷方。

根据上述分析,该笔业务在 T+系统中的操作流程如下:

(1)填制产品入库单:以存货会计"805104"的身份于 2019-01-31 登录。在"库存核算"——"单据"中选择"产品入库单",生产车间选择"生产车间",仓库选择"综合库",第一行项目选择"LG01 产品",实收数量录入"4 000.00",金额录入"1 202 080.00";第二行项目选择"MS02",实收数量录入"280.00",金额录入"201 420.80",保存并审核,如图 8-8-1 所示。

图 8-8-1　[业务 8-8]产品入库单

（2）生成凭证：以存货会计"805104"的身份于 2019-01-28 登录。在"总账"——"日常业务"中选择"单据生凭证"，在选择来源单据中勾选"产品入库单"；单击"下一步"按钮，在选择查询条件中默认，单击"下一步"按钮，在查询结果中出现 1 条记录，单击"生成凭证"命令，附单据数改为"3"，摘要均改为"结转完工产品成本"，贷方科目及金额根据表 8-8-2 和表 8-8-3 进行调整，保存，如图 8-8-2 和图 8-8-3 所示。

记账凭证

* 凭证类别 记账凭证 🔍	* 凭证编号 0050	* 制单日期 2019-01-31 📅	附单据数 3 📋

明细 | 汇总

序号	*摘要	*科目名称	辅助项	计量	借方(本币) 亿千百十万千百十元角分	贷方(本币) 亿千百十万千百十元角分
1	结转完工产品...	库存商品	MS02	件	2 0 1 4 2 0 8 0	
2	结转完工产品...	库存商品	LG01	件	1 2 0 2 0 8 0 0 0	
3	结转完工产品...	生产成本——基本生产成本——直接材料	LG01产品			1 1 6 8 0 0 0 0 0

图 8-8-2 ［业务 8-8］凭证一

4	结转完工产品...	生产成本——基本生产成本——直接材料	MS02产品			1 7 9 2 0 0 0 0
5	结转完工产品...	生产成本——基本生产成本——直接人工	LG01产品			2 6 8 4 0 0 0
6	结转完工产品...	生产成本——基本生产成本——直接人工	MS02产品			1 7 4 9 7 2 0
7	结转完工产品...	生产成本——基本生产成本——制造费用	LG01产品			7 2 4 0 0 0
8	结转完工产品...	生产成本——基本生产成本——制造费用	MS02产品			4 7 2 3 6 0

图 8-8-3 ［业务 8-8］凭证二

【业务 8-9】 1 月 31 日，取得原始凭证 3 张。

表 8-9-1

销 售 单

购货单位：常州甲丁股份有限公司　　　　　　　　地址和电话：常州新北区明明路 33 号
单据编号：27162　　　　　　　　　　　　　　　　纳税识别号：913204667552470091
开户行及账号：建行常州新北区支行 32090884512　　制单日期：2019.1.31

编码	产品名称	规格	单位	单价	数量	金额	备注	
	MS02		件	1 352.56	120	162 307.20		会计联
合计	人民币(大写)壹拾陆万贰仟叁佰零柒元贰角整					162 307.20		

销售经理：黄晓琴　　　　　经手人：李震　　　　　会计：于玉明　　　　　签收人：

表 8-9-2

3201092098

NO.43762097

开票日期：2019年01月31日

购货方	名　　　　称：常州甲丁股份有限公司 纳税人识别号：91320466755247091 地址、电话：常州新北区明明路 33 号 85022148 开户行及账号：建行常州新北区支行 32090884512	密码区	5092/50/7912<98+1*0198<<-0621/32101 12983/9826*>091651<092-12810*<09121 87/29824/*90-12/*12+08-0911-*408134 54+311/872-0916+8226-/87261+81232-0

货物及应税劳务、服务的名称	规格型号	单位	数量	单价	金　额	税率	税　额
塑料制品 MS02		件	120	1166.00	139920.00	16%	22387.20
合　　计					¥139920.00		¥22387.20

价税合计（大写）	壹拾陆万贰仟叁佰零柒元贰角整	（小写）　¥162307.20

销货方	名　　　　称：南京大唐股份有限公司 纳税人识别号：913201981927430131 地址、电话：大同路 980 号　80981888 开户行及账号：南京市建邺区支行 23636442090	备注	

收款人：　　　　复核：　　　　开票人：张泽文　　　　销货单位（章）

第一联记账联　销货方记账凭证

表 8-9-3

中国建设银行进　账　单（收款通知）3

2019 年 1 月 31 日

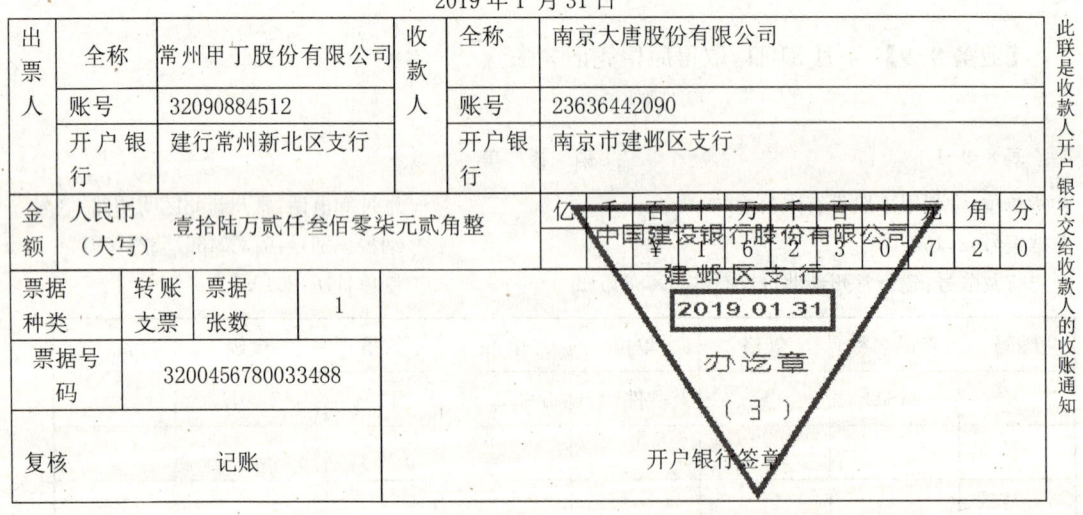

出票人	全称	常州甲丁股份有限公司	收款人	全称	南京大唐股份有限公司										
	账号	32090884512		账号	23636442090										
	开户银行	建行常州新北区支行		开户银行	南京市建邺区支行										

金额	人民币 （大写）	壹拾陆万贰仟叁佰零柒元贰角整	亿	千	百	十	万	千	百	十	元	角	分
					¥	1	6	2	3	0	7	2	0

票据种类	转账支票	票据张数	1

票据号码	3200456780033488

复核		记账	

此联是收款人开户银行交给收款人的收账通知

上述原始凭证中：

　　表 8-9-1 是销售单，应作为销售方的记账依据。该原始凭证注明，"购货单位"是常州甲丁股份有限公司，"产品名称"是 MS02，"金额"是 162 307.20 元，这表明本公司实现了 MS02 的销售。

　　表 8-9-2 是江苏增值税专用发票的第一联记账联,此联应作为销售方的记账依据。该原始凭证注明,"销售方"是本公司,"购买方"是常州甲丁股份有限公司,"货物或应税劳务、服务名称"是 MS02,这表明本公司销售了 MS02 产品给常州甲丁股份有限公司。销售产品是本公司的主营业务,因此,进行会计核算时,销售产品的"金额"139 920.00 元应记入"主营业务收入——商品销售收入——MS02"科目的贷方,"税额"22 387.20 元应记入"应交税费——应交增值税——销项税额"科目的贷方。

　　表 8-9-3 是中国建设银行进账单收款通知,此联应作为收款方收款的记账依据。"出票人"是常州甲丁股份有限公司,"收款人"是本公司,"收款人账号"是 23636442090,这表明本公司建行基本户 23636442090 收到了常州甲丁股份有限公司的 MS02 产品货款,进行会计核算时,"金额"162 307.20 元应记入"银行存款——建行人民币户 23636442090"科目的借方。

　　根据上述分析,该笔业务在 T+系统中的操作流程如下:

　　(1)填制销货单:以存货会计"805104"的身份于 2019-01-31 登录。在"销售管理"——"单据"中选择"销货单",单据编号改为"27162",客户选择"常州甲丁股份有限公司"(在"基础设置"——"基本信息"中单击"往来单位",选择"国内客户"分类,新增往来单位"常州甲丁股份有限公司",保存并选择之),业务员选择"李震",收款方式选择"全额现结",存货名称选择"MS02",数量录入"120.00",单价录入"1 166.00",保存并审核,如图 8-9-1 所示。

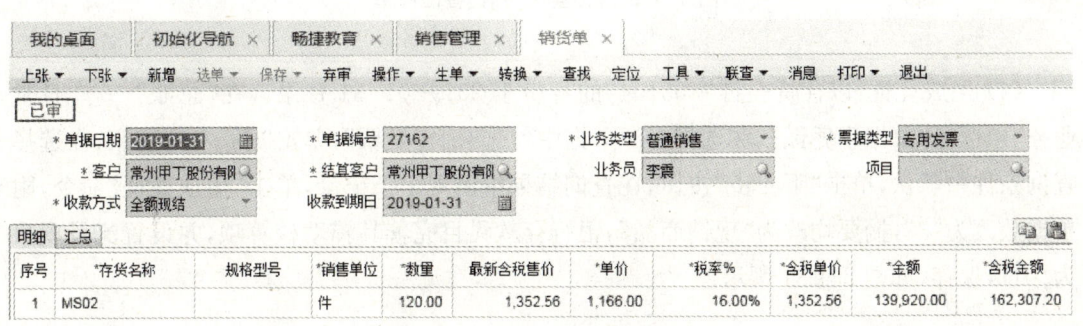

图 8-9-1　[业务 8-9]销货单

　　(2)生成销售发票:以存货会计"805104"的身份于 2019-01-05 登录。在"销售管理"——"单据"中选择"销货单",选择客户"常州甲丁股份有限公司"的已有销货单,选择"生单"中的"生成销售发票(普通销售)",发票号录入"43762097",现结金额中选择结算方式为"转账支票",账号选择"基本结算户",票据号录入"80033488",保存并审核,如图 8-9-2 所示。

　　(3)生成销售出库单:以存货会计"805104"的身份于 2019-01-05 登录。在"销售管理"——"单据"中选择"销货单",选择客户"常州甲丁股份有限公司"的已有销货单,选择"生单"中的"生成销售出库单(普通销售)",仓库选择"综合库",保存并审核,如图 8-9-3 所示。

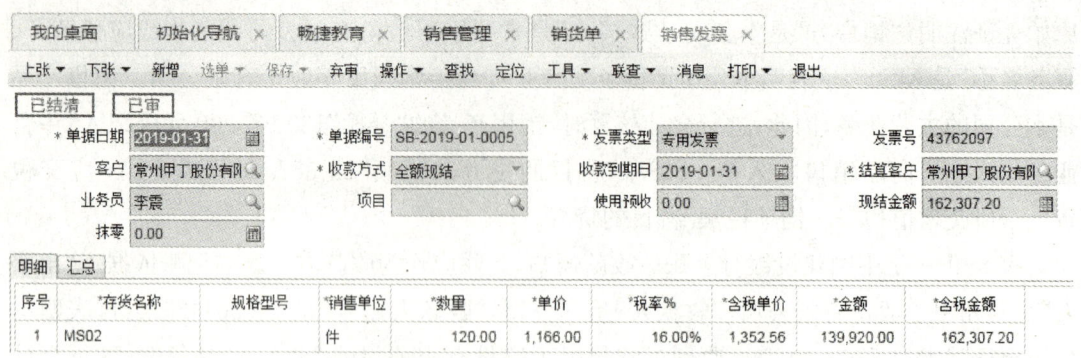

图 8-9-2　[业务 8-9]销售发票

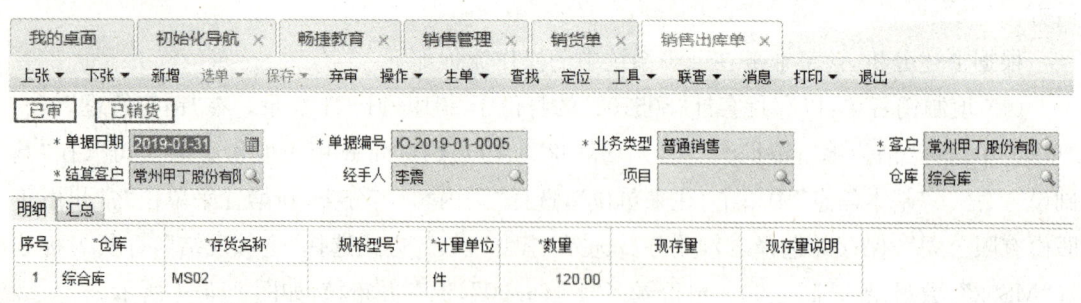

图 8-9-3　[业务 8-9]销售出库单

(4) 生成凭证:以存货会计"805104"的身份于 2019-01-31 登录。在"总账"——"日常业务"中选择"单据生凭证",在选择来源单据中勾选"销售发票";单击"下一步"按钮,在选择查询条件中默认,单击"下一步"按钮,在查询结果中出现 1 条记录,单击"生成凭证"命令,附单据数改为"3",摘要均改为"现销商品",银行存款科目完善其辅助核算项,并设置流量项目为"01",保存,如图 8-9-4 所示。

记账凭证

*凭证类别 记账凭证　　*凭证编号 0053　　*制单日期 2019-01-31　　附单据数 3

序号	*摘要	*科目名称	辅助项	计量	借方(本币)	贷方(本币)
					亿 千 百 十 万 千 百 十 元 角 分	亿 千 百 十 万 千 百 十 元 角 分
1	现销商品	银行存款 —— 建行人民币户 23636442090	转账支票 80033488 ...		1 6 2 3 0 7 2 0	
2	现销商品	主营业务收入 —— 人民币户	MS02	件		1 3 9 9 2 0 0 0
3	现销商品	应交税费 —— 应交增值税-销项税额				2 2 3 8 7 2 0

图 8-9-4　[业务 8-9]凭证

【业务 8-10】　1 月 31 日,取得原始凭证 2 张。

表 8-10-1　　　　　　　　　　　单位产品成本计算单

2019 年 1 月 31 日

产品名称	期初结存		本期入库及销售退回		单位成本
	数量	金额	数量	金额	
LG01	300	90 156.00	4 000	1 202 080.00	300.52
MS02	100	71 936.00	280	201 420.80	719.36
合 计		162 092.00		1 403 500.80	

编制:于玉明　　　　　　　　　　　　　　　　　　　　　　　审核:李玉

表 8-10-2　　　　　　　　　　　产品成本结转表

2019 年 1 月 31 日

项目	LG01			MS02		
	数量	单位成本	总成本	数量	单位成本	总成本
销售	3 000	300.52	901 560.00	220	719.36	158 259.20
合 计	3 000		901 560.00	220		158 259.20

编制:于玉明　　　　　　　　　　　　　　　　　　　　　　　审核:李玉

上述原始凭证中:

表 8-10-1 是单位产品成本计算单,此表作为期末计算产成品销售成本的记账依据。该原始凭证注明的内容表明,LG01、MS02 产品的单位成本分别为 300.52 元、719.36 元。

表 8-10-2 是销售产品成本结转算表,此表也作为期末计算产成品销售成本的记账依据。该原始凭证注明的内容表明,本公司本月销售 LG01、MS02 产品的总成本分别为 901 560.00 元和 158 259.20 元,进行会计核算时,应记入"主营业务成本——商品销售成本——LG01"和"主营业务成本——商品销售成本——MS02"科目的借方;同时,应记入"库存商品——LG01"和"库存商品——MS02"科目的贷方。

根据上述分析,该笔业务在 T+系统中的操作流程如下:

生成凭证:以存货会计"805104"的身份于 2019-01-31 登录。在"总账"——"日常业务"中选择"单据生凭证",在选择来源单据中勾选"销售出库单";单击"下一步"按钮,在选择查询条件中默认,单击"下一步"按钮,在查询结果中出现 3 条记录,单击"生成凭证"命令,摘要均改为"结转销售成本",保存,如图 8-10-1 所示。

记账凭证

＊凭证类别 记账凭证 🔍	＊凭证编号 0054	＊制单日期 2019-01-31 📅	附单据数 3 📅		

明细　汇总

序号	＊摘要	＊科目名称	辅助项	计量…	借方(本币) 亿 千 百 十 万 千 百 十 元 角 分	贷方(本币) 亿 千 百 十 万 千 百 十 元 角 分
1	结转销售成本	主营业务成本	LG01	件	9 0 1 5 6 0 0 0	
2	结转销售成本	主营业务成本	MS02	件	1 5 8 2 5 9 2 0	
3	结转销售成本	库存商品	LG01	件		9 0 1 5 6 0 0 0
4	结转销售成本	库存商品	MS02	件		1 5 8 2 5 9 2 0

图 8-10-1　[业务 8-10]凭证

【业务 8-11】　1 月 31 日,取得原始凭证 1 张。

表 8-11-1　　　　　　　　　　　　　应交增值税计算表

2019 年 1 月 31 日

一、增值税	金　额
销项税额	87 924.80
进项税额	353 816.24
上期留抵税额	
进项税额转出	40 977.09
免、抵、退应退税额	
应纳税额	−224 914.35
期末留抵税额	47 346.96
简易征收办法计算的应纳税额	
应纳税额减征额	
应纳税额合计	

编制:于玉明　　　　　　　　　　　　　　　　　　　　　　　　　审核:李玉

上述原始凭证中:

表 8-11-1 是应交增值税计算表,此表应作为企业期末计算增值税的记账依据。该原始凭证注明,本公司本月"销项税额"为 87 924.80 元,"进项税额"为 353 816.24 元,"上期留抵税额"无余额,"进项税额转出"为 40 977.09 元,"免、抵、退应退税额"无余额,从而计算出本月"期末留抵税额"为 224 914.35 元。进行会计核算时,"进项税额转出"40 977.09 元[1 365 903×(16％−13％)]为出口销售 LG01 产品不得免征和抵扣税额,应分别记入"主营业务成本——LG01"科目的借方以及"应交税费——应交增值税(进项税额转出)"科目的贷方;结合[业务 8-3],出口应退税金额 177 567.39 元(1 365 903×13％)比期末留抵的进项税额 224 914.35 元小,所以应退税额为 177 567.39 元,应分别记入"其他应收款——应收出口退

税"科目的借方以及"应交税费——应交增值税(出口退税)"科目的贷方。

根据上述分析,该笔业务在 T＋系统中的操作流程如下:

(1)填制凭证:以资产会计"805102"的身份于 2019-01-31 登录。在"总账"——"日常业务"中选择"填制凭证",填制如图 8-11-1 所示的结转不予退税凭证并保存。

记账凭证

*凭证类别 记账凭证 🔍　　*凭证编号 0055　　*制单日期 2019-01-31 圖　　附单据数 1 圖

明细　汇总

序号	*摘要	*科目名称	辅助项	计量	借方(本币)											贷方(本币)										
					亿	千	百	十	万	千	百	十	元	角	分	亿	千	百	十	万	千	百	十	元	角	分
1	结转出口不予退税	主营业务成本	LG01	件						4	0	9	7	7	0	9											
2	结转出口不予退税	应交税费——应交增值税——进项税额转出																			4	0	9	7	7	0	9

图 8-11-1　[业务 8-11]不予退税凭证

(2)填制凭证:以资产会计"805102"的身份于 2019-01-31 登录。在"总账"——"日常业务"中选择"填制凭证",填制如图 8-11-2 所示的应收出口退税凭证并保存。

记账凭证

*凭证类别 记账凭证 🔍　　*凭证编号 0056　　*制单日期 2019-01-31 圖　　附单据数 圖

明细　汇总

序号	*摘要	*科目名称	借方(本币)											贷方(本币)										
			亿	千	百	十	万	千	百	十	元	角	分	亿	千	百	十	万	千	百	十	元	角	分
1	应收出口退税	其他应收款——应收出口退税				1	7	7	5	6	7	3	9											
2	应收出口退税	应交税费——应交增值税——出口退税															1	7	7	5	6	7	3	9

图 8-11-2　[业务 8-11]应收出口退税凭证

【业务 8-12】　1 月 31 日,取得原始凭证 1 张。

表 8-12-1　　　　　　　　　**坏账准备计算表**

2019 年 1 月 31 日

项目	应收款项期末余额	计提比例	坏账准备期初余额	坏账准备减少数	坏账准备增加数	应补提金额	应冲减金额
应收账款	547 372.00	5%	33 750.00	6 381.40	66 000.00		66 000.00
合计							66 000.00

编制:于玉明　　　　　　　　　　　　　　　　　　　　　审核:李玉

上述原始凭证中:

表 8-12-1 是坏账准备计算表,此表应作为期末计提坏账准备的记账依据。该原始凭证注明的内容表明,本公司本期应收账款坏账准备"应冲减金额"是 66 000.00 元,公司冲减的坏账准备应冲减资产减值损失,进行会计核算时,"应冲减金额合计"66 000.00 元应记入"资

产减值损失——坏账损失"科目的贷方和"坏账准备——应收账款坏账准备"科目的借方。

　　根据上述分析,该笔业务在 T＋系统中的操作流程如下:

　　填制凭证:以资产会计"805102"的身份于 2019-01-31 登录。在"总账"——"日常业务"中选择"填制凭证",填制如图 8-12-1 所示的计提坏账凭证并保存。

记账凭证

| * 凭证类别 记账凭证 🔍 | * 凭证编号 0057 | * 制单日期 2019-01-31 📅 | 附单据数 1 |

序号	*摘要	*科目名称	借方(本币) 亿 千 百 十 万 千 百 十 元 角 分	贷方(本币) 亿 千 百 十 万 千 百 十 元 角 分
1	计提坏账	资产减值损失—— 坏账损失	6 6 0 0 0 0 0	
2	计提坏账	坏账准备—— 应收账款坏账准备		6 6 0 0 0 0 0

图 8-12-1　[业务 8-12]计提坏账凭证

【业务 8-13】　1 月 31 日,取得原始凭证 1 张。

表 8-13-1　　　　　　　　　　　应交所得税计算表

2019 年 1 月 31 日

项　　目	金　　额
营业收入	1 622 423.00
营业成本	1 100 796.29
利润总额	143 370.12
加:特定业务计算的应纳税所得额	
减:不征税收入和税基减免应纳税所得额	
固定资产加速折旧(扣除)调减额	
弥补以前年度亏损	
实际利润额	143 370.12
税率(25%)	
应纳所得税额	35 842.53
减:减免所得税额	
实际已预缴所得税额	
特定业务预缴(征)所得税额	
应补(退)所得税额	
减:以前年度多缴在本期抵缴所得税额	
本月(季)实际应补(退)所得税额	35 842.53

编制:于玉明　　　　　　　　　　　　　　　　　　　　　　审核:李玉

上述原始凭证中：

表 8-13-1 是应交所得税计算表,此表应作为期末计算本期所得税费用的记账依据。该原始凭证注明的内容表明,本公司本月"利润总额"是 143 370.12 元,"实际利润额"是 143 370.12元,按照适用税率计算得出"应纳所得税额"是 35 842.53 元,进行会计核算时,"应纳所得税额"35 842.53 元应记入"所得税费用——当期所得税费用"科目的借方以及"应交税费——应交所得税"科目的贷方。

根据上述分析,该笔业务在 T+系统中的操作流程如下：

填制凭证:以资产会计"805102"的身份于 2019-01-31 登录。在"总账"——"日常业务"中选择"填制凭证",填制如图 8-13-1 所示的结转所得税凭证并保存。

记账凭证

| * 凭证类别 | 记账凭证 | * 凭证编号 | 0058 | * 制单日期 | 2019-01-31 | 附单据数 | 1 |

明细｜汇总

序号	*摘要	*科目名称	借方(本币)										贷方(本币)									
			亿	千	百	十	万	千	百	十	元	角	分	亿	千	百	十	万	千	百	十	元	角	分
1	结转所得税	所得税费用——当期所得税费用				3	5	8	4	2	5	3									
2	结转所得税	应交税费——应交企业所得税															3	5	8	4	2	5	3

图 8-13-1　[业务 8-13]结转所得税凭证

【业务 8-14】　1 月 31 日,取得原始凭证 1 张。

表 8-14-1　　　　　　递延所得税资产、负债计算表

2019 年 1 月 31 日

项　目	2019 年 1 月 31 日应有余额	2019 年 1 月 31 日账面余额	应确认金额	应转回金额
递延所得税资产——坏账准备	27 368.60	24 092.15		17 250.00
递延所得税资产——预计负债——未决诉讼	75 000.00	0	75 000.00	
递延所得税资产——预计负债——产品质量保证	223 463.44	221 602.00	1 861.44	
递延所得税资产——预计负债——亏损合同	27 500.00	0	27 500.00	

编制:于玉明　　　　　　　　　　　　　　　　　　审核:李玉

上述原始凭证中：

表 8-14-1 是递延所得税资产、负债计算表,此表应作为企业年末计算递延所得税资产和递延所得税负债的记账依据。该原始凭证注明,"递延所得税资产——坏账准备"2019 年

1 月 31 日应有余额为 27 368.60 元，2019 年 1 月 31 日账面余额为 7 500.00 元，本期应转回“递延所得税资产——坏账准备”17 250.00 元；“递延所得税资产——预计负债——未决诉讼”2019 年 1 月 31 日应有余额为 75 000.00 元，2019 年 1 月 31 日账面无余额，本期应确认“递延所得税资产——预计负债——未决诉讼”75 000.00 元；“递延所得税资产——预计负债——产品质量保证”2019 年 1 月 31 日应有余额为 223 463.44 元，2019 年 1 月 31 日账面余额为 221 602.00 元，本期应确认“递延所得税资产——预计负债——产品质量保证”1 864.44 元；“递延所得税资产——预计负债——亏损合同”2019 年 1 月 31 日应有余额为 27 500.00 元，2019 年 1 月 31 日账面无余额，本期应确认“递延所得税资产——预计负债——亏损合同”27 500.00 元。进行会计核算时，75 000.00 元应记入“递延所得税资产——预计负债——未决诉讼”科目的借方，1 864.44 元应记入“递延所得税资产——预计负债——产品质量保证”科目的借方，27 500.00 元应记入“递延所得税资产——预计负债——亏损合同”科目的借方，17 250.00 应记入“递延所得税资产——坏账准备”科目的贷方，借贷方差额 87 111.44 元应记入“所得税费用——递延所得税费用”科目的贷方。

根据上述分析，该笔业务在 T＋系统中的操作流程如下：

填制凭证：以资产会计“805102”的身份于 2019-01-31 登录。在“总账”——“日常业务”中选择“填制凭证”，填制如图 8-14-1 所示的结转递延所得税费用凭证并保存。

记账凭证

*凭证类别 记账凭证　*凭证编号 0059　*制单日期 2019-01-31　附单据数 1

明细　汇总

序号	*摘要	*科目名称	借方(本币)											贷方(本币)										
			亿	千	百	十	万	千	百	十	元	角	分	亿	千	百	十	万	千	百	十	元	角	分
1	确认递延所得税	所得税费用——递延所得税费用					8	7	1	1	1	4	4											
2	确认递延所得税	递延所得税资产——预计负债——产品质量保证						1	8	6	1	4	4											
3	确认递延所得税	递延所得税资产——预计负债——亏损合同					2	7	5	0	0	0	0											
4	确认递延所得税	递延所得税资产——预计负债——未决诉讼					7	5	0	0	0	0	0											
5	确认递延所得税	递延所得税资产——坏账准备																1	7	2	5	0	0	0

图 8-14-1 ［业务 8-14］结转递延所得税凭证

【业务 8-15】 1 月 31 日，取得原始凭证 4 张。

表 8-15-1　　纳税调整表

2019 年 1 月 31 日

项　目	账载金额	税收金额	调增金额	调减金额	调整应纳税所得额	调整应纳所得税额
一、收入类调整项目	*	*				
公允价值变动净损益		*				

(续表)

项 目	账载金额	税收金额	调增金额	调减金额	调整应纳税所得额	调整应纳所得税额
二、扣除类调整项目	*	*				
业务招待费支出	110 000.00	66 000.00	44 000.00	*		
跨期扣除项目（预计负债）	674 860.12	445973.25	228 886.87			
三、资产类调整项目	*	*				
资产减值准备金	69 868.6	*	69 868.6			
合 计	*	*	342 755.47		342 755.47	85 688.87

编制：于玉明   审核：李玉

表 8-15-2   2018 年度企业所得税汇算清缴计算表
2019 年 01 月 31 日

项 目	金 额	备 注
会计利润总额	1 195 043.23	
加：纳税调整增加额	342 755.47	
其中：业务招待费	44 000.00	
计提坏账准备	69 868.60	
产品质量保证	228 886.87	
减：纳税调整减少额		
减：免税、减计收入及加计扣除	27 600.00	
应纳税所得额	1 510 198.70	
适用税率	25％	
应纳所得税额	377 549.68	
减：累计实际已预缴的所得税额	306 848.46	
汇缴应补（退）所得税额	70 701.22	

编制：于玉明   审核：李玉

表 8-15-3   以前年度损益调整结转表
2019 年 01 月 31 日

项 目	金 额
以前年度利润总额	0
以前年度所得税费用	70 701.22
以前年度净利润	−70 701.22

编制：于玉明   审核：李玉

表 8-15-4　　　　　　　　　　　法定盈余公积计提及利润分配明细项目结转表

2019 年 01 月 31 日

项　　　目	金　　　额
提取盈余公积	－7 070.12

编制:于玉明　　　　　　　　　　　　　　　　　　　　　　　　审核:李玉

上述原始凭证中:

表 8-15-1 是纳税调整表,此表应作为所得税汇算清缴时确定纳税调增金额、纳税调减金额、调整应纳税所得额、调整应纳所得税额的记账依据。该原始凭证注明的内容表明,2018 年度合计调整增加应纳税所得额 70 701.22 元,调整增加应纳所得税额 70 701.22 元。

表 8-14-2 是 2018 年度企业所得税汇算清缴计算表,此表应作为所得税汇算清缴的记账凭证。该原始凭证注明的内容表明,各项资产负债表日后事项发生后调整的 2018 年度会计利润总额为 1 195 043.23 元,纳税调整增加额为 342 755.47 元,免税、减计收入及加计扣除为 27 600.00 元,应纳税所得额为 1 510 198.70 元,应纳所得税额为 377 549.68 元,已预缴所得税额为 306 848.46 元,汇缴应补所得税额为 70 701.22 元(是由表 8-15-1 中应调增的 85 688.87 元、[业务 3-2]资产负债表日后事项未决诉讼结案而增加的 6 250.00 元、[业务 7-1]资产负债表日后事项销售退回冲减毛利而减少的 5 583.00 元、[业务 7-1]资产负债表日后事项销售退回冲减坏账准备而增加的 845.35 元、[业务 7-2]资产负债表日后事项补提坏账准备减少的 16 500.00 元组成)。

表 8-15-3 是以前年度损益调整结转表,应作为调整以前年度损益的记账依据。该原始凭证注明的内容表明,应调增 2018 年度所得税费用 70 701.22 元,并相应调减 2018 年年末未分配利润 70 701.22 元。

表 8-15-4 是法定盈余公积计提及利润分配明细项目结转表,应作为根据以前年度净利润调整而相应调整法定盈余公积和未分配利润的记账依据。该原始凭证注明的内容表明,应调减 2018 年年末法定盈余公积 7 070.12 元,并相应调增 2018 年年末未分配利润 7 070.12 元。

根据表 8-15-1 至表 8-15-4 进行会计核算时,首先,金额 70 701.22 元应分别记入“以前年度损益调整——所得税费用——当期所得税费用”科目的借方以及“应交税费——应交所得税”科目的贷方;其次,追溯调整未分配利润,金额 70 701.22 元应分别记入“利润分配——未分配利润”科目的借方以及“以前年度损益调整——所得税费用——当期所得税费用”科目的贷方;最后,追溯调整法定盈余公积,按 70 701.22 元计提的 10%法定盈余公积金额 7 070.12 元应分别记入“盈余公积——法定盈余公积”科目的借方以及“利润分配——未分配利润”科目的贷方。

根据上述分析,该笔业务在 T＋系统中的操作流程如下:

(1) 填制凭证:以资产会计“805102”的身份于 2019-01-31 登录。在“总账”——“日常业务"中选择"填制凭证",填制如图 8-15-1 所示的所得税汇算清缴凭证并保存。

记账凭证

*凭证类别 `记账凭证` 🔍　*凭证编号 `0060`　*制单日期 `2019-01-31` 📅　附单据数 `2` ▣

明细 汇总

序号	*摘要	*科目名称	借方(本币)										贷方(本币)									
			亿	千	百	十	万	千	百	十	元	角	分	亿	千	百	十	万	千	百	十	元	角	分
1	所得税汇算清缴	以前年度损益调整——所得税费用——当期所得税费用					7	0	7	0	1	2	2											
2	所得税汇算清缴	应交税费——应交企业所得税																7	0	7	0	1	2	2

图 8-15-1　[业务 8-15]所得税汇算清缴凭证

（2）填制凭证：以资产会计"805102"的身份于 2019-01-31 登录。在"总账"——"日常业务"中选择"填制凭证",填制如图 8-15-2 所示的结转以前年度损益调整凭证并保存。

记账凭证

*凭证类别 `记账凭证` 🔍　*凭证编号 `0061`　*制单日期 `2019-01-31` 📅　附单据数 `1` ▣

明细 汇总

序号	*摘要	*科目名称	借方(本币)										贷方(本币)									
			亿	千	百	十	万	千	百	十	元	角	分	亿	千	百	十	万	千	百	十	元	角	分
1	结转以前年度损益调整	利润分配 —— 未分配利润					7	0	7	0	1	2	2											
2	结转以前年度损益调整	以前年度损益调整——所得税费用——当期所得税费用																7	0	7	0	1	2	2

图 8-15-2　[业务 8-15]结转以前年度损益调整凭证

（3）填制凭证：以资产会计"805102"的身份于 2019-01-31 登录。在"总账"——"日常业务"中选择"填制凭证",填制如图 8-15-3 所示的提取法定盈余公积凭证并保存。

记账凭证

*凭证类别 `记账凭证` 🔍　*凭证编号 `0062`　*制单日期 `2019-01-31` 📅　附单据数 `1` ▣

明细 汇总

序号	*摘要	*科目名称	借方(本币)										贷方(本币)									
			亿	千	百	十	万	千	百	十	元	角	分	亿	千	百	十	万	千	百	十	元	角	分
1	提取法定盈余公积	盈余公积——法定盈余公积					7	0	7	0	1	2												
2	提取法定盈余公积	利润分配——未分配利润																7	0	7	0	1	2	

图 8-15-3　[业务 8-15]提取法定盈余公积凭证

【业务 8-16】　1 月 31 日,取得原始凭证 1 张。

表 8-16-1　　　　　　　　　　损益类账户发生额结转表

2019 年 1 月 31 日

账户名称	借方累计发生额	贷方累计发生额
主营业务收入		1 622 423.00
资产处置损益		133 300.00
主营业务成本	1 100 796.29	
财务费用	63 771.29	
销售费用	8 112.12	
税金及附加		
管理费用	81 073.18	
资产减值损失	−66 000.00	
营业外支出	424 600.00	
所得税费用	−51 268.91	
合　　计	1 561 083.97	1 755 723.00

编制:于玉明　　　　　　　　　　　　　　　　　　　　　　审核:李玉

上述原始凭证中:

表 8-16-1 是损益类账户发生额结转表,此表应作为期末结转损益类科目的记账依据。该原始凭证注明的内容表明,本公司本月收入类科目发生额合计为 1 755 723.00 元,期末结转时,应从"主营业务收入"和"资产处置损益"各明细科目的借方转入"本年利润"科目的贷方。同时,本公司本月费用类科目发生额合计为 1 561 083.97 元,应分别从"主营业务成本""管理费用""销售费用""财务费用""资产减值损失""营业外支出"和"所得税费用"各明细科目的贷方转入"本年利润"科目的借方。

根据上述分析,该笔业务在 T十系统中的操作流程如下:

期间损益结转定义及结转:以资产会计"805102"的身份于 2019-01-31 登录。在"总账——期末处理"中选择"期间损益结转",本年利润科目选择"本年利润",勾选"包含未记账凭证"及"收入支出分别结转",勾选全部损益类科目,如图 8-16-1 所示;单击"生成凭证"命令,显示结转收入凭证,附单据数改为"1",如图 8-16-2 所示,保存;单击"下张"按钮,显示结转支出凭证,如图 8-16-3 至图 8-16-5 所示,保存。

我的桌面	初始化导航 ×	畅捷教育 ×	期间损益结转 * ×

生成凭证　退出

* 结转期间 2019.01 ▼　　　* 凭证类别 记账凭证 ▼　　　包含未记账凭证 ☑

* 设置方式 一级科目 ▼　　　收支类型 [   ] ▼　　　收入支出分别结转 ☑

* 本年利润科目 本年利润 🔍　　　合并生成利润分录 ☐

序号	☑	损益科目编码	损益科目名称	*利润科目编码	*利润科目名称
1	☑	6001	主营业务收入	4103	本年利润
2	☑	6011	利息收入	4103	本年利润
3	☑	6021	手续费及佣金收入	4103	本年利润
4	☑	6031	保费收入	4103	本年利润
5	☑	6041	租赁收入	4103	本年利润
6	☑	6051	其他业务收入	4103	本年利润
7	☑	6061	汇兑损益	4103	本年利润
8	☑	6101	公允价值变动损益	4103	本年利润
9	☑	6111	投资收益	4103	本年利润
10	☑	6201	摊回保险责任准备金	4103	本年利润
11	☑	6202	摊回赔付支出	4103	本年利润
12	☑	6203	摊回分保费用	4103	本年利润

图 8-16-1　期间损益结转定义

记账凭证

* 凭证类别 记账凭证 🔍　　* 凭证编号 0063　　* 制单日期 2019-01-31 📅　　附单据数 1

明细　汇总

序号	*摘要	科目名称	辅助项	*币种	*汇率	计量	金额	借方(本币) 亿千百十万千百十元角分	贷方(本币) 亿千百十万千百十元角分
1	结转期间损益	主营业务收入——人民币户	MS02	人民币	1.0000	件	256,5...	2 5 6 5 2 0 0 0	
2	结转期间损益	主营业务收入——美元户	LG01	美元	6.5043	件	210,0...	1 3 6 5 9 0 3 0 0	
3	结转期间损益	资产处置损益——非流动资产处置利得		人民币	1.0000		133,3...	1 3 3 3 0 0 0 0	
4	结转期间损益	本年利润		人民币	1.0000		1,755...		1 7 5 5 7 2 3 0 0

图 8-16-2　结转收入凭证

记账凭证

* 凭证类别 记账凭证 🔍　　* 凭证编号 0064　　* 制单日期 2019-01-31 📅　　附单据数 📅

明细　汇总

序号	*摘要	科目名称	辅助项	计量	借方(本币) 亿千百十万千百十元角分	贷方(本币) 亿千百十万千百十元角分
1	结转期间损益	本年利润			1 5 6 1 0 8 3 9 7	
2	结转期间损益	主营业务成本	MS02	件		1 5 8 2 5 9 2 0
3	结转期间损益	主营业务成本	LG01	件		9 4 2 5 3 7 0 9
4	结转期间损益	销售费用——预计商品质量保证损失				8 1 1 2 1 2
5	结转期间损益	管理费用——无形资产摊销				1 3 9 6 6 6

图 8-16-3　结转支出凭证一

6	结转期间损益	管理费用——工资																5	0	5	0	0	0	0
7	结转期间损益	管理费用——五险一金																2	0	8	5	6	5	0
8	结转期间损益	管理费用——折旧费																	8	3	2	0	0	2
9	结转期间损益	财务费用——利息支出																	2	6	4	0	4	8
10	结转期间损益	财务费用——利息收入																		2	9	0	1	3
11	结转期间损益	财务费用——汇兑差额																6	1	4	2	0	9	4

图 8-16-4 结转支出凭证二

12	结转期间损益	资产减值损失——坏账损失											6	6	0	0	0	0	0
13	结转期间损益	营业外支出——担保支出											3	0	0	0	0	0	0	0
14	结转期间损益	营业外支出——亏损合同											1	1	0	0	0	0	0	0
15	结转期间损益	营业外支出——债务重组损失												1	4	6	0	0	0	0
16	结转期间损益	所得税费用——当期所得税费用												3	5	8	4	2	5	3
17	结转期间损益	所得税费用——递延所得税费用													8	7	1	1	1	4	4

图 8-16-5 结转支出凭证三

第九章 合并及母公司财务报表业务会计电算化处理

本章仍以母公司南京大唐股份有限公司和天磊股份有限公司组成的企业集团为例,分别编制 2018 年度南京大唐股份有限公司调整后报表及 2019 年 1 月的个别财务报表,最终编制母子公司组成的企业集团 2018 年度的合并财务报表。

一、合并财务报表的编制

(一) 母公司 2018 年度个别财务报表

2019 年 1 月 31 日,母公司根据资产负债表日后调整事项追溯调整后的财务报表编制流程如下所述。

1. 对 2019 年业务进行出纳签字、凭证审核

(1) 出纳签字:以出纳"805103"陈明真身份于 2019-01-31 登录,在"总账"——"日常业务"中选择"凭证管理",单击"待出纳签字"按钮,勾选全部凭证记录,在"操作"中选择"出纳签字"命令;翻页,重复上述操作,直到单击"待出纳签字"按钮显示"数据不存在"的提示时,说明出纳签字全部完成。

(2) 审核凭证:以账套主管"805101"李玉身份于 2019-01-31 登录,在"总账"——"日常业务"中选择"凭证管理",单击"待审核"按钮,勾选本页全部凭证记录,选择"审核"命令;翻页,重复上述操作,直到单击"待审核"按钮显示"数据不存在"的提示时,说明凭证审核全部完成。

2. 对含有"以前年度损益调整"科目及"利润分配——未分配利润"科目的凭证进行记账

以账套主管"805101"李玉身份于 2019-01-31 登录,在"总账"——"日常业务"中选择"凭证管理",有两种方法进行记账,第一种方法是双击打开第一张凭证,逐张辨析凭证中是否包含这些科目,对于包含这些科目的凭证,单击"记账"按钮,单击"下张"按钮,处理下一凭证是否记账,直到完成要求的记账工作;第二种方法是在凭证管理的页面中,扩大每一页的行数,要求第一页包含所有的凭证,在该页面中,勾选含有这两个科目的凭证,单击"记账"按钮,完成要求的记账工作。两种方法可以配合使用。

3. 建立并编辑母公司根据资产负债表日后调整事项追溯调整后的财务报表模板

1) 增加模板分类

以账套主管"805101"身份于 2019-01-31 登录,在"T-UFO"中的"UFO"中单击"模板设计",出现"模板设计"页面,选择"总账"分类,单击"增加分类"图标,录入分类编码"GL0005",分类名称"2018 调整后报表",上级分类为"总账",保存并退出。

2) 建立 2018 调整后资产负债表模板

与 2018 调整前资产负债表相比,年初数完全一致,期末有差异,其中调整后资产负债表增加了 2019 年调整事项的业务数据,但其生成数据的模板公式不变,因而将 2018 调整前报表中的资产负债表复制到 2018 调整后报表分类中。以账套主管"805101"身份于 2019-01-31 登录,在"T-UFO"的"UFO"中单击"模板设计",选择"2018 调整前报表"分类,勾选资产负债表,单击"复制"按钮,将其报表编码改为"GLFIR00012",报表名称改为"2018 调整后资产负债表",模板分类改为"2018 调整后报表",保存。

3) 建立并编辑"调整后利润表"模板

(1) 复制利润表模板:以账套主管"805101"身份于 2019-01-31 登录,在"T-UFO"的"UFO"中单击"模板设计",选择"2018 调整前报表"分类,勾选利润表,单击"复制"按钮,将其报表编码改为"GLFIR00015",报表名称改为"2018 调整后利润表",模板分类改为"2018 调整后报表",保存。

(2) 编辑利润表单元公式:有关 2018 调整事项在 2019 年分录中通过"以前年度损益调整"科目完成的,根据各种调整事项对"以前年度损益调整"设置对应的二级或三级明细科目进行针对性的处理,该科目相当于一个完整的损益类科目(其明细科目包括收入和支出),其核算规则与损益类科目一致,调整后利润表的单元公式设置原理是:对于收入科目,如营业收入,其公式是"调整前营业收入数据+以前年度损益调整(含主营业务收入和其他业务收入)科目的贷方发生额",其单元公式可以是"16 297 231.19+FS(″690104″,″″,″ 年 ″,″ 月 ″,″ 贷 ″)",调整前营业收入金额可以直接录入"1 6297 231.19",但该金额在编号为"GLFIR00014-2018-13-01"的利润表的"B5"单元格中,其取数值公式为"GetData(″GLFIR00014-2018-13-01″,″B5″)",因此,该单元格公式也可以改为"GetData(″GLFIR00014-2018-13-01″,″B5″)+FS(″690104″,″″,″ 年 ″,″ 月 ″,″ 贷 ″)";对于支出科目,如营业成本,其公式是"调整前营业成本+以前年度损益调整(含主营业务成本和其他业务成本)科目的借方发生额";其他项目的本年数依次类推。

4) 建立并编辑"调整后现金流量表"模板

(1) 复制现金流量表模板:以账套主管"805101"身份于 2019-01-31 登录,在"T-UFO"的"UFO"中单击"模板设计",选择"2018 调整前报表"分类,勾选现金流量表,单击"复制"按钮,将其报表编码改为"GLFIR00017",报表名称改为"2018 调整后现金流量表",模板分类改为"2018 调整后报表",保存。

(2) 编辑现金流量表单元公式:在 2019 年调整分录中,涉及流量的必须选择合理的流量项目,因此,现金流量表某项目的金额公式是"调整前项目数据＋该流量项目发生额"。

5)建立并编辑"调整后所有者权益变动表"模板

(1)复制所有者权益变动表模板:以账套主管"805101"身份于2019-01-31登录,在"T-UFO"的"UFO"中单击"模板设计",选择"2018调整前报表"分类,勾选所有者权益变动表,单击"复制"按钮,将其报表编码改为"GLFIR00019",报表名称改为"2018调整后所有者权益变动表",模板分类改为"2018调整后报表",保存。

(2)编辑所有者权益变动表单元公式:其中年初金额单元公式不变,改变的是"综合收益总额"的"未分配利润"单元公式,可以取2018调整利润表生成后的单元金额数;"提取盈余公积"对应的"盈余公积"可以取2018调整利润表生成后的单元金额数×0.1,对应的"未分配利润"取计算结果的负数。

4. 生成报表数据

以账套主管"805101"身份于2019-01-31登录,在"T-UFO"的"UFO"中单击"报表数据",单击"2018调整后报表"分类的左三角图标,展开分类下的报表,选择"2018调整后资产负债表",单击"生成报表"按钮,数据生成后保存,如表9-1所示,并修改数据报表的编码为"GLFIR00012-2018-13-02"。

表9-1

资产负债表

会企01表

单位:南京大唐股份有限公司　　　　2018年12月31日　　　　单位:元

资　　产	期末余额	年初余额	负债和所有者权益（或股东权益）	期末余额	年初余额
流动资产:			流动负债:		
货币资金	28 197 691.88	27 328 442.83	短期借款		
以公允价值计量且其变动计入当期损益的金融资产			以公允价值计量且其变动计入当期损益的金融负债		
应收票据			应付票据		
应收账款	511 003.40	503 500.00	应付账款		
预付款项			预收款项		
应收利息			应付职工薪酬		
应收股利			应交税费	55 790.22	
其他应收款			应付利息		
存货	1 419 681.43	937 200.00	应付股利		
持有待售资产			其他应付款	95 000.00	
一年内到期的非流动资产			持有待售负债		
其他流动资产			一年内到期的非流动负债		

（续表）

资　产	期末余额	年初余额	负债和所有者权益 （或股东权益）	期末余额	年初余额
流动资产合计	30 128 376.71	28 769 142.83	其他流动负债		
非流动资产：			流动负债合计	150 790.22	
可供出售金融资产			非流动负债：		
持有至到期投资			长期借款		
长期应收款			应付债券		
长期股权投资	1 400 000.00	1 400 000.00	其中：优先股		
投资性房地产			永续债		
固定资产	679 879.48	806 359.72	长期应付款		
在建工程			专项应付款		
工程物资			预计负债	886 407.99	657 521.12
固定资产清理			递延所得税负债	6 900.00	
生产性生物资产			其他非流动负债		
油气资产			非流动负债合计	893 307.99	657 521.12
无形资产	465 000.00	525 000.00	负债合计	1 044 098.21	657 521.12
开发支出			所有者权益（或股东权益）：		
商誉			实收资本（或股本）	30 000 000.00	30 000 000.00
长期待摊费用			其他权益工具		
递延所得税资产	245 694.15	171 005.28	其中：优先股		
其他非流动资产			永续债		
非流动资产合计	2 790 573.63	2 902 365.00	资本公积		
			减：库存股		
			其他综合收益		
			盈余公积	266 612.12	180 525.58
			未分配利润	1 608 240.01	833 461.13
			所有者权益（或股东权益）合计	31 874 852.13	31 013 986.71
资产总计	32 918 950.34	31 671 507.83	负债和所有者权益（或股东权益）总计	32 918 950.34	31 671 507.83

公司法定代表人：闵小雯　　　　　主管会计工作负责人：闵小雯　　　　　会计机构负责人：李玉

　　以会计主管"805101"身份于 2019-01-31 登录，在"T-UFO"的"UFO"中单击"报表数据"，单击"2018 调整后报表"分类的左三角图标，展开分类下的报表，选择"2018 调整后利润

表"，单击"生成报表"按钮，数据生成后保存，如表 9-2 所示，并修改数据报表的编码为
"GLFIR00015-2018-13-02"。

表 9-2

利　润　表

会企 02 表

单位：南京大唐股份有限公司　　　　　　2018 年　　　　　　单位：元

项　目	本期金额	上年同期金额
一、营业收入	14 188 902.34	
减：营业成本	9 187 213.52	
税金及附加	49 512.84	
销售费用	873 944.78	
管理费用	2 718 055.71	
财务费用	263.66	
资产减值损失	69 868.6	
加：公允价值变动收益（损失以"－"号填列）		
投资收益（损失以"－"号填列）		
其中：对联营企业和合营企业的投资收益		
资产处置收益（损失以"－"号填列）		
其他收益		
二、营业利润（亏损以"－"号填列）	1 290 043.23	
加：营业外收入		
减：营业外支出	95 000.00	
其中：非流动资产处置损失		
三、利润总额（亏损总额以"－"号填列）	1 195 043.23	
减：所得税费用	334 177.81	
四、净利润（净亏损以"－"号填列）	860 865.42	
（一）持续经营净利润（净亏损以"－"号填列）	860 865.42	
（二）终止经营净利润（净亏损以"－"号填列）		
五、其他综合收益的税后净额		
（一）以后不能重分类进损益的其他综合收益		
1. 重新计量设定受益计划净负债或净资产的变动		
2. 权益法下在被投资单位不能重分类进损益的其他综合收益中享有的份额		

（续表）

项　目	本期金额	上年同期金额
（二）以后将重分类进损益的其他综合收益		
1. 权益法下在被投资单位以后将重分类进损益的其他综合收益中享有的份额		
2. 可供出售金融资产公允价值变动损益		
3. 持有至到期投资重分类为可供出售金融资产损益		
4. 现金流量套期损益的有效部分		
5. 外币财务报表折算差额		
……		
六、综合收益总额	860 865.42	
七、每股收益：		
（一）基本每股收益		
（二）稀释每股收益		

公司法定代表人:闵小雯　　　　主管会计工作负责人:闵小雯　　　　会计机构负责人:李玉

　　以会计主管"805101"身份于 2019-01-31 登录,在"T-UFO"的"UFO"中单击"报表数据",单击"2018 调整后报表"分类的左三角图标,展开分类下的报表,选择"2018 调整后现金流量表",单击"生成报表"按钮,数据生成后保存,如表 9-3 所示,并修改数据报表的编码为"GLFIR00016-2018-13-01"。

表 9-3　　　　　　　　　　　现 金 流 量 表

会企 03 表

单位:南京大唐股份有限公司　　　　　　　2018 年　　　　　　　　　　单位:元

项　目	本期数	上年同期数
一、经营活动产生的现金流量：		
销售商品、提供劳务收到的现金	16 297 231.19	
收到的税费返还		
收到其他与经营活动有关的现金		
经营活动现金流入小计	16 297 231.19	
购买商品、接受劳务支付的现金	10 757 793.14	
支付给职工以及为职工支付的现金	2 146 167.83	
支付的各项税费	401 194.27	
支付其他与经营活动有关的现金	2 125 563.24	
经营活动现金流出小计	15 430 718.48	

（续表）

项　　目	本期数	上年同期数
经营活动产生的现金流量净额	866 512.71	
二、投资活动产生的现金流量：		
收回投资收到的现金		
取得投资收益收到的现金		
处置固定资产、无形资产和其他长期资产收回的现金净额		
处置子公司及其他营业单位收到的现金净额		
收到其他与投资活动有关的现金		
投资活动现金流入小计		
购建固定资产、无形资产和其他长期资产所支付的现金		
投资支付的现金		
取得子公司及其他营业单位支付的现金净额		
支付其他与投资活动有关的现金		
投资活动现金流出小计		
投资活动产生的现金流量净额		
三、筹资活动产生的现金流量：		
吸收投资收到的现金		
取得借款收到的现金		
收到其他与筹资活动有关的现金		
筹资活动现金流入小计		
偿还债务支付的现金		
分配股利、利润或偿付利息支付的现金		
支付其他与筹资活动有关的现金		
筹资活动现金流出小计		
筹资活动产生的现金流量净额		
四、汇率变动对现金及现金等价物的影响	2 736.34	
五、现金及现金等价物净增加额	869 249.05	
加：期初现金及现金等价物余额	27 328 442.83	
六、期末现金及现金等价物余额	28 197 691.88	

公司法定代表人：闵小雯　　　　主管会计工作负责人：闵小雯　　　　会计机构负责人：李玉

　　以会计主管"805101"身份于 2019-01-31 登录，在"T-UFO"的"UFO"中单击"报表数据"，单击"2018 调整后报表"分类的左三角图标，展开分类下的报表，选择"2018 调整后所有者权益变动表"，单击"生成报表"按钮，数据生成后保存，如表 9-4 所示，并修改数据报表的编码为"GLFIR00019-2018-13-02"。

表9-4

单位:南京大唐股份有限公司

所有者权益变动表

2018年

会企04表

单位:元

项目	本年金额							上年金额						
	实收资本(或股本)	资本公积	减:库存股	其他综合收益	盈余公积	未分配利润	所有者权益合计	实收资本(或股本)	资本公积	减:库存股	其他综合收益	盈余公积	未分配利润	所有者权益合计
一、上年末余额	30 000 000.00				180 525.58	833 461.13	31 013 986.71							
加:会计政策变更														
前期差错更正														
其他														
二、本年年初余额	30 000 000.00				180 525.58	833 461.13	31 013 986.71							
三、本年增减变动金额(减少以"-"号填列)					86 086.54	774 778.88	860 865.42							
(一)综合收益总额						860 865.42	860 865.42							
(二)所有者投入和减少资本														
1. 所有者投入的资本														
2. 股份支付计入所有者权益的金额														
3. 其他														
(三)利润分配					86 086.54	-86 086.54								
1. 提取盈余公积					86 086.54	-86 086.54								
2. 对所有者(或股东)的分配														
3. 其他														
(四)所有者权益内部结转														
1. 资本公积转增资本(或股本)														
2. 盈余公积转增资本(或股本)														
3. 盈余公积弥补亏损														
4. 其他														
四、本年末余额	30 000 000.00				266 612.12	1 608 240.01	31 874 852.13							

公司法定代表人:闵小雯　　主管会计工作负责人:闵小雯　　会计机构负责人:李玉

（二）　子公司 2018 年度个别财务报表

子公司 2018 年度个别财务报表直接取得,在 T＋系统的报表模板中建立分类编码为"GL0007"名称为"子公司报表"的二级分类,并在此分类下根据母公司调整前报表模板复制建立子公司的资产负债表、利润表、现金流量表和所有者权益变动表的报表模板,并在此基础上,生成子公司 2018 年度报表,其编码分别为"GLFIR00031-2018-13-01",名称为"子公司资产负债表",如表 9-5 所示;"GLFIR00032-2018-13-01",名称为"子公司利润表",如表9-6 所示;"GLFIR00033-2018-13-01",名称为"子公司现金流量表",如表 9-7 所示;"GLFIR00034-2018-13-01",名称为"子公司所有者权益变动表",如表 9-8 所示。

表 9-5   资 产 负 债 表

会企 01 表

编制单位:天磊股份有限公司　　　　　　2018 年 12 月 31 日　　　　　　单位:元

资　产	期末余额	年初余额	负债和所有者权益	期末余额	年初余额
流动资产:			流动负债:		
货币资金	2 888 540.69	1 000 470.74	短期借款		
以公允价值计量且其变动计入当期损益的金融资产			以公允价值计量且其变动计入当期损益的金融负债		
衍生金融资产			衍生金融负债		
应收票据			应付票据		
应收账款	570 000.00	332 500.00	应付账款		
预付款项			预收款项		
应收利息			应付职工薪酬		
应收股利			应交税费		
其他应收款			应付利息		
存货		220 000.00	应付股利		
持有待售资产			其他应付款		
一年内到期的非流动资产			持有待售负债		
其他流动资产			一年内到期的非流动负债		
流动资产合计	3 458 540.69	1 552 970.74	其他流动负债		
非流动资产:			流动负债合计		
可供出售的金融资产			非流动负债:		
持有至到期投资			长期借款		
长期应收款			应付债券		
长期股权投资			其中:优先股		

(续表)

资　产	期末余额	年初余额	负债和所有者权益	期末余额	年初余额
投资性房地产			永续债		
固定资产	986 999.52	1 142 999.76	长期应付款		
在建工程			专项应付款		
工程物资			预计负债	705 115.46	250 000.00
固定资产清理			递延收益		
生产性生物资产			递延所得税负债		
油气资产			其他非流动负债		
无形资产			非流动负债合计	705 115.46	250 000.00
开发支出			负债合计	705 115.46	250 000.00
商誉			所有者权益(或股东权益):		
长期待摊费用			实收资本(或股本)	2 000 000.00	2 000 000.00
递延所得税资产			其他权益工具		
其他非流动资产			其中:优先股		
非流动资产合计	986 999.52	1 142 999.76	永续债		
			资本公积		
			减:库存股		
			其他综合收益		
			盈余公积	174 042.48	44 597.05
			未分配利润	1 566 382.27	401 373.45
			所有者权益(或股东权益)合计	3 740 424.75	2 445 970.50
资产总计	4 445 540.21	2 695 970.50	负债和所有者权益总计	4 445 540.21	2 695 970.50

公司法定代表人：　　　　主管会计工作负责人：　　　　会计机构负责人：

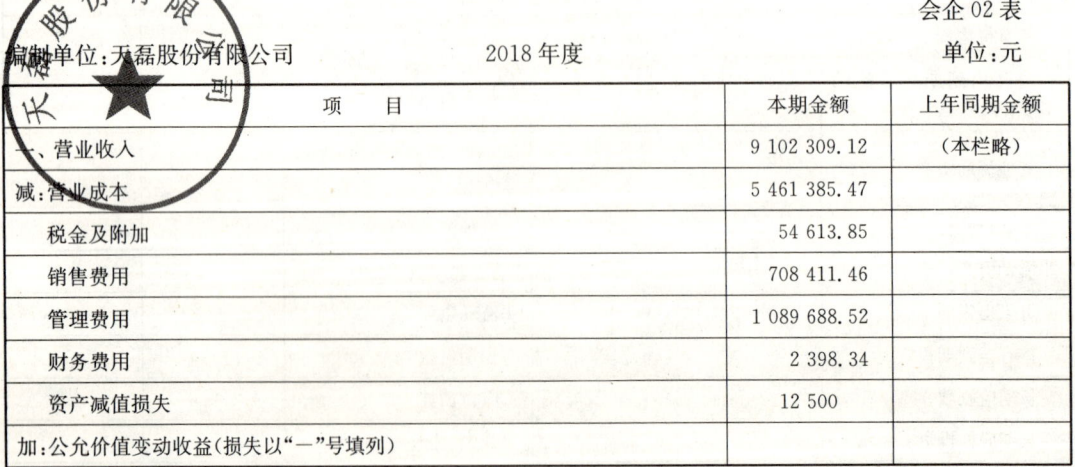

表 9-6

利　润　表

会企 02 表

编制单位:天磊股份有限公司　　　　2018 年度　　　　单位:元

项　　目	本期金额	上年同期金额
一、营业收入	9 102 309.12	(本栏略)
减:营业成本	5 461 385.47	
税金及附加	54 613.85	
销售费用	708 411.46	
管理费用	1 089 688.52	
财务费用	2 398.34	
资产减值损失	12 500	
加:公允价值变动收益(损失以"－"号填列)		

（续表）

项　目	本期金额	上年同期金额
投资收益（损失以"－"号填列）		
其中：对联营企业和合营企业的投资收益		
资产处置收益（损失以"－"号填列）		
其他收益		
二、营业利润（亏损以"－"号填列）	1 773 311.48	
加：营业外收入		
减：营业外支出		
其中：非流动资产处置损失		
三、利润总额（亏损总额以"－"号填列）	1 773 311.48	
减：所得税费用	478 857.23	
四、净利润（净亏损以"－"号填列）	1 294 454.25	
（一）持续经营净利润（净亏损以"－"号填列）		
（二）终止经营净利润（净亏损以"－"号填列）		
五、其他综合收益税后净额		
（一）以后不能重分类进损益的其他综合收益		
1. 重新计量设定收益计划净负债或净资产的变动		
2. 权益法下在被投资单位不能重分类进损益的其他综合收益中享有的份额		
……		
（二）以后将重分类进损益的其他综合收益		
1. 权益法下在被投资单位以后将重分类进损益的其他综合收益中享有的份额		
2. 可供出售金融资产公允价值变动损益		
3. 持有至到期投资重分类为可供出售金融资产损益		
4. 现金流量套期损益的有效部分		
5. 外币财务报表折算差额		
……		
六、综合收益总额	1 294 454.25	
七、每股收益：		
（一）基本每股收益		
（二）稀释每股收益		

公司法定代表人：　　　　　主管会计工作负责人：　　　　　会计机构负责人：

表 9-7

现 金 流 量 表

编制单位：天磊股份有限公司　　　　　2018 年度　　　　　会企 03 表

单位：元

项　目	本期数	上年同期数
一、经营活动产生的现金流量：		略
销售商品、提供劳务收到的现金	10 308 678.58	
收到的税费返还		

（续表）

项　目	本期数	上年同期数
收到其他与经营活动有关的现金		
现金流入小计	10 308 678.58	
购买商品、接受劳务支付的现金	5 279 552.29	
支付给职工以及为职工支付的现金	1 293 961.6	
支付的各项税费	1 087 285.79	
支付其他与经营活动有关的现金	759 808.95	
现金流出小计	8 420 608.63	
经营活动产生的现金流量净额	1 888 069.95	
二、投资活动产生的现金流量：		
收回投资所收到的现金		
取得投资收益所收到的现金		
处置固定资产、无形资产和其他长期资产所收回的现金净额		
处置子公司及其他营业单位收到的现金净额		
收到其他与投资活动有关的现金	0	
现金流入小计		
购建固定资产、无形资产和其他长期资产所支付的现金		
投资所支付的现金		
取得子公司及其他营业单位支付的现金净额		
支付其他与投资活动有关的现金	0	
现金流出小计	0	
投资活动产生的现金流量净额		
三、筹资活动产生的现金流量：		
吸收投资所收到的现金		
借款所收到的现金		
收到其他与筹资活动有关的现金	0	
现金流入小计		
偿还债务所支付的现金		
分配股利、利润或偿付利息所支付的现金		
支付其他与筹资活动有关的现金	0	
现金流出小计	0	
筹资活动产生的现金流量净额		
四、汇率变动对现金的影响	1 888 069.95	
五、现金及现金等价物净增加额	1 000 470.74	
加：期初现金及现金等价物余额	2 888 540.69	
六、期末现金及现金等价物余额	10 308 678.58	

公司法定代表人：　　　　主管会计工作负责人：　　　　会计机构负责人：

表9-8

所有者权益变动表

2018年

会企04表

单位:元

单位:天磊腾份有限公司

项　目	本年金额							上年金额						
	实收资本（或股本）	资本公积	减:库存股	其他综合收益	盈余公积	未分配利润	所有者权益合计	实收资本（或股本）	资本公积	减:库存股	其他综合收益	盈余公积	未分配利润	所有者权益合计
一、上年年末余额	2 000 000.00				44 597.05	401 373.45	2 445 970.50							
加:会计政策变更														
前期差错更正														
其他														
二、本年年初余额	2 000 000.00				44 597.05	401 373.45	2 445 970.50							
三、本年增减变动金额（减少以"-"号填列）					129 445.43	1 165 008.83	1 294 454.25							
（一）综合收益总额						1 294 454.25	1 294 454.25							
（二）所有者投入和减少资本														
1.所有者投入资本														
2.股份支付计入所有者权益的金额														
3.其他														
（三）利润分配					129 445.43	−129 445.43								
1.提取盈余公积					129 445.43	−129 445.43								
2.对所有者（或股东）的分配														
3.其他														
（四）所有者权益内部结转														
1.资本公积转增资本（或股本）														
2.盈余公积转增资本（或股本）														
3.盈余公积弥补亏损														
4.其他														
四、本年年末余额	2 000 000.00				174 042.48	1 566 382.28	3 740 424.75							

公司法定代表人:　　　　主管会计工作负责人:　　　　会计机构负责人:

(三) 调整分录的编制

【业务 9-1】 按权益法调整对子公司的长期股权投资。

表 9-9　　　　　　　　　天磊股份有限公司利润及利润分配情况表

单位:元

截至 2017 年累计净利润	截至 2017 年累计向股东分配利润	2018 年净损益
445 970.50	0	1 294 454.25

表 9-9 是子公司天磊股份有限公司利润及利润分配情况表,此表应作为编制合并工作底稿时将母公司南京大唐股份有限公司长期股权投资从成本法调整为权益法的依据。该表注明截至 2017 年累计净利润 445 970.50 元,其中母公司南京大唐股份有限公司应享有的份额为 312 179.35 元(445 970.50×70%),应编制调整分录为:借记"长期股权投资"项目 312 179.35 元,贷记"未分配利润——年初"项目 312 179.35 元。在编制合并工作底稿时,借方"长期股权投资"项目 312 179.35 元应记入资产负债表项目中"长期股权投资"项目调整分录栏的借方;贷方"未分配利润——年初"项目 312 179.35 元应记入资产负债表项目中"未分配利润"项目调整分录栏的贷方,同时还应将其记入所有者权益变动表项目中"上年期末余额项目归属于母公司所有者权益未分配利润"调整分录栏的贷方。

截至 2017 年累计向股东分配分配利润 0 元,表明天磊股份有限公司向股东分配股利为 0 元在编制合并工作底稿时,无需调整"长期股权投资"项目和"未分配利润——年初"项目。

2018 年度实现净利润 1 294 454.25 元,其中母公司南京大唐股份有限公司应按持股比例确认 906 117.98 元(1 294 454.25×70%),应编制调整分录为:借记"长期股权投资"项目 906 117.98 元,贷记"投资收益"项目 906 117.98 元。在编制合并工作底稿时,借方"长期股权投资"项目 906 117.98 元应记入资产负债表项目中"长期股权投资"项目调整分录栏的借方;贷方"投资收益"项目 906 117.98 元应记入资产负债表项目中"未分配利润"项目调整分录栏的贷方、利润表项目中"投资收益"项目调整分录栏的贷方和所有者权益变动表项目中"综合收益总额项目归属于母公司所有者权益未分配利润"调整分录栏的贷方。

经过上述调整,南京大唐股份有限公司对天磊股份有限公司的长期股权投资经调整后的 2018 年 12 月 31 日金额为 2 618 297.33 元[投资成本 1400 000.00＋权益法调整增加的长期股权投资(312 179.35＋906 117.98)]。

(四) 抵销分录的编制

【业务 9-2】 母公司对子公司长期股权投资和子公司所有者权益项目的抵销。

根据表 9-8 所示,天磊股份有限公司 2018 年年末所有者权益为:实收资本 2 000 000.00 元,盈余公积 174 042.48 元,未分配利润 1 566 382.27 元,合计为 3 740 424.75 元。天磊股份有限公司所有者权益中 30%的部分,即 1 122 127.42 元属于少数股东权益,在抵销处理时应作为少数股东权益处理。应编制抵销分录为:借记"实收资本"项目 2 000 000.00 元,"盈余公积"项目 174 042.40 元,"未分配利润——年末"项目 1 566 382.27 元;贷记"长期股权投资"项目 2 618 297.33 元,"少数股东权益"项目 1 122 127.42 元。在编制合并工作底稿时,借方"实收资本"项目 2 000 000.00 元应记入资产负债表项目中"实收资本"项目抵销分录栏的借方,还应记入所有者权益变动表项目中"上年期末余额项目归属于母公司所有者权益实收资本(或股本)"抵销分录栏的借方;借方"盈余公积"项目 174 042.48 元应记入资产负债表项目中"盈余公积"项目抵销分录栏的借方,其中 44 597.05 元还应记入所有者权益变动表项目中"上年期末余额项目归属于母公司所有者权益盈余公积"抵销分录栏的借方、129 445.43 元还应记入所有者权益变动表项目中"提取盈余公积项目归属于母公司所有者权益盈余公积"抵销分录栏的借方;借方"未分配利润——年末"项目 1 566 382.27 元应记入资产负债表项目中"未分配利润"项目抵销分录栏的借方,还应记入所有者权益变动表项目中"综合收益项目归属于母公司所有者权益未分配利润"抵销分录栏的借方;贷方"长期股权投资"项目 2618 297.33 元应记入资产负债表项目中"长期股权投资"项目抵销分录栏的贷方;贷方"少数股东权益"项目 1 122 127.42 元应记入资产负债表项目中"少数股东权益"项目抵销分录栏的贷方,还应记入所有者权益变动表项目中"本期期末余额项目少数股东权益"栏。

【业务 9-3】 母公司持有子公司长期股权投资的投资收益的抵销。

根据表 9-8 所示,2018 年度天磊股份有限公司的未分配利润的年初数为 401 373.45 元,本年综合收益总额为 1 294 454.25 元,南京大唐股份有限公司应确认的份额为 906 117.98 元(1 294 454.25×70%),少数股东损益为 388 336.27 元(1 294 454.25×30%),为此,对天磊股份有限公司 2018 年利润分配进行抵销处理时,应编制抵销分录为:借记"投资收益"项目 906 117.98 元,"少数股东损益"项目 388 336.27 元,"未分配利润——年初"项目 401 373.45 元;贷记"未分配利润——年末"项目 1 566 382.27 元,提取盈余公积 129 445.43 元。在编制合并工作底稿时,借方"投资收益"项目 906 117.98 元应记入资产负债表项目中"未分配利润"项目抵销分录栏的借方、利润表项目中"投资收益"项目抵销分录栏的借方和所有者权益变动表项目中"综合收益总额项目归属于母公司所有者权益未分配利润"抵销分录栏的借方;借方"少数股东损益"项目 388 336.27 元应记入资产负债表项目中"未分配利润"项目抵销分录栏的借方、利润表项目中"少数股东损益"项目抵销分录栏的借方和所有者权益变动表项目中"综合收益总额项目归属于母公司所有者权益未分配利润"抵销分录栏的借方;借方"未分配利润——年初"项目 401 373.45 元应记入资产负债表项目中"未分配利润"项目抵销分录栏的借方,还应记入所有者权益变动表项目中"上年期末余额项目归属于母公司所有者权益未分配利润"抵销分录栏的借方;贷方"未分配利润——年末"项目 1 566 382.27 元应记入资产负债表项目中"未分配利润"项目抵销分录栏的贷方,还应记入所有者权益变动表项目中"综合收益项目归属于母公司所有者权益未分配利润"抵销分录栏的贷方;贷方提取盈余公积 129 445.43 元,应记入资产负债表项目中"未分配利润"项目抵销分录栏的贷方,还应记入所有者权益变动表项目中"提取盈余公积项目归属于母公司所有者权益未分配利润"抵销分录栏的贷方。

【业务 9-4】　内部存货交易的抵销。

表 9-10　　　　　　　　　　　2018 年度内部存货交易统计表

交易对象	业务性质	本期发生金额（不含税）	期末未销售的库存金额	毛利率	期末未实现利润	上年期末未实现利润
天磊股份有限公司	内部存货交易（原材料）	60 000	0	35%	0	0

表 9-10 是内部存货交易统计表,此表应作为编制合并工作底稿时内部存货交易抵销处理的依据。

该表注明"本期发生金额"为 60 000.00 元,"期末未销售的库存金额"为 0 元,表明天磊股份有限公本期从母公司南京大唐股份有限公司购入的原材料,通过生产产品全部实现对外销售,应编制抵销分录为:借记"营业收入"项目 60 000.00 元,贷记"营业成本"项目 60 000.00 元;在编制合并工作底稿时,借方"营业收入"项目 60 000.00 元应记入资产负债表项目中"未分配利润"项目抵销分录栏的借方、利润表项目中"营业收入"项目抵销分录栏的借方和所有者权益变动表项目中"综合收益总额项目归属于母公司所有者权益未分配利润"抵销分录栏的借方;贷方"营业成本"项目 60 000.00 元应记入资产负债表项目中"未分配利润"项目抵销分录栏的贷方、利润表项目中"营业成本"项目抵销分录栏的贷方和所有者权益变动表项目中"综合收益总额项目归属于母公司所有者权益未分配利润"抵销分录栏的贷方。

【业务 9-5】　集团内部当期购销业务所产生的现金流量的抵销。

表 9-11　　　　　　　　　　　2018 年度关联交易销售收现情况表

销售方	应收账款期初余额	全年销售价税合计	应收账款期末余额	已收现
南京大唐股份有限公司	0	69 600.00	0	69 600.00

表 9-11 是母子公司 2018 年度关联交易销售收现情况表,此表应作为编制合并工作底稿时抵销母公司南京大唐股份有限公司和子公司天磊股份有限公司现金流量的依据。该表注明:母公司南京大唐股份有限公司对子公司天磊股份有限公司应收账款期初余额为 0 元,全年销售价税合计为 69 600.00 元,应收账款期末余额为 0 元,全年已收现 69 600.00 元。应编制抵销分录为:借记"购买商品、接受劳务支付的现金"项目 69 600.00 元;贷记"销售商品、提供劳务收到的现金"项目 69 600.00 元。在编制合并工作底稿时,借方"购买商品、接受劳务支付的现金"项目 69 600.00 元应记入现金流量表相应项目抵销分录栏的借方;贷方"销售商品、提供劳务收到的现金"项目 69 600.00 元应记入现金流量表相应项目抵销分录栏的贷方。

(五) 合并工作底稿的编制

1. 合并工作底稿(资产负债表部分)的编制

表 9-12

合并工作底稿——资产负债表

项　　目	母公司	子公司	合计数 期末数	调整分录 借方	调整分录 贷方	抵销分录 借方	抵销分录 贷方	合并余额 期末数
资　产								
流动资产:								
货币资金	28 197 691.88	2 888 540.69	31 086 232.57					31 086 232.57
以公允价值计量且其变动计入当期损益的金融资产								
衍生金融资产								
应收票据								
应收账款	511 003.40	570 000.00	1 081 003.40					1 081 003.40
预付款项								
应收利息								
应收股利								
其他应收款								
存货	1 419 681.43		1 419 681.43					1 419 681.43
持有待售资产								
一年内到期的非流动资产								
其他流动资产								
流动资产合计	30 128 376.71	3 458 540.69	33 586 917.40					33 586 917.40

（续表）

项 目	母公司	子公司	合计数 期末数	调整分录 借方	调整分录 贷方	抵销分录 借方	抵销分录 贷方	合并余额 期末数
非流动资产：								
可供出售金融资产								
持有至到期投资								
长期应收款								
长期股权投资	1 400 000.00		1 400 000.00	1 218 297.33			2 618 297.33	
投资性房地产								
固定资产	679 879.48	986 999.52	1 666 879.00					1 666 879.00
在建工程								
工程物资								
固定资产清理								
生产性生物资产								
油气资产								
无形资产	465 000.00		465 000.00					465 000.00
开发支出								
商誉								
长期待摊费用								
递延所得税资产	245 694.15		245 694.15					245 694.15
其他非流动资产								
非流动资产合计	2 790 573.63	986 999.52	3 777 573.15	1 218 297.33			2 618 297.33	2 377 573.15
资产总计	32 918 950.34	4 445 540.21	37 364 490.55	1 218 297.33			2 618 297.33	35 964 490.55

负债和所有者权益（或股东权益）			
流动负债：			
短期借款			
以公允价值计量且其变动计入当期损益的金融负债			
衍生金融负债			
应付票据			
应付账款			
预收款项			
应付职工薪酬			
应交税费	55 790.22	55 790.22	55 790.22
应付利息			
应付股利			
其他应付款	95 000.00	95 000.00	95 000.00
持有待售负债			
一年内到期的非流动负债			
其他流动负债			
流动负债合计	150 790.22	150 790.22	150 790.22
非流动负债：			
长期借款			
应付债券			
其中：优先股			
永续债			

（续表）

项目	母公司	子公司	合计数 期末数	调整分录 借方	调整分录 贷方	抵销分录 借方	抵销分录 贷方	合并余额 期末数
长期应付款								
专项应付款								
预计负债	886 407.99	705 115.46	1 591 523.45					1 591 523.45
递延所得税负债	6 900.00		6 900.00					6 900.00
其他非流动负债								
流动负债合计	893 307.99	705 115.46	1 598 423.45					1 598 423.45
负债合计	1 044 098.21	705 115.46	1 749 213.67					1 749 213.67
所有者权益（或股东权益）:								
实收资本（或股本）	30 000 000.00	2 000 000.00	32 000 000.00			2 000 000.00		30 000 000.00
其他权益工具								
其中:优先股								
永续债								
资本公积								
减:库存股								
其他综合收益								
专项储备								
盈余公积	266 612.12	174 042.48	440 654.60			174 042.48		266 612.12
未分配利润	1 608 240.01	1 566 382.27	3 174 622.28		1 218 297.33	3 322 209.97	1 755 827.70	2 826 537.34
归属于母公司所有者权益合计								33 093 149.46
少数股东权益							1 122 127.42	1 122 127.42
所有者权益（或股东权益）合计	31 874 852.13	3 740 424.75	35 615 276.88		1 218 297.33	5 496 252.45	2 877 955.12	34 215 276.88
负债和所有者权益（或股东权益）总计	32 918 950.34	4 445 540.21	37 364 490.55		1 218 297.33	5 496 252.45	2 877 955.12	35 964 490.55

2. 合并工作底稿（利润表部分）的编制

表 9-13

合并工作底稿——利润表

2018 年

单位:南京大唐股份有限公司　　　　　　　　　　　　　　　　　　　　　　　　　　单位:元

项　　目	母公司	子公司	合计数	调整分录		抵销分录		合并金额
				借方	贷方	借方	贷方	
一、营业收入	14 188 902.34	9 102 309.12	23 291 211.46			60 000.00		23 231 211.46
减:营业成本	9 187 213.52	5 461 385.47	14 648 598.99				60 000.00	14 588 598.99
税金及附加	49 512.84	54 613.85	104 126.69					104 126.69
销售费用	873 944.78	708 411.46	1 582 356.24					1 582 356.24
管理费用	2 718 055.71	1 089 688.52	3 807 744.23					3 807 744.23
财务费用	263.66	2 398.34	2 662.00					2 662.00
资产减值损失	69 868.60	12 500.00	82 368.60					82 368.60
加:公允价值变动收益（损失以"—"号填列）								
投资收益（损失以"—"号填列）					906 117.98	906 117.98		
其中:对联营企业和合营企业的投资收益								
资产处置收益（损失以"—"号填列）								
其他收益								
二、营业利润（亏损以"—"号填列）	1 290 043.23	1 773 311.48	3 063 354.71					3 063 354.71

(续表)

项　目	母公司	子公司	合计数	调整分录 借方	调整分录 贷方	抵销分录 借方	抵销分录 贷方	合并金额
加:营业外收入								
减:营业外支出	95 000.00		95 000.00					95 000.00
其中:非流动资产处置损失								
三、利润总额（亏损总额以"-"号填列）	1 195 043.23	1 773 311.48	2 968 354.71					2 968 354.71
减:所得税费用	334 177.81	478 857.23	813 035.04					813 035.04
四、净利润（净亏损以"-"号填列）	860 865.42	1 294 454.25	2 155 319.67					2 155 319.67
（一）持续经营净利润（净亏损以"-"号填列）	860 865.42	1 294 454.25	2 155 319.67					2 155 319.67
（二）终止经营净利润（净亏损以"-"号填列）								
归属于母公司所有者的净利润								1 766 983.40
少数股东损益						-388 336.27		388 336.27
五、其他综合收益的税后净额								
归属于母公司所有者的其他综合收益的税后净额								
（一）以后不能重分类进损益的其他综合收益								
1. 重新计量设定受益计划净负债或净资产的变动								

项目					
2. 权益法下在被投资单位不能重分类进损益的其他综合收益中享有的份额					
(二) 以后将重分类进损益的其他综合收益					
1. 权益法下在被投资单位以后将重分类进损益的其他综合收益中享有的份额					
2. 可供出售金融资产公允价值变动损益					
3. 持有至到期投资重分类为可供出售金融资产损益					
4. 现金流量套期损益的有效部分					
5. 外币财务报表折算差额					
……					
归属于少数股东的其他综合收益的税后净额					
六、综合收益总额	860 865.42	1 294 454.25			2 155 319.67
归属于母公司所有者的综合收益总额					1 766 983.40
归属于少数股东的综合收益总额					388 336.27
七、每股收益:					
(一) 基本每股收益					
(二) 稀释每股收益					

3. 合并工作底稿（现金流量表部分）的编制

表 9-14

单位:南京大唐股份有限公司

现金流量表合并工作底稿

2018 年

单位:元

项 目	母公司	子公司	合计数	抵销分录		合并金额
				借方	贷方	
一、经营活动产生的现金流量:						
销售商品、提供劳务收到的现金	16 297 231.19	10 308 678.58	26 605 909.77		69 600.00	26 536 309.77
收到的税费返还			0			
收到其他与经营活动有关的现金			0			
经营活动现金流入小计	16 297 231.19	10 308 678.58	26 605 909.77		69 600.00	26 536 309.77
购买商品、接受劳务支付的现金	10 757 793.14	5 279 552.29	16 037 345.43	69 600.00		15 967 745.43
支付给职工以及为职工支付的现金	2 146 167.83	1 293 961.6	3 440 129.43			3 440 129.43
支付的各项税费	401 194.27	1 087 285.79	1 488 480.06			1 488 480.06
支付其他与经营活动有关的现金	2 125 563.24	759 808.95	2 885 372.19			2 885 372.19
经营活动现金流出小计	15 430 718.48	8 420 608.63	23 851 327.11	69 600.00		23 781 727.11
经营活动产生的现金流量净额	866 512.71	1 888 069.95	2 754 582.66		69 600.00	2 754 582.66
二、投资活动产生的现金流量:						
收回投资收到的现金						
取得投资收益收到的现金						
处置固定资产、无形资产和其他长期资产收回的现金净额						
处置子公司及其他营业单位收到的现金净额						
收到其他与投资活动有关的现金						
投资活动现金流入小计	0					

项目				
购建固定资产、无形资产和其他长期资产所支付的现金				
投资支付的现金				
取得子公司及其他营业单位支付的现金净额				
支付其他与投资活动有关的现金				0
投资活动现金流出小计				
投资活动产生的现金流量净额				0
三、筹资活动产生的现金流量：				
吸收投资收到的现金				
子公司吸收少数股东投资收到的现金				
取得借款收到的现金				
收到其他与筹资活动有关的现金				0
筹资活动现金流入小计				
偿还债务支付的现金				
分配股利、利润或偿付利息支付的现金				
子公司支付给少数股东的股利、利润				
支付其他与筹资活动有关的现金				0
筹资活动现金流出小计				0
筹资活动产生的现金流量净额				0
四、汇率变动对现金及现金等价物的影响	2 736.34	2 736.34		2 736.34
五、现金及现金等价物净增加额	2 757 319.00	2 757 319.00	1 888 069.95	869 249.05
加:期初现金及现金等价物余额	28 328 913.57	28 328 913.57	1 000 470.74	27 328 442.83
六、期末现金及现金等价物余额	31 086 232.57	31 086 232.57	2 888 540.69	28 197 691.88

4. 合并工作底稿(所有者权益变动表部分)的编制

表 9-15

单位:南京大唐股份有限公司

所有者权益变动表

2018 年度

单位:元

项目	实收资本（或股本） 母公司	子公司	合计数	调整分录 借方	调整分录 贷方	抵销分录 借方	抵销分录 贷方	合并金额	盈余公积 母公司	子公司	合计数	调整分录 借方	调整分录 贷方	抵销分录 借方	抵销分录 贷方	合并金额	未分配利润 母公司	子公司	合计数	调整分录 借方	调整分录 贷方	抵销分录 借方	抵销分录 贷方	合计额	少数股东权益	所有者权益合计
一、上年年末余额	30 000 000.00	2 000 000.00	32 000 000.00			2 000 000.00		30 000 000.00	180 525.58	44 597.05	225 122.63					180 525.58	833 461.13	401 373.45	1 234 834.58		312 179.35	401 373.45		1 145 640.48	733 791.15	32 059 957.21
加:会计政策变更																										
前期差错更正																										
同一控制下企业合并																										
其他																										
二、本年年初余额	30 000 000.00	2 000 000.00	32 000 000.00	0	0	2 000 000.00		30 000 000.00	180 525.58	44 597.05	225 122.63	0	0			180 525.58	833 461.13	401 373.45	1 234 834.58	0	312 179.35	401 373.45		1 145 640.48	733 791.15	32 059 957.21
三、本年增减变动金额（减少以"—"号填列）																										
（一）综合收益总额																	860 865.42	1 294 454.25	2 155 319.67		906 117.98	2 920 836.52		1 766 983.4	388 336.27	2 155 319.67
（二）所有者投入和减少资本																										
1. 所有者投入资本																										
2. 股份支付计入所有者权益的金额																										
3. 其他																										
（三）利润分配																										
1. 提取盈余公积									86 086.54	129 445.43	215 531.97				129 445.43	86 086.54	−86 086.54	−129 445.43	−215 531.97				129 445.43	−86 086.54		
2. 对所有者（或股东）的分配																										
3. 其他																										
（四）所有者权益内部结转																										
1. 资本公积转增资本（或股本）																										
2. 盈余公积转增资本（或股本）																										
3. 盈余公积补亏																										
4. 其他																										
四、本年年末余额	30 000 000.00	2 000 000.00	32 000 000.00			2 000 000.00		30 000 000.00	266 612.12	174 042.48	440 654.60					266 612.12	1 608 240.01	1 566 382.27	3 174 622.28		1 218 297.33	3 322 209.97	1 755 827.70	2 826 537.34	1 122 127.42	34 215 276.88

（六）合并财务报表的编制

母公司编制完成的 2018 年度合并财务报表，如表 9-16 至表 9-19 所示。

表 9-16 　　　　　　　　　　　合并资产负债表

会合 01 表

单位：南京大唐股份有限公司　　　　　　2018 年 12 月 31 日　　　　　　　　单位：元

资　产	期末余额	年初余额	负债和所有者权益（或股东权益）	期末余额	年初余额
流动资产：			流动负债：		
货币资金	31 086 232.57		短期借款		
以公允价值计量且其变动计入当期损益的金融资产			以公允价值计量且其变动计入当期损益的金融负债		
衍生金融资产			衍生金融负债		
应收票据			应付票据		
应收账款	1 081 003.40		应付账款		
预付款项			预收款项		
应收利息			应付职工薪酬		
应收股利			应交税费	55 790.22	
其他应收款			应付利息		
存货	1 419 681.43		应付股利		
持有待售资产			其他应付款	95 000.00	
一年内到期的非流动资产			持有待售负债		
其他流动资产			一年内到期的非流动负债		
流动资产合计	33 586 917.40		其他流动负债		
非流动资产：			流动负债合计	150 790.22	
可供出售金融资产			非流动负债：		
持有至到期投资			长期借款		
长期应收款			应付债券		
长期股权投资			其中：优先股		
投资性房地产			永续债		
固定资产	1 666 879.00		长期应付款		
在建工程			专项应付款		
工程物资			预计负债	1 591 523.45	
固定资产清理			递延所得税负债	6 900.00	
生产性生物资产			其他非流动负债		
油气资产			非流动负债合计	1 598 423.45	
无形资产	465 000.00		负债合计	1 749 213.67	

（续表）

资　产	期末余额	年初余额	负债和所有者权益 (或股东权益)	期末余额	年初余额
开发支出			所有者权益(或股东权益):		
商誉			实收资本(或股本)	30 000 000.00	
长期待摊费用			其他权益工具		
递延所得税资产	245 694.15		其中:优先股		
其他非流动资产			永续债		
非流动资产合计	2 377 573.15		资本公积		
			减:库存股		
			其他综合收益		
			盈余公积	266 612.12	
			未分配利润	2 826 537.34	
			归属于母公司所有者权 益合计	33 093 149.46	
			少数股东权益	1 122 127.42	
			所有者权益(或股东权益) 合计	34 215 276.88	
资产总计	35 964 490.55		负债和所有者权益(或股 东权益)总计	35 964 490.55	

公司法定代表人:闵小雯　　　　　　主管会计工作负责人:闵小雯　　　　　　会计机构负责人:李玉

表 9-17

合 并 利 润 表

会合 02 表

单位:南京大唐股份有限公司　　　　　　2018 年　　　　　　单位:元

项　目	本期金额	上年同期金额
一、营业收入	23 231 211.46	
减:营业成本	14 588 598.99	
税金及附加	104 126.69	
销售费用	1 582 356.24	
管理费用	3 807 744.23	
财务费用	2 662.00	
资产减值损失	82 368.60	
加:公允价值变动收益(损失以"一"号填列)		
投资收益(损失以"一"号填列)		
其中:对联营企业和合营企业的投资收益		
资产处置收益(损失以"一"号填列)		
其他收益		

（续表）

项　目	本期金额	上年同期金额
二、营业利润（亏损以"－"号填列）	3 063 354.71	
加：营业外收入		
减：营业外支出	95 000.00	
其中：非流动资产处置损失		
三、利润总额（亏损总额以"－"号填列）	2 968 354.71	
减：所得税费用	813 035.04	
四、净利润（净亏损以"－"号填列）	2 155 319.67	
（一）持续经营净利润（净亏损以"－"号填列）	2 155 319.67	
（二）终止经营净利润（净亏损以"－"号填列）		
归属于母公司所有者的净利润	1 766 983.40	
少数股东损益	388 336.27	
五、其他综合收益的税后净额		
归属于母公司所有者的其他综合收益的税后净额		
（一）以后不能重分类进损益的其他综合收益		
1. 重新计量设定受益计划净负债或净资产的变动		
2. 权益法下在被投资单位不能重分类进损益的其他综合收益中享有的份额		
（二）以后将重分类进损益的其他综合收益		
1. 权益法下在被投资单位以后将重分类进损益的其他综合收益中享有的份额		
2. 可供出售金融资产公允价值变动损益		
3. 持有至到期投资重分类为可供出售金融资产损益		
4. 现金流量套期损益的有效部分		
5. 外币财务报表折算差额		
6. 其他		
归属于少数股东的的其他综合收益的税后净额		
六、综合收益总额	2 155 319.67	
归属于母公司所有者的综合收益总额	1 766 983.40	
归属于少数股东的的综合收益总额	388 336.27	
七、每股收益：		
（一）基本每股收益		
（二）稀释每股收益		

公司法定代表人：闵小雯　　　　　主管会计工作负责人：闵小雯　　　　　会计机构负责人：李玉

表 9-18　　　　　　　　　　　　　**合并现金流量表**

会合 03 表

单位：南京大唐股份有限公司　　　　　2018 年　　　　　单位：元

项　目	本期金额	上年金额
一、经营活动产生的现金流量：		
销售商品、提供劳务收到的现金	26 536 309.77	
收到的税费返还		

(续表)

项　　目	本期金额	上年金额
收到其他与经营活动有关的现金		
经营活动现金流入小计	26 536 309.77	
购买商品、接受劳务支付的现金	15 967 745.43	
支付给职工以及为职工支付的现金	3 440 129.43	
支付的各项税费	1 488 480.06	
支付其他与经营活动有关的现金	2 885 372.19	
经营活动现金流出小计	23 781 727.11	
经营活动产生的现金流量净额	2 754 582.66	
二、投资活动产生的现金流量:		
收回投资收到的现金		
取得投资收益收到的现金		
处置固定资产、无形资产和其他长期资产收回的现金净额		
处置子公司及其他营业单位收到的现金净额		
收到其他与投资活动有关的现金		
投资活动现金流入小计		
购建固定资产、无形资产和其他长期资产所支付的现金		
投资支付的现金		
取得子公司及其他营业单位支付的现金净额		
支付其他与投资活动有关的现金		
投资活动现金流出小计		
投资活动产生的现金流量净额		
三、筹资活动产生的现金流量:		
吸收投资收到的现金		
子公司吸收少数股东投资收到的现金		
取得借款收到的现金		
收到其他与筹资活动有关的现金		
筹资活动现金流入小计		
偿还债务支付的现金		
分配股利、利润或偿付利息支付的现金		
子公司支付给少数股东的股利、利润		
支付其他与筹资活动有关的现金		
筹资活动现金流出小计		
筹资活动产生的现金流量净额		
四、汇率变动对现金及现金等价物的影响	2 736.34	
五、现金及现金等价物净增加额	2,757,319.00	
加:期初现金及现金等价物余额	28 328 913.57	
六、期末现金及现金等价物余额	31 086 232.57	

公司法定代表人:闵小雯　　　　　　主管会计工作负责人:闵小雯　　　　　　会计机构负责人:李玉

表 9-19

单位:南京大唐股份有限公司

合并所有者权益变动表

2018 年度

合合 04 表

单位:元

项　　目	股本	归属于母公司所有者权益								少数股东权益	所有者权益合计
		其他权益工具			资本公积	减:库存股	其他综合收益	盈余公积	未分配利润		
		优先股	永续债	其他							
一、上年年末余额	30 000 000.00							180 525.58	1 145 640.48	733 791.15	31 326 166.06
加:会计政策变更											
前期差错更正											
同一控制下企业合并											
其他											
二、本年年初余额	30 000 000.00							180 525.58	1 145 640.48	733 791.15	31 326 166.06
三、本年增减变动金额(减少以"一"号填列)								86 086.54	1 680 896.86	388 336.27	2 155 319.67
(一)综合收益总额									1 766 983.40	388 336.27	2 155 319.67
(二)所有者投入和减少资本											
1. 所有者投入资本											
2. 股份支付计入所有者权益的金额											
3. 其他											
(三)利润分配								86 086.54	-86 086.54		0
1. 提取盈余公积								86 086.54	-86 086.54		0
2. 对所有者(或股东)的分配											
3. 其他											
(四)所有者权益内部结转											
1. 资本公积转增资本(或股本)											
2. 盈余公积转增资本(或股本)											
3. 盈余公积弥补亏损											
4. 其他											
四、本年年末余额	30 000 000.00							266 612.12	2 826 537.34	1 122 127.42	34 215 276.88

公司法定代表人:闵小雯　　主管会计工作负责人:闵小雯　　会计机构负责人:李玉

二、母公司 2019 年 1 月财务报表的编制

(一) 2019 报表模板的设计

1. 增加模板分类

以账套主管"805101"身份于 2019-01-31 登录,在"T-UFO"的"UFO"中单击"模板设计"按钮,出现"模板设计"页面,选择"总账"分类,单击"增加分类"图标,录入分类编码"GL0006",分类名称"2019 报表",上级分类为"总账",保存并退出。

2. 建立 2019 资产负债表模板

以账套主管"805101"身份于 2019-01-31 登录,在"T-UFO"的"UFO"中单击"模板设计"按钮,选择"2018 调整后报表"分类,勾选资产负债表,单击"复制"按钮,将其报表编码改为"GLFIR00013",报表名称改为"2019 资产负债表",模板分类改为"2019 报表",保存。调整 2019 资产负债表的年初数,其数据均取自于编码为"GLFIR00012-2018-13-02"资产负债表的期末数,如货币资金项目的年初数单元公式"GetData("GLFIR00012-2018-13-02","B6")"。

3. 建立并编辑"2019 利润表"模板

(1) 复制利润表模板:以账套主管"805101"身份于 2019-01-31 登录,在"T-UFO"的"UFO"中单击"模板设计"按钮,选择"2018 调整后报表"分类,勾选利润表,单击"复制"按钮,将其报表编码改为"GLFIR00014",报表名称改为"2019 利润表",模板分类改为"2019 报表",保存。

(2) 编辑利润表单元公式:其利润表公式取自系统报表中利润表的模板公式,不需要另行设置。

4. 建立并编辑"2019 现金流量表"模板

(1) 复制现金流量表模板:以账套主管"805101"身份于 2019-01-31 登录,在"T-UFO"的"UFO"中单击"模板设计"按钮,选择"系统模板"分类,勾选现金流量表,单击"复制"按钮,将其报表编码改为"GLFIR00016",报表名称改为"2019 现金流量表",模板分类改为"2019 报表",保存。

(2) 编辑现金流量表单元公式:其单元公式均取自系统模板中现金流量表预置公式,不需要另行调整。

5. 建立并编辑"2019 所有者权益变动表"模板

(1) 复制所有者权益变动表模板:以账套主管"805101"身份于 2019-01-31 登录,在"T-UFO"的"UFO"中单击"模板设计"按钮,选择"系统模板"分类,勾选所有者权益变动表,单击"复制"按钮,将其报表编码改为"GLFIR00020",报表名称改为"2019 所有者权益变动表",模板分类改为"2019 报表",保存。

(2) 编辑所有者权益变动表单元公式:其中年初金额取自于 2018 调整后报表分析得到,"综合收益总额"的"未分配利润"单元公式,可以取 2019 利润表对应的单元模板公式,一

般情况下月度不提取法定盈余公积。

（二）2019 报表数据的生成

（1）2019 年 1 月全部凭证记账，以账套主管"805101"李玉身份于 2019-01-31 登录，在"总账"——"日常业务"中选择"凭证管理"，单击"未记账凭证"按钮，勾选全部凭证，单击"记账"按钮。

（2）2019 年 1 月业务结账和财务结账，以账套主管"805101"李玉身份于 2019-01-31 登录，在"系统管理"——"基本设置"中单击"业务结账"按钮，单击"期末结账"，自动完成业务结账工作；在"系统管理"——"基本设置"中单击"财务结账"按钮，根据财务结账导航，完成财务结账工作。

（3）报表数据的生成

以账套主管"805101"身份于 2019-01-31 登录，在"T-UFO"的"UFO"中单击"报表数据"，单击"2019 报表"分类的左三角图标，展开分类下的报表，选择"2019 资产负债表"，单击"生成报表"按钮，数据生成后保存，如表 9-20 所示，其数据报表的编码为"GLFIR00013-2019-01-01"。

表 9-20

资产负债表

会企 01 表

单位:南京大唐股份有限公司　　　　　2019 年 1 月 31 日　　　　　单位:元

资　　产	期末余额	年初余额	负债和所有者权益 （或股东权益）	期末余额	年初余额
流动资产：			流动负债：		
货币资金	30 620 561.64	28 197 691.88	短期借款	950 085.00	
以公允价值计量且其变动计入当期损益的金融资产			以公允价值计量且其变动计入当期损益的金融负债		
衍生金融资产			衍生金融负债		
应收票据			应付票据		
应收账款	52 0 003.40	511 003.40	应付账款	1 740 000.00	
预付款项			预收款项		
应收利息			应付职工薪酬	124 767.90	
应收股利			应交税费	53 613.79	55 790.22
其他应收款	177 567.39		应付利息	1 262.85	
存货	2 569 593.63	1 419 681.43	应付股利		
持有待售资产			其他应付款	95 000.00	95 000.00
一年内到期的非流动资产			持有待售负债		

(续表)

资　产	期末余额	年初余额	负债和所有者权益 (或股东权益)	期末余额	年初余额
其他流动资产			一年内到期的非流动 负债		
流动资产合计	33 887 726.06	30 128 376.71	其他流动负债		
非流动资产:			流动负债合计	2 964 729.54	150 790.22
可供出售金融资产			非流动负债:		
持有至到期投资			长期借款		
长期应收款			应付债券		
长期股权投资	1 400 000.00	1 400 000.00	其中:优先股		
投资性房地产			永续债		
固定资产	558 239.46	679 879.48	长期应付款		
在建工程			专项应付款		
工程物资			预计负债	1 303 853.75	886 407.99
固定资产清理			递延所得税负债	6 900.00	6 900.00
生产性生物资产			其他非流动负债		
油气资产			非流动负债合计	1 310 753.75	893 307.99
无形资产	166 203.34	465 000.00	负债合计	4 275 483.29	1 044 098.21
开发支出			所有者权益(或股东权 益):		
商誉			实收资本(或股本)	30 000 000.00	30 000 000.00
长期待摊费用			其他权益工具		
递延所得税资产	332 805.59	245 694.15	其中:优先股		
其他非流动资产			永续债		
非流动资产合计	2 457 248.39	2 790 573.63	资本公积		
			减:库存股		
			其他综合收益		
			盈余公积	266 612.12	266 612.12
			未分配利润	1 802 879.04	1 608 240.01
			所有者权益(或股东权益) 合计	32 069 491.16	31 874 852.13
资产总计	36 344 974.45	32 918 950.34	负债和所有者权益(或股 东权益)总计	36 344 974.45	32 918 950.34

公司法定代表人:闵小雯　　　　　　　主管会计工作负责人:闵小雯　　　　　　　会计机构负责人:李玉

以账套主管"805101"身份于 2019-01-31 登录,在"T-UFO"的"UFO"中单击"报表数据"按钮,单击"2019 报表"分类的左三角图标,展开分类下的报表,选择"2019 利润表",单击"生成报表"按钮,数据生成后保存,如表 9-21 所示,其数据报表的编码为"GLFIR00014-2019-01-01"。

表 9-21

利　润　表

会企 02 表

单位:南京大唐股份有限公司　　　　　　2019 年 1 月　　　　　　　　单位:元

项　　　目	本期金额	上年同期金额
一、营业收入	1 622 423.00	
减:营业成本	1 100 796.29	
税金及附加		
销售费用	8 112.12	
管理费用	81 073.18	
财务费用	63 771.29	
资产减值损失	−66 000.00	
加:公允价值变动收益(损失以"−"号填列)		
投资收益(损失以"−"号填列)		
其中:对联营企业和合营企业的投资收益		
资产处置收益(损失以"−"号填列)	133 300.00	
其他收益		
二、营业利润(亏损以"−"号填列)	567 970.12	
加:营业外收入		
减:营业外支出	424 600.00	
其中:非流动资产处置损失		
三、利润总额(亏损总额以"−"号填列)	143 370.12	
减:所得税费用	−51 268.91	
四、净利润(净亏损以"−"号填列)	194 639.03	
(一)持续经营净利润(净亏损以"−"号填列)	194 639.03	
(二)终止经营净利润(净亏损以"−"号填列)		
五、其他综合收益的税后净额		
(一)以后不能重分类进损益的其他综合收益		
1. 重新计量设定受益计划净负债或净资产的变动		
2. 权益法下在被投资单位不能重分类进损益的其他综合收益中享有的份额		

（续表）

项　目	本期金额	上年同期金额
（二）以后将重分类进损益的其他综合收益		
1. 权益法下在被投资单位以后将重分类进损益的其他综合收益中享有的份额		
2. 可供出售金融资产公允价值变动损益		
3. 持有至到期投资重分类为可供出售金融资产损益		
4. 现金流量套期损益的有效部分		
5. 外币财务报表折算差额		
……		
六、综合收益总额	194 639.03	
七、每股收益：		
（一）基本每股收益		
（二）稀释每股收益		

公司法定代表人:闵小雯　　　　主管会计工作负责人:闵小雯　　　　会计机构负责人:李玉

以账套主管"805101"身份于 2019-01-31 登录,在"T-UFO"的"UFO"中单击"报表数据"按钮,单击"2019 报表"分类的左三角图标,展开分类下的报表,选择"2019 现金流量表",单击"生成报表"按钮,数据生成后保存,如表 9-22 所示,其数据报表的编码为"GLFIR00016-2019-01-01"。

表 9-22

现金流量表

会企 03 表

单位:南京大唐股份有限公司　　　　　2019 年 1 月　　　　　单位:元

项　目	本期数	上年同期数
一、经营活动产生的现金流量：		
销售商品、提供劳务收到的现金	1 530 014.20	
收到的税费返还		
收到其他与经营活动有关的现金	290.13	
经营活动现金流入小计	1 530 304.33	
购买商品、接受劳务支付的现金		
支付给职工以及为职工支付的现金		
支付的各项税费		

（续表）

项　目	本期数	上年同期数
支付其他与经营活动有关的现金	689.00	
经营活动现金流出小计	689.00	
经营活动产生的现金流量净额	1 529 615.33	
二、投资活动产生的现金流量：		
收回投资收到的现金		
取得投资收益收到的现金		
处置固定资产、无形资产和其他长期资产收回的现金净额	7 772.00	
处置子公司及其他营业单位收到的现金净额		
收到其他与投资活动有关的现金		
投资活动现金流入小计	7 772.00	
购建固定资产、无形资产和其他长期资产所支付的现金		
投资支付的现金		
取得子公司及其他营业单位支付的现金净额		
支付其他与投资活动有关的现金		
投资活动现金流出小计		
投资活动产生的现金流量净额	7 772.00	
三、筹资活动产生的现金流量：		
吸收投资收到的现金		
取得借款收到的现金	972 480.00	
收到其他与筹资活动有关的现金		
筹资活动现金流入小计	972 480.00	
偿还债务支付的现金		
分配股利、利润或偿付利息支付的现金	1 391.78	
支付其他与筹资活动有关的现金		
筹资活动现金流出小计	1 391.78	
筹资活动产生的现金流量净额	971 088.22	
四、汇率变动对现金及现金等价物的影响	−85 605.79	
五、现金及现金等价物净增加额	2 422 869.76	
加：期初现金及现金等价物余额	28 197 691.88	
六、期末现金及现金等价物余额	30 620 561.64	

公司法定代表人：闵小雯　　　　主管会计工作负责人：闵小雯　　　　会计机构负责人：李玉

以账套主管"805101"身份于 2019-01-31 登录，在"T-UFO"的"UFO"中单击"报表数据"按钮，单击"2019 报表"分类的左三角图标，展开分类下的报表，选择"2019 所有者权益变动表"，单击"生成报表"按钮，数据生成后保存，如表 9-23 所示，其数据报表的编码为"GLFIR00020-2019-01-01"。

表 9-23

所有者权益变动表

2019 年 1 月

会企 04 表　单位:元

单位:南京大唐股份有限公司

项目	本月金额							上月金额						
	实收资本（或股本）	资本公积	减:库存股	其他综合收益	盈余公积	未分配利润	所有者权益合计	实收资本（或股本）	资本公积	减:库存股	其他综合收益	盈余公积	未分配利润	所有者权益合计
一、上年末余额	30 000 000.00				278 483.54	1 715 082.76	31 993 566.30							
加:会计政策变更														
前期差错更正					-2 070.00	-18 630.00	-20 700.00							
其他					-9 801.42	-88 212.75	-98 014.17							
二、本月月初余额	30 000 000.00				266 612.12	1 608 240.01	31 874 852.13							
三、本月增减变动金额（减少以"-"号填列）						194 639.03	194 639.03							
（一）综合收益总额						194 639.03	194 639.03							
（二）所有者投入和减少资本														
1. 所有者投入资本														
2. 股份支付计入所有者权益的金额														
3. 其他														
（三）利润分配														
1. 提取盈余公积														
2. 对所有者（或股东）的分配														
3. 其他														
（四）所有者权益内部结转														
1. 资本公积转增资本（或股本）														
2. 盈余公积转增资本（或股本）														
3. 盈余公积弥补亏损														
4. 其他														
四、本月月末余额	30 000 000.00				266 612.12	1 802 879.04	32 069 491.16							

公司法定代表人:闵小雯　主管会计工作负责人:闵小雯　会计机构负责人:李玉